姜就是老的辣

保罗·尼尔森对话克林特·伊斯特伍德

[美]凯文·艾弗里 编
Kevin Avery
刘小敏 译

Conversations With Clint: Paul Nelson's Lost Interviews With Clint Eastwood, 1979-1983

世界图书出版公司
北京·广州·上海·西安

图书在版编目（CIP）数据

姜就是老的辣：保罗·尼尔森对话克林特·伊斯特伍德 /（美）艾弗里（Avery,K.）编；刘小敏译．—北京：世界图书出版公司北京公司，2015.6
书名原文：Conversations with Clint: Paul Nelson's Lost interviews with Clint Eastwood，1979–1983
ISBN 978-7-5100-9812-3

Ⅰ．①姜… Ⅱ．①艾… ②刘… Ⅲ．①伊斯特伍德，C. —访问记 Ⅳ．① K837.125.78

中国版本图书馆 CIP 数据核字（2015）第 129389 号

姜就是老的辣：保罗·尼尔森对话克林特·伊斯特伍德

编　　者：[美]凯文·艾弗里(Kevin Avery)
译　　者：刘小敏
责任编辑：郭意飘　陈俞蒨
装帧设计：刘敬利

出版发行：世界图书出版公司北京公司
地　　址：北京市东城区朝内大街 137 号
邮　　编：100010
电　　话：010-64038355（发行）　64015580（客服）　64033507（总编室）
网　　址：http://www.wpcbj.com.cn
邮　　箱：wpcbjst@vip.163.com
销　　售：新华书店
印　　刷：北京博图彩色印刷有限公司
开　　本：787 mm × 1092 mm　1/16
印　　张：22.5
字　　数：320 千
版　　次：2015 年 7 月第 1 版　　2015 年 7 月第 1 次印刷
版权登记：图字 01-2013-3090

ISBN 978-7-5100-9812-3　　定价：58.00 元

献给黛比，

没有她，就没有这本书。

感谢温纳以及《滚石》杂志以访谈录的
形式将保罗·尼尔森与克林特·伊斯特伍德的
私密对话公布于众，同时感谢马克·C. 尼尔森
为保罗所做的一切。

目 录

序言⋯⋯⋯⋯⋯⊙ 乔纳森·莱瑟姆

我们从未一起去
影院看过一场电影

我从未与保罗·尼尔森一同坐在电影院里看过一场电影。我们会一同观看他从晚间电视播报上录下来的节目，那是一个干净的手印字模的租赁录像带。他经常在碟片上保存两三部电影，其中的一些都是静态的、过时的、完整无缺的午夜广告片。后来我们还一同观看了镭射影碟，但是这些都不足以取代那些录像带在我们心目中的地位。对于保罗而言，我猜当我们第一次相遇的时候——那时候我只有十九岁，我觉得他之所以会注意到我大概是因为他把我当作一个被治疗的对象。我非常喜欢戈达尔、特吕弗和黑泽明，这些导演都汲取了好莱坞经典影像时代的精华，但是我却没能从他们的电影中看出多少好莱坞经典影像时代的意味。父母的眼光深深地影响了我的品味，我更倾向于观看那些外国电影和类似于《红心国王》以及《哈诺德与莫德》之类的反经典文化影片，《神枪小子》是我唯一看过的一部西部片。幸运的是，我不认为保罗发现了我身上所隐藏的那种巨大的自信感（或者说是一种回忆性的、盲目的，但有时也许会是正确的自信感），但是他企图改变我的审美，就像修复他最喜爱的一张碟片一样，他希望我可以“从头开始”。我还记得我们曾经用长镜头的方式拍摄过霍华德·霍克斯的《红河》，在那组镜头中，保罗在不同的场景停机以此来为我讲述他所观察到的那些有特点、具有标志性意义的镜头，或者仅仅是通过这样一种方式来讲述一些细节性的东西。我们在奥逊·威尔斯的《公民凯恩》和《上海小姐》中运用了同样的拍摄手法。其他一些电影，比如《午后枪声》《归途路迢迢》等影片，我们只是去研究它们、分析它们。同时，我也深深感受到了保罗的潜力，他在只属于他的领域当中呕心沥血地付出着，他的所作所为都深深地影响了我。在保罗所保存的那些电影中，还有很多部电影我都没有看过，比如《天堂之门》。但不论这中间经过了多长时间，即使直到最后一次当我看到这些影片的时候，都是由保罗在向我介绍这些影片，这些介绍当中融入了保罗自己的观点以及他的个人情绪。那个时候，我和保罗一起看了很多部电影。

我和保罗从来都没有聊起过克林特·伊斯特伍德。我现在猜想，这大概是因为我在读了由凯文·艾弗里所主编的关于保罗对克林特·伊斯特伍德作为一名电影演员和导演的访谈录使我产生了一些匪夷所思的想法。这真的是一件十分意外的事情，因为在我的脑海当中已经先入为主了保罗对克林特·伊斯特伍德作品的一些评价，当然这也可以从某种程度上看出他们之间的亲密关系。由于采访报道涉及个人的主客观性，我们希望从中可以寻找到一个“真正的世界”去报道，但最终却又未遂，所以我猜想这一切对于当时还和我在一起的保罗来说，是一个非常敏感的话题。采访中所涉及的一些事情，以及他是如何去猜想这一切的，这些都成了他生命中最重要的组成部分。我更不可能让他去讲述鲍勃·迪伦这样的乐坛巨匠，我甚至从来都不知道他还有一个儿子。

这本书的出版堪称是一个奇迹。这本书写作得如此自然——以本书为例，这是对凯文·艾弗里评论写作技巧的一次检验，也是他自己对保罗所述内容理解程度的一次检验。截止到目前，图书市场上并没有与本书十分类似的书籍，因为在我看来，其他书籍当中所出现的受访者可能并不像克林特·伊斯特伍德这样对人们产生了这么大的影响力（作为对比，可以参考一下摇滚乐评人莱斯特·班斯，他也是保罗的一个朋友，他一直都在和娄·里德一较高低）。而在本书当中，你会感受到良好的对话氛围，真挚的友情，以及对于每一种身份都有不同认知的严谨态度。有些人只接受过一两次采访，实际上，说太多还不如什么都不说，与受访者走得太近也堪称是一个败笔。当保罗的记者生涯变成了一道他对抗孤独的屏障时，或许保罗仍旧还确信是他在主导着《滚石》杂志的封面人物报道，但是从某种程度上来说，与受访者之间的邂逅使保罗愈发趋同于他在生活当中的一些表现，我甚至怀疑保罗会习惯于这种采访时的紧迫状态，因为这对他而言是一种安全感。在他的采访当中，九成以上的电影人都会被他评价为疏忽大意或者是人浮于事。本书中同时也包括对一些时下热映的克林特·伊斯特伍德电影的一些评论。从某种程度上来说，保罗知道他其实是在撰写一本书——一本关于克林特·伊斯特伍德以及电影的书（虽然我觉得从这本书当中你也会像从其他书中一样学到很多关于好莱坞电影方面的知识）。事实上，这本书就好像是一部正在大银幕上放映的电影，它是一部没有故事情节的电影，是两个男人对于一件事情的探索和达成，就像《赤胆屠龙》里面的约翰·韦恩和迪恩·马丁，又或者是《碧血金沙》中沃尔特·休斯顿和提姆·霍尔特（我认为在这部影片当中，沃伦·泽方应该扮演由亨弗莱·鲍嘉最终所扮演的那个角色）。但是，如果保罗能够预想到他的采访最终会以书籍的形式出现，那么这个本书可能就不复存在了。

严格来说，其实是保罗成就了现在的我，我十分享受去当一个影迷，但这并不意味着在这方面我已经超越了他和他的那些租赁电影。克林特·伊斯特伍德其实是我们的一个盲点，但是昨天晚上我突然发现特纳经典电影频道正在播放《不法之徒迈·韦尔斯》这部电影，然后我将其录制到了我的数码录像机里了。可以想象，保罗会因此而被激怒，因为我用了他并不擅长的一种方法将经典的电影记录下来了，但是毫无疑问，这部电影的拍摄风格将会是保罗最喜欢的那种。今天晚上我将会观看《不法之徒迈·韦尔斯》这部影片，感谢这本书，我想我会和天堂中的保罗一同欣赏这本书。

加利福尼亚，克莱蒙特

2011 年 4 月 19 日

是与非……

“我想说的是，在这本书里面你能够看到一个真实的男人世界，你仿佛看到了海明威的小说《永别了，武器》，又或者是约翰·奇弗的短篇小说。克林特·伊斯特伍德是一个彻头彻尾的艺术家。有时候我甚至会想，他在艺术领域所拥有的非同寻常的地位或许并不仅仅只是因为他在票房上取得的显著成功，也可能因为克林特·伊斯特伍德本人的地位本身就是非同寻常的。”

当重量级文学家诺曼·梅勒于1983年在《巡逻》杂志上写下这段令人激动的文字时，毫无疑问这曾一度引起了大家的怀疑和热议，成功吸引了读者的眼球。但是早在十一年前的《滚石》杂志上，评论家保罗·尼尔森就已经得出了相同的结论。在重新观看影片《肮脏的哈里》时，他写道：“无论是作为一名演员还是一名导演，克林特·伊斯特伍德都会成为下一个十年当中电影界的中坚力量。” 荧幕评论家杰·考克斯，当时的他还是

《时代周刊》的一名评论员，同时他也是保罗的诸多好友之一，他回忆道，那是一个“前克林特崇拜”的时代，当时并没有很多人，尤其对于那些评论家而言——他们无法勇敢地站出来承认他们自己就是克林特·伊斯特伍德的影迷。当时的克林特·伊斯特伍德并未拥有大批的疯狂影迷。”作家约翰·莫思兰说：“当时的世界影坛并不像现在这样，克林特·伊斯特伍德并没有真正成为公众关注的焦点。保罗是他们当中为数不多的自始至终都一直非常喜欢并且欣赏他的人。”

直到 1979 年，保罗最终说服了《滚石》杂志的主编，他才能够亲自对克林特·伊斯特伍德进行一次专访。保罗当时是《滚石》杂志“记录与观察”专栏的一名编辑，他和出版商嘉恩·维纳达成了一个特别的共识：除了常规的编辑职责外，保罗还可以时不时地撰写一些人物故事（有时候这些人物故事甚至最终成了一篇获奖文章）。对于这些演员而言，只要保罗认为他是一个十分特别的人，他就会去撰写关于他的人物故事。即使当他作为一名带有传奇色彩的乐评人之时——他在 1960 年与合伙人共同创办了致力于对严肃民乐思考的原创杂志《小沙评论》。但是在 1966 年，他开始逐渐疏远于当初与他一同支持鲍勃·迪伦的电子音乐和成人摇滚音乐的兄弟们。他开始徜徉在电影的海洋之中，电影犹如他的初恋情人一般。在二十世纪七十年代早期，他为《滚石》杂志撰写了很多部电影的回忆录。

作为克林特·伊斯特伍德的好朋友，杰·考克斯和他的妻子维纳·布鲁姆帮助保罗引荐了这位明星。杰·考克斯说：“我们要主动出击，或者我们也可以让他来主导此次访谈。维纳·布鲁姆曾经与伊斯特伍德在两部影片当中有过合作，所以我们就给他打了电话。”这不仅仅是出于对克林特·伊斯特伍德作为一名演员或者是一名导演的肯定，派拉蒙影业公司也十分喜爱这个创意，他们也想让保罗给公司即将上映的影片《逃出亚卡拉》撰写一篇影评文章。克林特·伊斯特伍德也出演了这部影片，他目前正在转型成为一名导演，他的老搭档唐·希格尔则担任了该片的导演。有时候，当保罗并非忙于访谈的剪辑之时，他甚至会亲自飞往拉斯维加斯，而只是为了去找到一些所谓的“克林特·伊斯特伍德迷”们。

但是这种宣传性质的东西并不是保罗真正想要去做的。他曾经说过:“这就像是你对一个自己并不太喜欢的摇滚乐手进行了一次专访一样。你的人生似乎正在倒退，从这次专访当中你也学不到任何有价值的东西。”在停顿了片刻之后，他补充道：“是的，你得不到任何你想要的东西。”当采访的内容涉及影片的播出、氛围的营造等能够让被访者感到轻松愉悦的话题之时，保罗有时候会显得异常兴奋，他甚至从来都没有让自己休息一下。一旦访谈开始，一般至少会持续两到三天的时间。

不过直到克林特·伊斯特伍德作为演员出演或者亲自执导的下一部电影上映之时，在这之前，保罗大概不会再去撰写任何一篇影评文章了。

1979 年 10 月，保罗乘坐飞机从喧嚣的曼哈顿街头飞到了爱达荷州荒凉的西部小镇博伊西。克林特·伊斯特伍德在此一举成名，他在该地拍摄了影片《不屈不挠》。这部影片是克林特·伊斯特伍德继 1970 年之后出演的第一部电影，保罗也因此而深深地迷恋上了他。克林特·伊斯特伍德及其创作团队下榻在红狮酒店，在回到酒店之后，保罗就撰写了一篇很有深度的影评文章。这篇影评并不仅仅只是对克林特·伊斯特伍德进行了介绍，同时还介绍了其他两位明星——伊斯特伍德的“私人助理”（私人的，也是专业的）桑德拉·洛克以及男演员山姆·伯顿斯。巧合的是，通过这篇影评，保罗迅速地让年轻一代的观众喜欢上了山姆·伯顿斯，与此同时他还刚刚拍摄了影片《现代启示录》，相比于他和弗兰西斯·福特·科波拉的合作，他似乎在评价克林特·伊斯特伍德方面更有发言权：“在不久的将来，我们一定会像学习亨弗莱·鲍嘉那样学习克林特·伊斯特伍德的。”保罗也会和弗里茨·曼尼一起坐下来聊天，他是伊斯特伍德的长期合作伙伴，他同时也是克林特·伊斯特伍德创作团队中一名很重要的成员。而《不屈不挠》的制片人——丹尼斯·哈克金，同时也在为影片《不屈不挠》撰写影评。

当保罗再次回到纽约的时候，他已经拥有了很多访谈素材。克林特·伊斯特伍德和一些其他明星已经侵蚀了他的大脑。克林特·伊斯特伍德并不像保罗之前所采访过的那些电影明星，对于保罗而言，克林特·伊斯特伍德十分健谈。即使是在此之前早已问过好几百遍的问题，他仍然会十分耐心地回答。同时，他对一些之前并没有讨论过的话题也能够侃侃而谈。作为一位知名演员和导演，他对于自己的影响力以及自己在当今影坛所处的地位也表达得十分准确。他讲述了自己在早年间渴望结束“合同演员”的经历，也讲述了在未来他希望自己可以成为一名优秀导演的愿望。在接下来的一个月当中，保罗飞往洛杉矶采访了作曲家沃伦·泽方（他也是《滚石》杂志此次的另外一个专访对象）。关于沃伦·泽方，克林特·伊斯特伍德曾为保罗提供了一些访谈素材。1979 年 12 月，克林特·伊斯特伍德在纽约补拍影片《不屈不挠》的镜头之时，他曾邀请保罗来到了他入住的宾馆。他们一同观看了足球比赛，并且喝了几瓶啤酒（克林特·伊斯特伍德却喝了很多可口可乐）。在此期间，他也约见了杰·考克斯，他们又深入地聊了一些东西。

那么，作为一名记者，保罗还可以问一些什么问题呢？很显然，他很享受这次访谈，他十分喜爱他的受访对象。保罗曾经说过：“噢，上帝！克林特·伊斯特伍德真的是一个相当不错的电影人。”当影片《不屈不挠》在 1980 年 6 月即将上映之时，此次访谈的部分内容在不经意间已经出现在了《滚石》杂志中，但保罗最终还是没能成功地发表整篇文章。

几个月的时间过去了，杰·考克斯接到了克林特·伊斯特伍德打来的电话。当时的他已经决定出演影片《鬼马金刚独臂拳》，这部影片也是《永不低头》的续集电影（两部影片拍摄于同年，这对于克林特·伊斯特伍德来说并没有什么稀奇的，早年的时候，他曾经在一年之内拍摄过三部影片）。在保罗结束了对克林特·伊斯特伍德专访后的一年，《滚石》杂志的一些其他记者也曾试图对他进行采访。克林特·伊斯特伍德接受了他们的专访，但与此同时他仍旧愿意与保罗一起聊聊电影。杰·考克斯说：“我当时就预感到，保罗似乎遇到了一些严重的问题。”杰·考克斯找到了保罗，他想要弄清楚到底发生了什么事情。

保罗向杰·考克斯说明了这件事。事实上，当时保罗正准备结束影评文章的写作工作——但如果他依然还有机会可以去采访克林特·伊斯特伍德关于新片上映一事，那么毫无疑问他将会非常幸运。潜藏在保罗身体里的那团火焰再次燃烧了起来，当年十月，保罗再一次飞往洛杉矶，新一轮的专访在华纳兄弟的马尔帕索制版公司开始了。然而到了十二月份，当影片《鬼马金刚独臂拳》上映之时，也就是在影片《不屈不挠》上映了六个月之后——此时，保罗仍然没有撰写任何一篇访谈文章。

1980 年年底到 1983 年的这段时间究竟发生了一些什么事情？这段时间足够完成一本书的撰写了（事实上也正是如此）。保罗陷入了个人问题以及专业问题的挣脱之中，他正在挣扎中进行创作——他陷入了自己强迫性的精神状态之中，同时也沦陷于自己完美主义的泥沼当中。如同他的老朋友吉特·拉吉李斯所说的那样：“作为一名作家，他真的是那种精细到极点的人。”就好像一本书中某一页上的印刷错误一样，他总是要把这些错误全部都解决完之后才能继续往下进行。在纯卡式磁带记录的二十世纪七八十年代，保罗唯一的办法就是在一张新的纸上面让打字员重新输入。这就是一个作家最真实的本性，作家往往注重的不仅仅是他的写作内容，同时他也十分重视整个的创作过程。有时候，他无法将自己喜欢的东西用文字准确地表达出来，这也会禁锢他的眼界和写作框架。

保罗于 1982 年从《滚石》杂志辞职，这个时间距离他的同伴成功采访克林特·伊斯特伍德已经过去了很长一段时间了。最终，这篇文章刊登出来了，双方似乎都已经见怪不怪了。

这不是保罗第一次将自己的个人偏好束缚在写作上了，当然这也不会是最后一次。几年前，几乎是同样的命运也发生在了他与肯尼斯·米勒的一次采访之中。当时的他以笔名罗斯·麦当娜撰写了一篇关于刘·亚契的私人观察式的评论文章。自始至终，他对撰写尼尔·杨的自传并未感到任何满足感。最近，保罗出版了一本关于洛·史都华的书，这本书在写作过程中也遇到了同样的问题，多亏了保罗的好朋友——莱斯特·邦的出现才完成了书中剩余的空白部分。对莱昂纳德·科恩和辛达·威廉姆斯“马拉松式”的采访我们似乎也已经见怪不怪了。与此同时，保罗正在撰写克林特·伊斯特伍德的这本访谈录，他也遇到了自己在撰写沃伦·泽方那篇评论文章时同样的问题（一年过去了，他最终写完了这本书）。

所有这些受访者既是截然不同的，又有着某种相似之处。他们都十分钦佩保罗的多元化审美，他们爱戴保罗就像保罗爱戴他们一样。毫无疑问，他们的态度对保罗意味良多。保罗很害怕自己对这些明星的理解出现了某种偏差（对于保罗而言，写作的时候应该拥有最真挚的感情），也许重点在于保罗很怕他所撰写出来的东西会让受访者感到非常失望（关于保罗自己的部分，他并没有多说什么）。从保罗所搜集到的受访艺术家的资料来看，最让他怯步的地方也正是最开始的地方——当他开始从背景资料着手去了解这些艺术家的时候。必须要承认的是，有时候保罗有太多的东西想要去表达、去追问，倘若这就是他所遇到的问题，那么他必须要找到合适的词语来准确描述这些明星，但是他却没有十足的能力。那么，他还不如什么都不说。

正如保罗本人所追求当一名客观、公正的记者那样，他花费了诸多时间与这些艺术家们一起共事，他和他们进行对话并且努力去理解他们，整个过程非常富有深意（他曾经写下过这样一句话：在 1971 年拍摄了影片《肮脏的哈里》之后，他买了一把大口径点 44 左轮手枪。归根到底，克林特·伊斯特伍德就是这样的一个男人）。说得更加直白一些，对于保罗来说，写作的巅峰来得太快了些。二十世纪七十年代早期当他在环球唱片工作的时候，他努力挖掘并培养新人，但同时他在工作的时候也并非完全“按照常理出牌”，最终公司做出了让步，允许他签下了一支带有“不羁”标签的摇滚乐队——纽约娃娃：“我就是想签下这支乐队，一切就是这么简单。”

但是这段故事并没有在 1980 年的拉斯维加斯完结。两年之后，在 1983 年 1 月，由于资金的限制，或者出于他希望成书的强烈愿望，又或者是他想对自己曾经犯过的错误进行道歉，也有可能综合这三种因素——保罗·尼尔森再一次找到了克林特·伊斯特伍德，他希望能与伊斯特伍德再见一面。不管出于何种原因，克林特·伊斯特伍德最终同意了保罗的这个请求。也许是因为他与杰·考克斯、维纳·布鲁姆的关系，他们都是保罗的好朋友，或者也可能是因为克林特·伊斯特伍德本人十分欣赏保罗，他依旧愿意相信他。1983 年 10 月，当诺曼·梅勒的文章出现在《巡逻》这本杂志上时，保罗与伊斯特伍德一同飞回了拉斯维加斯，当时“肮脏的哈里”系列电影的第四部影片——《拨云见日》即将杀青。

当然，就像这本书的副标题所形容的那样，保罗只是一名记者，但他并没有亲自为这本书撰写封面故事。尽管关于克林特·伊斯特伍德本人以及对他身边近十位工作人员的采访录音长达十七个半小时（这个时间并没有涵盖所有的录音，并且也不包括午餐或者晚餐的时间，以及保罗和伊斯特伍德一同闲逛的时间），然而这甚至不及他手稿中的四页内容。克林特·伊斯特伍德再次打电话给杰·考克斯，并且建议保罗让出手上的部分录音交由《滚石》杂志的另外一位记者，这样一来保罗就能够亲自为本书撰写封面故事了。杰·考克斯对此非常理解，但是保罗却并不愿意这么做。1985 年，最终由《滚石》杂志的另外一名记者为本书撰写了封面故事。

在过去的四年当中，在他们第一次见面的时候，当时的伊斯特伍德四十九岁，保罗四十三岁，那个时候伊斯特伍德已经亲自执导了五部影片了。二十世纪七十年代的十年几乎就是专属于伊斯特伍德的导演岁月。然而在这次见面开始之前，情况似乎又发生了变化。通过观看小众化但却活力四射的电影让伊斯特伍德看到了电影的未来，这就是伊斯特伍德研究电影的独特方式。在这十年当中，他导演的影片在影坛引起了巨大轰动，他正在成为电影史上最全能的“偶像派”。

保罗·尼尔森于 2006 年逝世。六个月之后，我和保罗的儿子马克·尼尔森花了三天的时间在保罗的公寓中开始为我所撰写的新书《万物皆追思：保罗·尼尔森的生平及著述》搜集和整理资料。保罗将他人生中最后的十五年或者这些年所写过的东西都藏在了这间公寓里面。我们并没有整理保罗的其他住所，这间公寓或许并不适于居住，但它堪称一个享受电影、音乐和文学的完美小天地。

我们在那里度过的第一个夜晚——寻找保罗生前遗迹的第一个夜晚，那些回忆录、书稿和照片……有一些东西不知道被藏到哪里去了，但有些东西还能够被发现。我们把一些东西做了必要的分类，马克·尼尔森翻看了卡片盒里的东西，他似乎看到了父亲四年以来的全部生活。他说："我找到伊斯特伍德的录音了。"

纽约，布鲁克林

2011 年 2 月 28 日

编者的话

在访谈当中，保罗·尼尔森通常更倾向于让读者自己理解而非他自己迂回地进行陈述——保罗的采访在更多的时候只是一种平铺直叙（实际上，他很清楚要到达A，有时候却需要先跳到K或者S，甚至跳到Z，最后再跳回至A）。本书所收录的访谈以克林特·伊斯特伍德的事业为主线，当然还包含了他生活当中的一些事情，并且尽可能地按照时间顺序来编写。

实际上，关于保罗·尼尔森和克林特·伊斯特伍德两人是如何走到一起的，这件事到现在也无人知晓，我想坚定地保留两人在四年的时光当中以朋友的身份进行对话的珍贵资料。

来电

保罗·尼尔森的公寓

纽约

1983年1月

我们总是联系不上保罗·尼尔森本人。作为一名虔诚的电影工作者，他几乎总是让自己的古董留言机先接听电话，对于这一点，很多朋友都表示他们受够了。然而这次的这个电话却相当难得，因为这是保罗·尼尔森本人亲自打来的。

保罗[①]：你好？

语音提示：你好，保罗，我是克林特·伊斯特伍德。

克林特[②]：兄弟，最近还好吗？

保罗：不错啊，你呢？

克林特：我也很好，保罗，你最近在忙些什么？

保罗：哦，我最近在忙很多编剧方面的事情。我想我应该……首先，我想我必须为发生在《滚石》杂志的那件事向你道个歉。

克林特：我听说了，《滚石》杂志那边出了点小问题。杰·考克斯已经把那边的最新情况都告诉我了。

保罗：对了，我还要告诉你我认为《天涯父子情》这部影片非常棒。在我看来，这是你有史以来拍摄出来的最好的影片之一。昨晚我又看了一遍，

---

① 在本书的访谈部分，为了方便起见，保罗·尼尔森简称保罗。

② 在本书的访谈部分，为了方便起见，克林特·伊斯特伍德简称克林特。

事实上这已经是我第三次看这部影片了，它真的是越看越有感觉。

克林特：哦，我很高兴你能喜欢上这部影片。虽然《天涯父子情》看起来并不像是一部能够横扫票房的影片，当然这应该也是源于我根本没打算把它制作成一部可以横扫票房的影片。我仅仅只是因为自己拥有创作的欲望，所以才拍摄了这部影片。有时候你需要做几件像这样的事情，而我觉得自己就像一名战士，总是能够拿着一把机枪冲过街道。

保罗：关于发生在《滚石》杂志的事情，我必须向你解释一下，近两年我在《滚石》杂志充其量也就是一个与各路出版商斗智斗勇的“小跟班”。从根本上来说，现阶段最大的挑战源于影片中出现的某些音乐片段，而我的主要工作就是负责编审音乐片段。因此，大部分的时候我都对自己说：走开，什么编审，这太荒谬了。这听起来其实挺蠢的，你知道吗？哎，从某种程度上来说，我在你身上似乎看到了一丝光明。我记得你说过曾经有一度你想要去改变——而当时我最想做的事情就是改变，直白点说，就是离开《滚石》杂志。

克林特：那就这么去做吧，哈哈！

保罗：因此我卖掉了很多达希尔·哈米特和雷蒙德·钱德勒的初版书籍，也卖掉了一些唱片以此来获取一些生活必需品，但是后来我放弃了。从我离开之后，《滚石》杂志还是不断地来找我，他们给了我一些机会，他们想让我做一名自由撰稿人撰写一些东西。但是无论怎样，我都很懊悔当时所做的决定，因为他们现在确实非常想重新得到我。

克林特：哈哈，真的是这样的吗？

保罗：是的，并且我现在也非常愿意重新回到《滚石》杂志。

克林特：我认为这是一个非常好的机会。事实上，我曾经向杰·考克斯开玩笑说："兄弟，如果我曾经决定坐下来撰写一部自传，我会首先找到保罗并且对他说'保罗，你介意出版那些访谈内容吗？'看起来，我们现在已经做到了！哈哈。"

保罗：这就是另外一件我想要告诉你的事情，从现在起，我要开始尝试去撰写一本书了。虽然，你可能并不愿意去做这件事情——其实我想撰写的并不是一本传记，而是一种叫做《克林特·伊斯特伍德访谈录》的东西。它本身并不是一本自传，但它的的确确就是我们想要的那个东西。嗯，你对此怎么看呢？

克林特：这个嘛，改天再聊。其实我还没有为此做好准备，但是将来的某一天我可能会打电话给你，因为你那里本身就已经拥有了一半的素材了。

保罗：在我看来，现在的你似乎并不想去撰写一部长篇大论的自传。

克林特：可能你现在下这个结论还太早。我想我已经酝酿了一两个想法了，实际上，我心中已经有了几个不错的想法了。

保罗：这些都只是我自己感觉到的，这本书可能或多或少全部都是以你的口吻写出来的。但是如果没有你的首肯，我肯定不会轻易去撰写的。

克林特：我还是想再等等看。给我点时间思考一下吧，可能与你合作出书是一件非常奇妙的事情，但是每一件事情都不是那么容易达成的，你说是吗？

保罗：是的，除了钱的问题。其实出版是一件好事情。从长远来看，这将会是我做过的最好的一件事情。当然，这一切都取决于如果明年我就能完成初稿的话。

克林特：凭你的实力，你当然可以做到的。

对话

克林特·伊斯特伍德和保罗·尼尔森的房间内
爱达荷州博伊西，红狮酒店
1979年10月

克林特·伊斯特伍德的宾馆房间内
纽约
1979年12月

克林特·伊斯特伍德的办公室
加利福尼亚州伯班克，马尔帕索制片公司
1979年11月，1980年10月，1983年10月

1

保罗：很抱歉，我记不清楚你父亲的名字了？

克林特：他的名字也叫克林特·伊斯特伍德。事实上我是 Junior，克林特·伊斯特伍德 Jr。我没有中间姓，我的父亲也没有中间姓。

保罗：弗里茨·曼尼告诉过我，你的父亲是一名名副其实的运动员，他曾经在南加利福尼亚大学读过一年书，不过他很快就对那个地方产生了厌倦感。

克林特：但是在我看来，他似乎还想在那里待上一两年的时间。他在高中的时候，是学校足球队当中一名一流的足球运动员。我的奶奶，也就是我父亲的妈妈，她死于癌症，自那时起，我的父亲就和我的爷爷相依为命了。我猜想，他就是在那个时候决定搬出来住，找一份工作，然后成家立业的。当然了，我的父亲在读书期间并没有获得过任何奖学金。

保罗：哦，原来是这样啊，你的父亲是在前不久刚刚去世的吗？他去世的时候才只有六十多岁，是这样的吗？

克林特：我记得我的父亲是在他七十岁出头的时候才去世的。[1]

---

① 克林特·伊斯特伍德的父亲于 1970 年去世，享年六十四岁。

保罗：哦，我不太清楚你是否需要过目一下自己在这本书（伊弗雷姆·卡茨，《电影百科全书：电影和电影工业完全指南》）当中首次出现的情节。但是从你告诉我的那些事情当中，他（伊弗雷姆·卡茨）似乎把事实夸张化、浪漫化了。伊弗雷姆·卡茨在这本书中写道："在压抑的情绪下长大的孩子，他是这样度过了自己的童年时光——他跟着自己的父亲长大，一个每天沿着西海岸那脏兮兮的街道抽烟的人。"不过在你告诉我的一些细节当中，我能够感受到你的父亲听起来其实并没有那么糟糕。

克林特：事实上，我真实的童年并不像影片《愤怒的葡萄》中所呈现出来的那样。不过它确实在很大程度上影响了我随后所拍摄的那部影片——《天涯父子情》。早年间，差不多是在二十世纪三十年代的时候，我们的生活在一些情况下纯粹就是工作，再工作，继续工作。我们从雷丁市搬到了萨克拉门托，随后我们又一路南下，背着行囊加足马力，从萨克拉门托直驱而入到了帕西菲克帕利塞兹度假村，而这一切都仅仅只是为了完成一项吹气球的工作。那段岁月真的相当艰辛。在那段岁月当中，人们如果能够去读一两年的大学，对他们来说，那就是最棒的"工作"了。我永远都会记得那段异常艰难的岁月，记得那些我们曾经居住过的房子，甚至还会记得那些鸡窝。人们会把鸡窝改造一下，将它们改造成可以住人的地方。

保罗：说起你的父亲，他曾经是一名装卸工人和一名码头工人，对吗？

克林特：那些年我们搬来搬去到过很多地方，最后我们来到了奥克兰，我们住在旧金山湾区。在战争年代的奥克兰，我的父亲在伯利恒钢铁公司工作，当时他做了很多类似于管道工人的工作。在此期间，父亲还成了一名珠宝贩卖商。他尝试过很多种不同的工作，在那段岁月，他一直都是如此，最后他终于能够出色地完成工作任务了。

在奥克兰的那段岁月，我的父母都在工作，因此我跟随着我的祖母生活了一段时间。当时我们住在黑瓦德，那是奥克兰当地的一个小镇。我甚至还在萨诺尔住过一段时间。我的母亲曾经是 IBM 公司的一名管理者，当时的 IBM 公司还是一个规模相当小的企业。那个时候她本应该买一些 IBM 公司的股份，不过在那个时候，似乎谁都没钱去买。

当我还在读高中的时候，我的父亲进入了集装箱运输行业，他成了一名销售员。“集装箱运输公司”或者是“美国集装箱货运公司”，当时的公司就是这么叫的。在二十世纪四十年代末期，也就是在我高中毕业以后，我的父亲去了西雅图，他在那里接手了一家工厂。他很擅长令陷入困境的工厂起死回生，长期下来，父亲渐渐成了远近闻名的人物。但是在此之后，那家工厂从未真正履行过曾经允诺给父亲的很多事情，于是我的父亲又跳槽去了乔治亚—太平洋公司，他非常喜欢这家公司。再后来，他终于退休了。但是他至少有十年的时间都一直工作在乔治亚—太平洋公司，并且他工作得非常出色。

保罗：我父亲的第一份工作是在加油站。随后，他凭借着自己的聪明才智，在股市中赚到了一笔可观的收入。之后，他在一次坠机事故中丢掉了他所有的工作。不过很快他就振作了起来，父亲继续从加油站做起，并且一路做到了汽车经销商的职位，他也因此而拥有了一座农场。真希望我可以永远都会记得那段时光，因为在那次坠机事件之后，父亲似乎对以前的一些事情都记不清楚了。

克林特：很多人在经历过坠机事件之后，都会记不清楚很多事情。那场曾经的灾难击倒了很多人。

保罗：在那次坠机事件之后，我的父亲变得安静了许多，当然他很可能也是受到了母亲的影响。我的母亲是一名虔诚的信徒，以至于在我长大成人之后，我一直都想拍摄一部以罪恶为主题的电影，这或许能够解释我为什么如此热爱电影。

克林特：这也是为了纪念你的父母，对吗？但这或许也是你逃避人生的一种方式。你兴许只是想借此机会去某个地方旅游吧？

保罗：哦，这么说来还真的是这样的。

克林特：当然，这也是宗教中存在的一个问题——恐惧感。在我看来，我的父母非常喜欢带我去很多他们曾经去过的教堂。在我眼里，无论当地的交通便捷与否，这些教堂都是完全不同的。我的父母非常想让我在宗教方面获得良好的教育，但是我也因此而度过了人生当中十分压抑的一段时光。在那段岁月当中，我必须要绘制上帝的图画，保持非常安静的状态，并且在一定程度上压抑着人性。教堂中的其他人甚至根本就不允许你发出任何声音，一些人动不动就想找机会惩罚一下你，有时你也要为你的轻率行为负责，你需要时常对别人卑躬屈膝。但是，我从来都没有见到我的父亲那样做过。我只是想从父亲那里了解到更多的东西，所以我需要去征求他们的意见，看看我能否可以不去教堂？也就是从那一刻起，我想他们终于明白了我也有自己拿主意的时候，我也有我自己的人生哲学。这些都是我脑海中最真实的想法。

保罗：我很庆幸自己从小就接受过良好的宗教熏陶，通过反省自身的不足，我在很小的时候就懂得了很多道理。

克林特：这确实不错，因为宗教会促使你对事情做出一定的判断，它可以让你对事情产生某些特定的想法，这也是你人生当中的一个必经阶段，但是你很可能会突然开始说："等一等，我并不确定我同意这样去做。宗教的确是一门古老的学问，但是我并不确定我可以从宗教当中得到我想要的东西。也许在我长大之后，我才可以得到我想要的东西，但是在我把自己调整到最佳状态之前，我本人并不愿意过多接触宗教。"我当时心里就是这么想的。

保罗：你的母亲是叫露丝吗？[①]

克林特：是的，她现在依然健在，身体也挺好的。

保罗：你好像还有姐妹，是姐姐还是妹妹呢？

克林特：我有一个妹妹，她的名字叫做珍妮。

保罗：我和弗里茨·曼尼曾经谈论过一些关于你的家人的事情，他对你的父母印象非常深刻。你的家庭环境非常开明，在家中，你和妹妹可以在任何时间都像大人那样进行交谈。你的父母给予了你什么呢？

克林特：现在想来，如果你的父母塑造了你性格当中的很多东西，那么你无疑是最幸运的那个人。如果他们因为你也做了很多改变，那么他们也是非常幸运的人。我想我是幸运的，我的父母，他们都是很好的人。他们能够非常直接地与我进行交流，他们从来都不会居高临下地对我讲话。他们很友善，是很客观、公正的人，他们并没有那么多不好的习惯。

保罗：这么说来，你的家庭应该是一个很和谐、很欢乐的家庭？

克林特：我认为是这样的。

保罗：在《电影百科全书：电影和电影工业完全指南》一书当中，有一句话是这样来形容你的："小克林特·伊斯特伍德几乎从没在一个学校待过超过一个学期的时间，在他高中毕业以后，他先是做伐木工人、钢炉工人，随后他又成为一名天然气管道工人。"

克林特：这些工作我全部都做过，除此之外我还做过好多其他的工作。

保罗：你曾经还在奥德堡的军营当中与马丁·米尔纳以及大卫·简森

① 玛格丽特·露丝·卢娜尔·伊斯特伍德于2006年去世，享年九十六岁。

一起演出过吗？

克林特：是的，这些兄弟当时都在那里，我还有一个朋友也曾经在那个地方演出过。对了，我还有另外一个朋友，当时他是那里的一名助理电影剪辑师，他就像一个学徒一样。这些兄弟全部都参加过朝鲜战争。在那里，我们拥有着各种各样身怀绝技的天才们。安德鲁·普列文同样也很聪明，当时还有很多很棒的乐手和演员都在那里进行过演出，但我记不清楚他们每个人的名字了。在我看来，理查德·朗当时应该也在那里。

保罗：如今，你真的会非常认真地回想起那段时光吗？

克林特：我现在对那段时光愈发感兴趣了，不过我并不迷恋那段时光。有时候我还在想，那段时光是我职业生涯当中最快乐、满足感最为强烈的一段时光，但是因为当时我还只是一个孩子，所以那段时光并没有在我的生命当中留下什么深刻的烙印。

保罗：在《皮鞭》这部电视系列剧上映之前，也就是默片时代，那段岁月对你来说是不是也是一段异常艰难的岁月呢？

克林特：是的，那段岁月真的是十分艰难。在主演电视系列剧《皮鞭》之前，我就已经出演过很多部电影了，但是观众并不认识我，我也没有得到一些导演的认可。这种情况持续了很长一段时间，一些同行甚至都想往话剧界或者是电视界发展了。在那个年代，他们会在电视节目直播前兴奋很久，最后终于有人突破了自我而转到电视界去了。从那以后，好多人以此为跳板而转行去做其他事情了。

我至今仍然能够清晰地回忆起我第一次拍电影时的情景。真是见鬼，电影市场有时候就是如此奇怪。你必须要先进行市场调查和商业洽谈，而那些制片人，他们会在脑海中思考是否拍摄这部电影，他们通常都是一些不懂市场的人。不得不说，以我自身的经验来看，他们当中至少有九成人

电视系列剧《皮鞭》剧照

甚至根本都不明白电影为何物。他们大多来自房地产行业，或者本身就是一名营销商，也许他们踏入电影这个行业纯粹只是为了完成一笔交易而已。

但是即便如此，你还是要继续与他们进行洽谈。因为在你面试的办公室当中，差不多有十个与你年龄、身材相仿的人站在那里。当你坐在那里的时候，你会感觉到自己仿佛就是一个令人讨厌的存在。人们通常称此类活动为“等候试戏的电话”。有什么奇怪的吗？现在这里有十个人，也就是一比十的比例，当然有时也可能会是一比三十的比例。在这之后，导演会亲自进行面试，无论他们是谁，他们都会围坐在你的身旁，有些傲慢地说道：“哼！”

此时的你可谓是十分失落。那个时候，我一直都在工作，我每天都会一路小跑到天然气加油站，然后给我的代理公司打电话：“请问一下，最近有没有适合我出演的角色呢？”对方回答道：“哦，没有。”我只好无奈地说道：“好吧。”我经常给他们打电话，并且态度十分苛刻。他们也总是说自己不在办公室，无法告诉你确切的消息，但其实你心里明白，他们其实就坐在办公室里。

有时候他们会在一个十分嘈杂的环境中面试你。在面试之前，你可能已经非常清楚地知道自己并不适合这个角色。但是当你仍然坚持到达面试现场后，你会发现他们把你叫过去，有可能仅仅只是想让你去扮演一名路人，你只需要站在那里保持移动状态即可（通常他们会让你来回地走动）。有时候你需要继续进行下一个面试，因为代理公司承诺他们会给你安排一个角色，是他们派你来参加面试的。

最近就有一个代理公司想让我替他们安排一次这样的面试。他们打电话告诉我，并且说道：“你看过《讨厌鬼》这部影片吗？”我说：“我根本不知道那是什么东西。”对方继续说道：“没关系，我已经答应了她会给她安排一次面试的机会，如果可以的话，你可就帮了我大忙了。”我说：“我不能这么做，我不能误导她，并且告诉她她很适合某个角色，我不能让她徒然对空空如也的东西感到兴奋。这只是一个谎言，这些都是骗人的。

你做出承诺了，但是最后最先逃跑的人却是你自己。”我敢肯定，他绝对会告诉那个女孩，我是一个心肠很硬的人。这些人有时候还真是不择手段。

保罗：我估计你那时的生活还挺拮据的，当时的你还只是一名“合同演员”。

克林特：当我在环球影片公司做“合同演员”的时候，我的周薪是七十五美元，我在那里做了大概一年半的时间。当我离开那里的时候，我大概已经能够赚到每周将近一百美元了。但是即便如此，最终你拿到手中的钱也不可能会有一百美元这么多，因为你每年只工作四十个星期，剩下的时间你几乎都是处在被临时解雇的状态之中。

保罗：在我看来，在一部影片当中出演一个小角色，要想在当时给观众留下深刻的印象是一件非常困难的事情。尤其是当你的台词只有一句话：“现在开始测试管道。”或者诸如此类的台词之时。

克林特：确实如此。你扮演了一名间谍，剧组会给你戴上一个面具，还有一个头盔、护目镜，诸如此类的东西。在那部影片当中，你其实就是一个“装饰品”。其实你在这些影片当中根本不可能会给观众留下任何印象——你不能欺骗自己，认为自己确实给观众留下了深刻的印象。你应该庆幸自己能够拥有这个机会来出演这些角色，同时你也应该为自己而感到高兴，庆幸自己还有份工作并且你现在正在努力做着，甚至你应该为自己在剧中所扮演的那个小角色而感到兴奋。你知道自己根本没能力把全世界都置身于水深火热之中，所以你现在只能安安分分地做好自己的事情。①

保罗：那段岁月或许会对你日后的演员生涯产生了重大影响。在我见到过的其他面试当中，“城堡里”的电话和时光的流逝，这些片段会经常

① 伊斯特伍德曾经在1955年上映的影片《狼蛛》当中饰演飞行大队的一名队员，最终飞行大队成功阻止了那只巨型蜘蛛对人类的进攻。

浮现在你的脑海之中。这是一段异常艰难的岁月，这段岁月当中有伤痛，并且是你永远不会忘记的伤痛。

克林特：嗯，是的。我想我刚才确实也忘记说了，那段岁月确实挺悲惨的。我发现人们总是来找我，然后他们会对我说："你觉得我怎样才能够进军演艺圈呢？我想进军演艺圈。"我会问他们："当你进军演艺圈之后，你想要成就一番怎样的事业呢？"有时候他们只是一些在校的学生，或者只是一些剧院的工作人员，除此之外他们一无所有，他们并没有任何表演经验就想"白手起家"。有时候，我实在不忍心去伤害他们，所以我也只能对他们说："你还是不要进军这个行业了。"因为你并非是在与一个名副其实的潜力股进行对话，因此我只能这么来回答他们的问题。与此同时，你甚至还会在想，你会期望他们最好能够拥有更多的野心，并且能够坚持在这个行业当中摸爬滚打一段时间，因为如果他们觉得自己要是能花上半年的时间来尝试一件事情的话，最后要是万一一夜成名了呢？那他们绝对会很乐意再来找我的。我们都知道关于一夜成名的古老传说。曾经有一度，一些人过度追随这种说辞，并且这些人在他们尚年幼的时候就已经一夜成名了。但是一夜成名也只能是在那个时候，谁会知道这种风光无限的一夜成名究竟能够持续多长时间呢？当你义无反顾地在这条路上继续走下去的时候，迟早有一天你会停滞不前的，你早晚都会遭遇事业的瓶颈期的。

保罗：在那段岁月当中，你是否曾经想过要放弃成为一名电影演员的梦想呢？

克林特：嗯，我当然有过这种想法了。差不多是在我入行后第四年或者第五年时，我开始真正地去思考，我到底在徘徊什么呢？我相信每个人都会经历过类似的时光，并且在那段时光当中，你更多的只是在与自己进行抗争。不过，这却只是你与自己进行抗争的很小一部分缩影。在更多的时间当中，你仅仅只是想走出去，然后辞掉手头正在进行的工作，并且学习一些与之相关的其他东西。又或者是，你仍然希望从事这个行业，只不过你希望跳槽到另外一家公司当中。但是在演艺圈中，你会看到数以千计的人都想得到类似的工作，这个行业里的竞争相当激烈。可悲的是，我并不是一个很好的竞争者——我几乎参加过所有的差额面试，但是我并不是一个十分外向、善于展现自我的人。一些人在面试的时候会准备一些新近的笑话，他们十分擅长展现出自我的风采，他们讲的笑话甚至可以让满屋子的人都笑得前仰后合。然而，每当轮到我面试之时，当我走进某位导演的办公室之后，谈话总是围绕在“你好……那么你能做些什么？”来进行。而我所擅长回答的也仅仅只是这些而已。我天生就不是那种一坐在那里就能够夸夸其谈的人。相反，我总是觉得自己在打扰对方的时间，我甚至觉得就连别人和我握手的时候，他/她的手上都会沾上一些脏东西，你能理解这种感受吗？

保罗：我非常理解你当时的感受。有时候这和写作是十分相似的。其实只要角色看起来还不错的话，你可以试着去进行一下面试。

克林特：如果你把自己在写作时的感受比作拍电影的话，那么很有可能当你在写作的时候，你能够直面读者对自己所写的东西进行测试，并且你很可能会对他们说：“现在你们来读一读我写的东西，你们喜欢吗？喜欢就是喜欢，不喜欢就是不喜欢。不过，你们不要指望我会给你们展示本书当中的全部内容。”如果我能有一个机会在我的电影公司里测试电影里面的一些角色的话，我想我十分乐意长期做这项工作。但是如果这个机会只是意味着当你走进办公室，你需要在一些广告商面前跳个摇摆舞，那么毫无疑问我会是一个十足的失败者。在拍摄《皮鞭》这部电视系列剧之前，我已经面试过很多部电视剧了。在一些面试的办公室门口——我会完全沉浸在剧情之中，或者至少我也会让自己沉浸在故事情节的氛围之中。事实上，你不能指望那些导演可以坐在那里等着你放松下来，然后直到你变成了他们的好伙伴，甚至在面试结束之后还可以和他们一起小酌几杯。真实的情况是，他们每天至少都会面试成百上千的人，事情并不像你想象的那样。

保罗：虽然我并不是第一次听你这么说了，但是当我听完之后还是着实吓了一跳。当你一旦登上了面试的舞台之后，那么就意味你只有一分钟的时间能够让导演倾心于你，并且后面还有三百多个人仍然正排队等着你从办公室里面出来。

克林特：除了等待面试的那三百多个人，可以真正敲开那些坐在办公室里的导演的心房的人又有多少呢？

保罗：那么，你是从什么时候开始真正觉得“我很擅长演电影，每当我在拍摄电影的时候，我都会感觉十分开心呢？”

克林特：我想是我正式入行的不久之后。我当时还是环球影片公司的一名专职“合同演员”，当时我并不知道自己是否擅长演电影。也许在当时，我其实并不是十分擅长演电影，呵呵。但我只是在想，我还是有一些东西可以向观众展示出来的。虽然那个时候我并不知道究竟什么样的东西才是我能够展示出来的，我也不知道当时的我处在哪个水平或者哪个高度上，但是我仍然很坚定地认为，我还是有许多可以提高的地方的。

你去参加表演课程的次数越多，你学到的东西也会越多。你会发现自己先前所知道的东西少得可怜。这就好比在盖房子：当你远观一个人在拍水泥、注水泥的时候是如此简单，直到你亲手做之前你是永远都不会意识到的，其实这里面是有一些诀窍和技巧的。表演是一门学起来有些怪异的课程，因为表演并不是一种逻辑型或者智力型的艺术。它是一门本能的学科，你必须亲自去进行表演，发自内心地去感受你自己，然后融合这些所有的感觉一起表演出来。在若干年之后，当你再次在一部电影里面表演时，你就会有一种重塑角色的感觉。你就会开始想，哦，现如今表演也就是这么回事呀！

随后你会非常想把自己的脑袋狠狠地撞击在门上，因为至少有一半的时间，当你不停地接到面试电话的时候，根本没有人会知道导演在片场想要的究竟是什么——除非是在一个很偶然的情况下，你成为一名特型演员，或者因为某种机缘巧合你成为了一名“大腕”。对于大多数导演来说，你必须要主动与他们进行沟通，他们并不知道自己想要的到底是什么，也不知道自己在做些什么。这是一件十分令人沮丧的事情。

保罗：就在两天之前，我在深夜又重温了一遍《造物复仇》这部电影。不过我认为，你还是删掉了影片当中的一部分情节。你是不是完全按照自己的心意，最终完成了这部影片的剪辑工作呢？

克林特：没错，是这样的。

保罗：我还记得，直到凌晨五点二十二分我看完了整部影片之后我才最终睡去。我刚才所说的那个情节，是你在进行后期剪辑的时候剪掉了吗？

克林特：是的。现在影片当中已经完全不存在任何令人感到恐惧的镜头了。我刚才所说的那个片段在最初的样片当中出现了四次，那个片段是我在这部影片当中唯一一次露脸的机会。① 我还记得，这部电影是由杰克·阿诺德担任导演，威廉姆·阿伦德担任制片人的。当时，威廉姆·阿伦德把我叫到了他的办公室，他给我讲述了整部影片的剧情，同时把我要出演的那部分戏的台词给了我。他在办公室里大声吼道：“就是他了。待会儿，我会带你去见一下这部影片的导演。”于是我跟着威廉姆·阿伦德一路走到了片场，当我们到达片场之后，杰克·阿诺德却对他说道：“这到底是怎么一回事？我告诉过你我不想拍这种故事的！而这个人，他又是谁？”我想，我似乎该挨拳头了——因为那时导演一直都在嘶吼、咆哮，

① 事实上，伊斯特伍德当时表现出来的态度十分谦虚。在 1955 年上映的影片当中，伊斯特伍德一共参演了两部影片。除了影片《造物复仇》之外，伊斯特伍德还在影片《黑湖妖谭》当中扮演了一名实验室的技术人员。

我甚至都已经做好了倒在地板上的准备了，哈哈。不过很快阿伦德让我意识到，阿诺德的嘶吼和咆哮其实并不是针对我个人的——这仅仅是因为阿诺德不想在电影当中加入某段故事情节。于是，阿诺德最终忘记了拍摄那段故事情节的初衷，并且他坚持要把那个片段剪掉。

保罗：好吧，好在最后的成片确实如杰克·阿诺德所愿。

克林特：没错，最终还是杰克·阿诺德取得了胜利。他对我说："就是这段，明天早晨起来就拍摄这个场景。"这就是他对我说过的最后一句话，因此我回答："好吧，明天早上见。"但是，这确实是我演艺生涯很不光彩的一个开始：由于阿诺德十分讨厌这段情节，致使我在这部电影当中最终沦为了一名"龙套演员"。不幸的是，最终我所出演的戏份被全部删掉了。[①]

① 伊斯特伍德也参演了杰克·阿诺德在同年执导的影片《狼蛛》。几年之后，他在电视系列剧《皮鞭》的片场又一次与阿诺德进行了合作。

2

电视系列剧《皮鞭》于1959年播出了第一季，直到1966年最终完结。克林特·伊斯特伍德在剧中饰演罗迪·亚特一角。在剧中，自德克萨斯州到密苏里州，他坐拥三千座城堡。

克林特：《皮鞭》这部电视系列剧是我主演的第一部也是反响最好的一部电视系列剧。

保罗：我想，那个时候你差不多也就是二十八岁左右。

克林特：对，是啊，那个时候的我才只有二十八岁。

保罗：在那之后不久，你是不是还执导了电视系列剧《皮鞭》的第二季？此外，你是不是还导演过预告片之类的作品？

克林特：我并没有导演电视系列剧《皮鞭》的第二季，不过我的确执导过一些预告片。

保罗：即便是在那个时候，你也能够非常清楚地知道自己的梦想是成为一名导演吗？

克林特：嗯，是的，我在进行导演工作的同时手头上还在做着一些其他事情。

保罗：那段时间，你仿佛就像影片《红河》当中蒙哥马利·克利夫特所扮演的那个角色一样。

克林特：他（蒙哥马利·克里夫特）似乎更加幼稚一些。他就好比一个头脑发热的年轻小伙子，好多事情都是在不经意间就决定了出来。其实在那个时候，主演电视系列剧《皮鞭》对我来说真的是一个非常好的体验，我也真的非常乐在其中。如果你足够自我，那么你在一部电视系列剧当中就可以做一些你在剧场或者其他任何地方都无法做到的事情：你可以每个星期都饰演相同的角色，然后你可以从这些相同的角色当中选择一个你认为最好的角色。是的，你可以看到自己

电视系列剧《皮鞭》剧照

影片《红河》当中的蒙哥马利·克利夫特

的所想都美梦成真，你也会看到自己所做的事情最终并未能全部实现。在历经七八年之后，你的脑海中已经建立起了一个“文档”，你知道什么事情你可以做到，什么事情你无法做到。

保罗是音乐家沃伦·泽方的好朋友。在此之前的两年当中，伊斯特伍德曾与他见过一面。除了将这位音乐家作为自己书中的原型人物之外（“看着那些身处聚光灯之下的艺术家仿佛也看到了自己的影子——杰克逊·布朗的专辑《为每一个人》，弗朗西斯·斯科特·基·菲茨杰拉德的小说，萨姆·佩金帕所执导的电影《日落黄沙》，著名摇滚乐队纽约娃娃，诺曼·梅勒的小说，克林特·伊斯特伍德在《肮脏的哈里》中所塑造的卡拉汗警探一角，以及罗斯·麦唐诺、肯·米勒在侦探小说中所塑造的人物刘·亚契都给受众留下了深刻的印象。无论这一切对与错，你的生活都将会发生改变”）。在保罗的带领下，沃伦·泽方观看了他人生当中第一部由克林特·伊斯特伍德主演的电影——《不法之徒迈·韦尔斯》。沃伦·泽方也因此成了一名疯狂的影迷，保罗似乎应该在这件事情上负有很大一部分的责任。看完这部影片之后，沃伦·泽方说道：“从今以后我决定去看一下所有伊斯特伍德所拍过的电影，并且我觉得它们可能都非常好看。”

保罗：沃伦·泽方试图很自然地去表演一个角色。他的女朋友曾经出演过《解开心结》这部电视连续剧。她出演的片段只是整部电视剧当中一个非常小的部分，但是泽方却说他非常喜欢看这个片段。沃伦·泽方的经纪人是艾文·阿佐夫，他是一家摇滚酒吧的管理者。艾文·阿佐夫说：“我不想从我自己管理的酒吧当中接听到诸如你需要给我一个试听片段之类的电话。如果我非常适合做摇滚乐，我会向普通人那样去进行思考，我是因为天赋而并非出于某种利益才选择去做摇滚乐的。”沃伦·泽方在那部影片当中扮演了一名精神病患者，他必须要轻声细语、柔中带刺般地说话。然而十分遗憾的是，他并没有表演出这种效果。我也不知道他是否在诸如此类的角色上还有没有一些其他的天分了。

克林特：可能他确实有这方面的天分吧。任何人都可以培养这种天分，并且以此谋生。只不过你需要花费一些时间。

保罗：沃伦·泽方的女朋友名叫金·兰克福德，她向我描述过她拍摄《解开心结》的过程，那可真的是相当可怕。那部影片的导演在宿醉后的周一出现了，五天的时间里他只有一个小时在进行拍摄工作，并且拍摄时他还在不断地喊停：“对不起，我还没有看过剧本呢。”这个世界上还存在比这更加糟糕的导演吗？

克林特：如果一个人因为宿醉而没有研读剧本，我想我会把他从剧组中剔除出去的。如果一个人因为没有做好充足的准备便笨手笨脚地摸索着开始拍片子，他很快就会丧失拍摄的热情，因为拍片子就是这样，日复一日，年复一年。尤其是在后来的几年当中，我们非常渴望让那些很有效率的人来掌镜。

我不知道为什么那么多人都被解雇了。有时候，电影和电视行业看起来好像有些受虐的倾向。我讨厌那些不尊重表演这项事业的人。我猜想，那些人会从职位最高的地方开始“下手”，从制片人开始解雇，他们还会解雇导演。也许是因为制片人什么都不知道，而他们却本能地猜想这个人应该知道些什么，然而他们最终发现这个人的确是什么都不知道。随后，他们会允许制片人去解雇男演员和女演员，而这些人实际上毫无表演经验而言。

并不是所有的演员都必须要有一定的表演经验，因为你必须要出演过某部影片才能学到一些经验。但是很多影片其实都被搁浅了，因为根本没有人会去拍摄它们。这并不是演员不够好的问题，问题在于——导演并不是为某个演员量身定制了一部影片，导演经常去拍摄一些超出演员本身特质的影片。而这些演员还尚且没有发展到能够轻松驾驭这些角色的地步。

但谁又会知道是出于什么样的原因，半数以上的人最终都因此被解雇了。

保罗：这就是你所谓的不尊重演员吗？

克林特：是的。曾经有一度某些演员会说：“我们总是被指挥去演这样或者那样的角色。”她们通常都是一些漂亮的模特，她们并不是一些在这个行业发展了近十年的优秀女演员——那些自身条件出众、有演技的女演员。从某种意义上来讲，模特来客串一部影片只是一个潮流，潮流过去了就不会再有任何新鲜感而言了。漂亮的男演员和女演员到处都有，但是他们每一个人都会聚集在片场，最终这只不过是谁能够成为主角的事情。这个问题会一直持续争论下去，但凡有演员评选之类的奖项存在，就会有漂亮男演员和女演员的存在。

保罗：你还记得史蒂夫·麦奎因活跃在大银幕上的那段时间吗？

克林特：在我出演电视系列剧《皮鞭》之前，他就已经参演了电影《赏金奇兵：西部通缉令》了，但是在当时我并不认识他。

保罗：同样是在那个年代，你是否知道詹姆斯·加纳重返银幕的事情呢？

克林特：他就住在我对面的在奥克斯社区。在他成为演员之前我就已经认识他了，而且我还时不时地能够在小镇上看到他，但这并不是很频繁。对我而言，他活跃在你的生命之中，你似乎能够在他的身上看到你自己的影子——因为我们前进的方向都是一致的。[①]

① 1959 年，伊斯特伍德客串了詹姆斯·加纳主演的电视系列剧《赌侠马华力》。2000 年，詹姆斯·加纳在伊斯特伍德自导自演的影片《太空牛仔》当中担任了男配角。

3

1964年，伊斯特伍德与导演赛尔乔·莱昂内拍摄了他们的第一部电影“镖客三部曲”之一的《荒野大镖客》。该片改编自日本著名导演黑泽明的电影——《用心棒》。由于此前莱昂内并没有获得改编并且拍摄这部影片的权利，因此他因为触犯了法律条文而被起诉，最终致使影片《荒野大镖客》直到1967年才在美国全境得以上映。类似的命运同样也发生在了影片《黄昏双镖客》（1965）和《黄金三镖客》（1966）当中，这两部影片也都是在时隔两年之后才在美国得以公映。

克林特：在电视剧系列剧《皮鞭完结六年半之后，我才有机会去拍摄了影片《荒野大镖客》。当他们把电影剧本交给我的时候，那个时候我对这部电影真的一点都不感兴趣。但是当我细读这部影片的剧本之时，我发现我喜欢上了这个故事，因为作为一个来自美国西部的人，我从中看到了机会，前提是这部影片的导演真的如人们所评价的那么优秀。莱昂内在此之前只导演过一部名为《罗德斯岛巨像》的影片，这部影片并不是我最喜欢的那类影片。那部电影在我的眼中如同雕虫小技一般。不过据我所知，在罗马，莱昂内本人因其幽默风趣的性格和丰富的想象力而人尽皆知，因此我决定给他一个机会，而事实证明他也是一名非常棒的导演。最终，我终于有机会去塑造一个银幕形象，而且这个角色非常具有搞笑的天赋。电视系列剧《皮鞭》使我家喻户晓，对于这个角色而言，我必须事先将角色所有的背景资料都隐藏起来，让观众自己来体会他到底是一个什么样的人。

事实上在这部影片的拍摄过程当中，关于角色本身的所有背景画面都在冲洗胶片的时候被洗掉了。影片当中只有大段的对白，谈论着他从哪里来，为什么要来到这个地方，他将要去哪里，等等。但是这些对白十分枯燥，而且很有可能也会让观众感到整部影片都非常枯

《荒野大镖客》电影剧照

燥。然而，这却导致了角色本身在影片当中缺少背景介绍的戏份，被冲洗掉的那段背景资料的戏份则让整部影片看起来饶有兴致，这甚至成了影片当中的一个伏笔。不过，我很难去说服莱昂内，因为意大利人早已习惯于用大量的细节来诠释一件事情，这更出自于他们的一种本性。最终我们都妥协了，事实上这也不能被完全称之为“妥协”。

保罗：你在当时已经拍摄完成了这一系列的三部电影，虽然在当时的美国只公映了你所主演的第一部电影——《荒野大镖客》。

克林特：庆幸的是最终它们全部得以在欧洲公映，但故事情节却被剪辑得支离破碎。我甚至都不知道正在公映的就是我所拍摄的那部影片。电影被改了名字，欧洲当局也没有告诉我们原因，影片《荒野大镖客》被改名为——《宏伟的陌生人》。很显然，这就是一个小型制作公司进行电影发行的后果。他们被强制播放了这部影片，因为他们将这部影片盗版到了米兰和那不勒斯或者其他什么地方，并且在当地提前放映了影片，这在当地引起了巨大的轰动。然后他们把影片卖到了西班牙——西班牙和德国联合制作了这部影片。这部电影也在西班牙和德国国内引起了巨大的轰动，但是由于“大镖客”起诉案件，这些电影并不能在院线进行公映。

我至今都还记得，在《荒野大镖客》这部电影杀青前我就已经看过了《用心棒》这部影片。我当时是和一个名叫比尔·汤普金斯的朋友一起看的，他是一个日本电影的超级粉丝。[①] 我当时在想，天哪，这是一部多么棒、多么令人兴奋的电影啊！当然，我也非常喜欢黑泽明导演。在年轻人的世界中，黑泽明是世界影坛最优秀的导演之一。在看完影片《用心棒》之后，我的内心得到了一种巨大的满足感。我想，天哪，这个人看起来更像是一个西方人。不过在东方人的眼中，可能在那里的人们对我们生活的这个地方也一无所知。在西方，是不可能拥有那种暴力和捶打，以及那种反英雄形象与英雄形象进行对抗的场景，这些都超出了年轻观众的承受范围。但是莱昂内非常聪明，他能把东西方这两种不同的表达方式完全融合在一起。

我在研读这个剧本的时候就已经意识到了莱昂内走的就是黑泽明的路线。他已经很好地对整部影片进行了诠释，当我读完剧本的时候，我甚至还在想，这都是些什么呀，欧洲导演怎么会青睐这种类型的影片呢？对于莱昂内而言，他或许会把你与那个拿着枪准备进行扫射的男人联系起来，或者与随后另一个被枪击中的人联系起来，就是那句话：电影和电视剧当中的情节都是虚构的。当然，我在电视系列剧《皮鞭》当中并没有拍摄过这样的场景。

保罗：你是否有过不被允许拍摄这种电影的经历，因为你可能会因此而陷入到困境之中？

① 比尔·汤普金斯是一名退役老兵。在伊斯特伍德的推荐下，他在影片《荒野大镖客》当中担任武术指导一职。

克林特：不会的。因为“海斯办公室潜规则”，所以这是一件你根本就不会去尝试的事情。不过这是一个挺蠢的潜规则，一个很老旧的潜规则，就如同一对夫妻在电影中不能够睡在一张床上一样。

保罗：因此这部影片的出现，仿佛给当时的电影界吹来了一阵清风?

克林特：是的，这部影片确实很不错。这么多年来在电影行业所遭受到的所有挫折和失败，以及多年来美国电影与欧洲电影互相剽窃的“情感”——在这部影片当中得到了充分的释放和宣泄。我也因此而有机会按照这种方式来拍摄电影，我个人很喜欢这种方式。赛尔乔·莱昂内也知道如何把这件事情实施下去。他会像一个小孩一样，去想象着一些事情，这正是你需要在电影当中所要表达出来的情感。

在此之后他变得更加专业了，虽然在西方人的眼中，他本人并不是一个西方电影的专家。莱昂内关于西方电影的研究看起来都比较陈旧。伴随着他的成长，他几乎看过所有类型的意大利电影。约翰·福特的电影在欧洲会上映，并且我猜想他会被某个美国人所创作的涂鸦而备受感染，他并不比其他人更加了解西方。他仅仅只是因为拥有一双极富灵性的看世界的眼睛。

公司在提醒着他，如果去欧洲拍摄电影尤其是在意大利拍摄电影的时候要格外小心。

4

在1968年的《独行侠歼虎屠龙》这部由泰德·珀斯特执导的影片当中，克林特·伊斯特伍德所扮演的角色被指控为一名罪犯，但实际上他并没有犯罪。绞刑执行后他侥幸活了下来，随后他便开始四处去寻找当年栽赃嫁祸给他的人。几年前，克林特·伊斯特伍德创建了自己的制片公司，也就是马尔帕索制片公司（后改名为马尔帕索电影制作公司）①，公司的名字是由加利福尼亚州卡梅尔小镇南部的一条海峡而得名的，马尔帕索在英文中的意思是“糟糕的一步”，这也是克林特·伊斯特伍德的经纪公司在提醒着他，如果去欧洲拍摄电影尤其是在意大利拍摄电影的时候要格外小心。

克林特：事实上，《独行侠歼虎屠龙》这部影片是我作为主演出演的第一部美国电影，这部电影的拍摄恰好在“镖客三部曲”系列电影之后。在拍摄这部影片的时候，与参演者一起剪辑这些电影画面是一件非常有意思的事情。能够参与这部影片的拍摄，对于每一位参演者来说都是一笔巨大的财富。于是我做了一个决定，可能是时候去尝试做一些其他的事情了。不过，这部影片在美国上映后并未获得良好的市场反响，因此我仍旧未能获得更多的演出机会。我的演出资源并不像杂志上的封面人物那样，那些明星出现的频率实在是太高了——而且乔伊斯·哈伯喜欢这类人，我只是说某一类人，并不是指个别现象。所以其实我与这些“封面人物”之间还存在着相当大的差距，但最后我还是得到了出演《独行侠歼虎屠龙》的机会，虽然片酬并不高。

保罗：莱昂内有没有问过你，

① 虽然在进行此次访谈的时候，伊斯特伍德还并未参演过任何一部由马尔帕索制片公司所出品的电影，但是接下来的一系列作品——《不屈不挠》《鬼马金刚独臂拳》《火狐》《天涯父子情》以及《拨云见日》，这些影片渐渐建立起了马尔帕索当地的品牌效应，马尔帕索当地的居民在这些影片当中都担任了或大或小的配角演员。

你是否愿意主演一部名为《西部往事》的影片？

克林特：他的确问过我是否愿意主演《西部往事》和《革命往事》这两部电影。

保罗：但是最终查尔斯·布朗森主演了影片《西部往事》，而詹姆斯·柯本则主演了影片《革命往事》。

克林特：嗯，是的。但这是我第一次感受到，在影片《黄金三镖客》拍摄完成之后，赛尔乔·莱昂内的事业进入了转型期。他开始拓展自己的事业，向着一个全新的方向去发展自己的事业，但我本人并不想朝那个方向发展我自己的事业。其实这很好理解，在我看来，莱昂内把自己定位成了“意大利的大卫·里恩”。他只是希望成为一个影响力更大、更加星光熠熠的人。

保罗：是的，他因此也会变得愈发强大，流芳百世。

克林特：但这些对于我来说将不会再有任何挑战了。在《黄金三镖客》这部影片当中显然并没有太多角色上的挑战。对于一名演员来说，如果把《黄金三镖客》和《荒野大镖客》或者《黄昏双镖客》进行比较的话，很显然，在每一部影片当中，后期制作的价值要远高于故事本身的价值。

保罗：在拍摄完成“镖客三部曲”系列电影之后，也就是在1968年的下半年，你只拍摄了两部影片。如果我没有记错的话，这个时间恰好也是你开始筹建马尔帕索制片公司的时间。《独行侠歼虎屠龙》这部影片是由马尔帕索制片公司制作而成的吗？

克林特：是的，虽然这部影片并没有延续以往那些影片惯有的拍摄风格，但是我很喜欢这个故事，因为它并不是非常离奇，并且我也十分喜爱这部影片的叙事手法：影片当中对死刑问题的探讨十分客观，导演并没有在片中表现出支持或者反对的态度。支持的同时也会存在反对的声音，而故事情节的发展很多都取材于我们的现实生活。这部影片的故事情节虽然非常丰富，但

《独行侠歼虎屠龙》电影剧照

依旧改变不了《独行侠歼虎屠龙》是一部没有太多价值的影片。

拍摄《独行侠歼虎屠龙》的整个过程非常有趣，不过公司原本计划让我去拍摄一部名为《麦肯纳淘金记》的影片。

保罗：哦，那部电影是一部失败的作品，甚至堪称是史上最差的影片之一。

克林特：我和卡尔·福尔曼（《麦肯纳淘金记》的编剧兼制片人）谈过几次，但是我并不太满意该片的剧本。他们一直都在说："哇，你与这么多知名演员一起合作过啊。"奥玛·沙里夫在那时十分风光，他曾预言"这部影片一定会非常卖座！"我回应他说："是啊，但是我只是很不喜欢这个剧本。"最终，我拒绝拍摄这部影片，转而拍摄了一部票房收入仅为五十万美元的电影。虽然《麦肯纳淘金记》这部影片最终收获了六七百万美元的巨额票房收入，但我也仍然不后悔自己当初所做的决定。我猜想公司一定非常沮丧，这只是我自己的感觉，我认为拍摄一部小众电影还是有一定的价值的。

保罗：我十分确信，你现在的片酬一定要比《麦肯纳淘金记》这部影片的票房总收入还要多。

克林特：没错，的确如此。《麦肯纳淘金记》这部影片堪称当年的"票房黑马"。这部电影赚了很多钱，但是它的成本并不是很高，这部影片的票房收入对于整个公司来说真的是一笔不小的收入。公司把这部影片与赛尔乔·莱昂内的"镖客三部曲"系列影片打包在一起在全国范围内进行上映。

基于《麦肯纳淘金记》这部电影的成功，一时间所有的人都纷纷开始议论："我们应该选择这部影片当中的主演来拍摄我们的电影。说不定，他并不仅仅只是拍摄过欧洲电影那么简单。"受众把这部电影贴上了"欧洲电影风格"的标签，这也就意味着其实受众轻视了整个电影产业。你必须要承认的是，受众小看了你，因为你是从电视界转行而来拍摄电影的——

那时的电视界才是真正的黑马，但是那个时候人们却只关心电影行业。

保罗：在当时，你和史蒂夫·麦奎因都想从电视界转行拍摄电影吗？

克林特：电视演员非常渴望去尝试出演一些剧场版的电影，他们会抓住每一次机会。很多人在尝试的过程中就已经彻底失败了，所以那个时候在洛杉矶人们都谣传电视演员是不会去参演电影的。其实电影演员不再继续拍摄电影并不是因为没有好的影片，而电影演员不去拍摄电视剧则是因为他们担心该剧的收益不好或者自己并不是这块料。所以电影界和电视界这两者之间并没有严格的划分，就好比人们只不过是把建材工人从伐木工人中分离出来一样。

保罗：你本人并不是马尔帕索制片公司的董事会主席，从严格意义上来说，你甚至并不能算作公司的一名员工，所以你也可以受雇于其他的公司。

克林特：我从未与公司之间发生过任何争执。我当时的处境还挺好的，在那个年代，有一些演员会因为一些财务问题而与自己所在的公司发生一些不愉快的争执，反观我的处境，那真的算是相当好的了。在二十世纪三四十年代，无论男演员还是女演员，他们都是薪酬很高的“合同演员”，他们在本质上都是自由职业者，但是他们只能接拍公司安排给他们的影片，否则他们就接不到新戏。

保罗：亨弗莱·鲍嘉拍摄过很多所谓的“垃圾电影”。

克林特：嗯，这是当然了。通常来讲，一个演员会因为他的某一部作品而被世人记住，但这个演员可能为了这部作品而奋斗了一生，或者为了某两部作品而倾其一生的心血。当你看到鲍嘉之时，在第一时间你的脑海中会浮现出《碧血金沙》《非洲女王号》以及《马耳他之鹰》这三部电影，而鲍嘉出演的其他很多影片你甚至会连片名都记不起来，因为你可能根本就没把这些电影放在心上。《乱世情天》这部电影就是如此，类似这样的例子还有很多很多。

保罗：《神威警探网》这部影片的反响并不是很好，我指的是由亨弗莱·鲍嘉所主演的那部影片。

克林特：我与《神威警探网》这部影片唯一的联系就在于我曾经也主演过一部与该片片名相同的电影。但是，这两部影片当中的故事情节却是截然不同的。对于所谓的“垃圾电影”，亨弗莱·鲍嘉显然拍摄过很多这样的电影，詹姆斯·贾克内、埃罗尔·弗林也同样拍摄过很多类似的影片。

保罗：我曾经听到过这样一种说法，从某种意义上来说，泰德·珀斯特给了你拍摄美国电影的第一次机会。但这其实也可以这样来理解：其实是你雇用了泰德·珀斯特来执导《独行侠歼虎屠龙》这部电影。

克林特：他是我的好朋友，因此我雇用了他，他做得非常棒。在此之前，他曾经受雇于哥伦比亚广播公司，并且执导过几集电视系列剧——《皮鞭》。他看起来比那些“学院派”的导演要做得更好一些。

保罗：这看起来就像这是一个谜：你让他执导《紧急追捕令》这部影片，原因在于他是第一个邀请你在美国电影中担当主演的导演。我听说了这件事情，但同时也在报纸和杂志上看到了好几遍类似的消息。

克林特：事实并非如此，他并没有给我那个工作机会。无论你所看到的报道是怎样的，你只需要去相信它就好了。但我还是要提醒你一下，不要全然相信你所听到的事情，对你所看到的东西也只能相信一半。

5

保罗：你能否讲述一下关于你第一次在《独行铁金刚》（1968）的片场见到唐·希格尔时所发生的故事呢？我想这次见面时所发生的事情可能并不是十分顺利。

克林特：当时我还是环球影片公司的一名演员。这部影片是我到环球影片公司后接拍的第一部电影。其实在当时，亚历克斯·希格尔也在积极与片方进行接触，准备导演这部影片。该片的剧本一共只有七十八页，结尾设计为一个开放式的结局。关于这部影片，环球影片公司当时手握着三四个剧本，在我看完了所有的剧本之后，我认为自己还是最喜欢它的原始剧本——由罗兰·凯比所撰写的那一版剧本。在罗兰·凯比所撰写的剧本当中，故事情节看起来似乎是最有意思的。[①]

① 罗兰·凯比的名字最终并未出现在影片《独行铁金刚》的演职人员表当中，亚历克斯·希格尔作为该片的首任导演也并未出现在片尾字幕当中，因为他很早就从这部影片的制作团队当中退出了。

过了一段时间之后，环球影片公司决定让唐·希格尔来执导这部影片。他现在时常会拿这件事情来开玩笑，因为在当时我从未看过他所拍摄的任何一部作品。其实在很久之前我曾经看过他执导的电影，但我早就不记得这件事情了。当他听说我在温习他所拍摄的电影之时，他也随后翻看了我参演过的那些影片。但实际上，他并没有真正去看那些影片。之后，他又去看了莱昂内的电影，并且还主动告诉了我，他说："你知道吗，那些电影真的很棒。"我们都被彼此的电影所吸引了，因此我们之间便展开了合作。

随后，他搬去纽约开始进行写作工作。唐很喜欢在剧本当中写出确切的地点，他觉得那些具体的地点能够帮助并且启发他的思维。我觉得如果唐已经写完了整个故事，那么他可以把发生在纽约的故事隔空放在印度。如果故事被他写成是在印度发生的，那么故事就像是真实发生在印度的一样。但是在那个时候，我们对此仍然存在着不小的分歧。在这之后，他又回到了公司并且很快就写完了一个故事，但我对故事本身并不是十分满意。于是我们在詹宁斯·朗的办公室里发生了争执，我对他说："我不喜欢这个故事。"[①] 他说："随便你。你不喜欢它那真是太糟糕了。"当然，这并非只是一次非常激烈的争吵。随后詹宁斯·朗对我们说："为什么你们不能坐在这里，一起来讨论一下这个故事呢？"于是我们就在詹宁斯·朗的办公室里完成了整个故事的创作，取而代之的是唐·希格尔飞往美国其他地区继续进行创作。我们从头至尾看完了整个故事并且从中挑出了我们认为最好的段落，编剧迪恩·赖斯纳与我们共同完成了这项工作。在所有的段落都被挑选出来之后，我们终于构思好了影片的完整剧本，而这一切几乎都是在我们飞往纽约准备拍摄的飞机上完成的。

这件事还挺有趣的，因为所有的事情都计划得太过周密、太言过其实了，根本没有任何悬念感可言。我们一起在海上扬帆起航，每晚我们都在一起讨论剧本，我们可以随时添加或者删减一些东西，我们在一起工作得非常愉快。唐认为，我对于电影的理解有着自己独特的眼光，我认为他也和我一样，我们合作得相当愉快。我崇拜他的理智与效率，而唐对于我提出的建议也感到十分欣慰，这就是我们在一起工作时的合作方式。最终我们完成了这部质量上乘的小成本电影。

保罗：此外，你还出演了唐·希格尔执导的纪录片《牡丹花下：1971年的故事讲述者》。这是一部怎样的作品呢？

克林特：这部纪录片是在《牡丹花下》这部影片拍摄之时制作完成的。它只在电视上进行放映，只有九至十分钟的时长，全片讲述了唐以及他的拍摄团队是如何进行工作的。这么多年以来，我其实一直都没有看过这部纪录片，有时候想一想其实这也挺有趣的。

保罗：拍摄这部纪录片的初衷是什么？

克林特：这或多或少都是源于我们想要制作出一部与众不同的电

① 在成为环球影片公司的董事会副主席之前，詹宁斯·朗曾经是一家影视公司的代理人，他的客户之一就是唐·希格尔。

影的想法吧，我们想另辟蹊径，打破传统的电影制作模式。

保罗：唐·希格尔也倾向于在片场快速地拍摄这种形式的电影吗？

克林特：是的，唐是一名很有效率的导演。我认为他比我更喜欢布置场景。他本人就是在那个年代成长起来的，他可能会比我更加理解那些角色。也许他对于拍摄工作有着更加多元化的理解，但我并不是这样的，我觉得除非是场景和这个房间本身比较适合，我才会考虑在这个房间内进行拍摄。随后，我们搬走了房间内所有的东西。当然，如果我们十分确定在这个房间内布置场景之时，必要的话我想我们甚至会拆掉一堵墙。

保罗：你是否认为自己因为拍摄了唐·希格尔的电影或者因为拍摄电视剧而变得更加“多产”了？还是说你本来就是这个样子呢？

克林特：这一切都源于一个积累的过程。事实上，我曾经在电视台工作并且已经参演了多部电视系列剧。我看到了这些电视系列剧所带来的经济效益，同时也看到了当没有足够的经济效益时所产生的后果，我看到了这其中的种种方面。在与欧洲导演合作的过程当中，维托里奥·德·西卡无疑是最具商业头脑的一位导演。他只拍摄那些他认为有意义的电影，然而那些电影绝对不是只有一个框架而已。我曾经出演过他所执导的影片——《女巫》(1967)。令我感到十分震惊的是，当我每次把台词说到一半的时候，他就会喊“停”。我会告诉他：“为什么我们要在这个具有纪念意义的地方喊停？”他会告诉我，他并不想在影片当中使用这段情节了。所以我只好对他说：“下次的时候，你介意让我去处理那些你想要删掉的情节吗？”他领会了我的意思，然后说：“好吧。”但是，他导演电影的方式仍旧只是找到某一点，然后喊停，接着把所有的故事情节都集中在这一点上，围绕着这个点遍及方方面面，这种行为其实真的非常主观。事实上，在影片剪辑的最后一两天，一位长期伴他左右的女剪辑师已经完成了粗剪的工作，但当他拿到样片之后，他居然对她发飙了。他亲眼目睹了所有糟糕事情的发生，但是在第二天他就亲自完成了整部影片的剪辑工作。这是我所见过的最有效率的方式了。在我看来，这一切对我来说都太有效率了以至于我甚至无法给自己留出足够的空间来进行思考。尽管如此，《女巫》仍然不乏是一部优秀的电影。

对我而言，我并不愿走进剪辑室，成天无所事事。我认为，既然自称是一名导演，那么你就必须要去拍摄电影。倘若我已经拍过了数百部电影，或者至少已经拍摄过二十、三十乃至四十部电影的时候，仍旧没有出现我最喜欢的那部影片，那么我就会去反思。在这之后我就会走进剪辑室，我希望自己能够剪辑出更多的版本出来。我并不喜欢这个理论，这真的很无聊。你必须对你自己负责，前提是你必须对你自己的剧本负责，你必须对自己的灵魂负责，然后你才可以去进行拍摄、剪辑等一系列工作。随后当它在你的生活当中逐渐展开之时，你必须要相信自己双眼所看到的东西。如果你不相信自己的眼睛，那么你需要去雇一个人，让他来相信这一切。雇另外一个人来导演这部电影，你只需要信任他即可。

保罗：你在电话当中曾经说过，你几乎看过所有的电影。你难道对分镜头脚本以及电影画面不会产生一种厌倦感吗？

克林特：没有，我并非“学院派”的一员。这只是我判断一部影片的初衷：我会阅读整个剧本。在你脑海中形成某种固有思维之前，你必须要去阅读剧本，然后你会将剧本中的某些细节与先前存在于你脑海中的特定情节进行比较，看看它是否真的存在于你的脑海之中。如果我没有在脑海当中联想到相关的故事情节，那么我就不会去拍摄这部电影。可能这个剧本的确写出了一个好故事，也许其他人会看到它的微妙之处，然后把它拍成电影，但如果我本身并没有意识到这个剧本足够吸引我的话，我会把这部影片交给另外一个欣赏它的人去执导。

保罗：当你转战大银幕之时，你身上发生了多大的改变？

克林特：每一件事情都会随着环境的变化而变化。有时候当你看到某个场景之时，你也许会说：“这挺好的。”但是，当你真正到了那里你就会发现有些东西看起来似乎非常奇怪。此时，你必须要学会变通。在过去，一些人可能会去变通。我曾经在无意间听到人们聊天说“把那个电话线移到五步之外的地方去”，很多时候，人们只是给了自己一个机会去思考而已。对于我来说，由于摄像机的灵活、便捷，我可以随时对影片进行调整和变通。

保罗：我试图去理解希区柯克过去经常说的那句话——拍电影是没有高潮的，因为导演本人就是用大脑来拍摄电影的。你理解那种感受吗？

克林特：不，不，不。我认为他觉得自己用大脑创造出了电影，而并非是用大脑拍摄了一部电影。其实，希区柯克除了是一名优秀的导演之外，他同时也是一名“创造大师”。他虚构了整部电影，随后他会将这部电影的构思、设想都告诉技术人员，助理导演只能遵循他的意见继续进行拍摄。但是，主导整部电影拍摄工作的仍然是希区柯克本人。当然了，我十分喜欢与演员打交道，我非常喜欢观察他们是如何将自己的生活融入到表演中去的。因为我自己也是演员出身，所以我比希区柯克更加关注演员本身。他的拍摄技巧能够为他本人服务，同时也能够让其他人为他服务。

保罗：桑德拉·洛克说过，她在此之前从未见过任何一名导演可以根据摄像机拍摄方式的不同来协调自己的表演。

克林特：在拍摄的时候，你必须要将情景戏剧化。如果用摄像机进行拍摄就一定要有停顿，要在某个确定的时间点上让演员靠近镜头，或者是在某个确定的时间点上拉镜头或者推镜头。然而这一切都是需要提前策划好的。

就在不久前的一天，我的摄像师想在我当时所在的那个场景中放置放一张桌子，我亲眼看着他完成了整个布景的过程。也有一些人非常喜欢用三百六十度的视角来讲述细节。是的，这种方式可以精准地将镜头带入到观众的情绪之中，观众在潜意识里会意识到有一组机位在不停变换地跟拍演员。你能够在各类广告片中看到它的应用。电视上播放的任何一个广告片都不可能仅仅只是从侧面布置一个固定的机位来进行拍摄的。意大利导演贝纳多·贝托鲁奇总是使用全视角的拍摄手法。他经常使用运动镜头拍摄的手法，每一个镜头都是如此。即使是在拍摄空镜的时候，他也会使用全视角的拍摄手法。现如今，运动镜头的使用并没有什么不妥之处，但是我却很想打破这一约定俗成的拍摄规则。我更喜欢通过取景框来进行影片的拍摄。我希望某件事情能够激发出你的兴趣，然后你能够以此来推动故事情节继续向前发展。但是在使用运动镜头拍摄的同时，导演会自负地认为："不要去想罗伯特·雷德福或者伯特·雷诺兹才是这部电影当中的明星，而我却只是一名无名小卒。"

在拍摄影片《独行铁金刚》的时候，我们运用了一种最前沿的拍摄手法。几年前在电影当中就已经出现过的拍摄手法现如今又同样被运用在了那些可憎的商业广告片中，正如你所看到的那样：拉镜头的使用已经逐渐变得主流起来。此前，我偶尔会在影片当中使用拉镜头的拍摄手法来拍摄物体，但是如今我已经不再去使用这种拍摄方式了，因为这种拍摄方式会使观众在观看影片时产生视觉疲劳。但是在某些特定的情况下，拉镜头的拍摄方式不失为一个很有效率的手段。可是人们却过度使用了这种拍摄手法，它几乎成了每一部影片都会广泛使用的一种拍摄手法。拉镜头的拍摄手法会突然出现在商业广告片、纪录片以及电视荧幕上的其他节目当中，它无处不在。我认为，这种拍摄手法最早出现于影片《伊普克雷斯档案》当中，这是一部非常经典的电影。影片当中的画面拍摄得十分优美，但是你能明显意识到在整部影片中，摄像师和导演都十分依赖拉镜头的拍摄方式。我想很多导演都会认为，噢，这种拍摄方式不是挺好的嘛。拉镜头的使用为电影提供了一个增加活力的机会，它可以弱化故事情节，同时升华整部影片的内在情感。

如今，在电影当中使用拉镜头的拍摄手法已经没有任何可以升华影片

《独行铁金刚》电影剧照

的空间了。这真的没有什么规则可言。你可以使用任何你喜欢使用的拍摄手法，如果这种拍摄方式可以感染观众的情绪，感化受众，这无疑就是一种成功的拍摄方式。你可以观察一下那些在影坛取得卓越成绩的导演，比如希区柯克或者约翰·福特，他们对每种拍摄方式的使用都是十分有节制的。约翰·福特依旧宝刀不老，他的作品通常以精良的拍摄取胜，在他执导的影片中，他经常会拍摄大量的固定镜头。仔细看看那些以往你曾经看过的约翰·福特的电影，影片中都使用了很多非常简单的镜头。

保罗：没错，的确如此。

克林特：你看，比如《表兄妹》这部影片当中的一个画面，这是一个人物的静止画面，整个人物形象横跨了银幕的一侧到另一侧，占满了整个银幕，镜头当中的人物从银幕一侧移动到了银幕的另一侧——但其实摄像机并没有真正移动。正因为如此，人们对这种镜头感不足的拍摄方式还颇有微词。对于整个画面来说，我不认为这是重复进行的两次拍摄，这是另外一种拍摄手法。这种拍摄方式看起来挺符合这部影片的风格的，这是一个唯美中还带有十足活力感的镜头。采用这种拍摄方式的其中一个原因就是，导演本人对于他想要去表达的那个镜头以及他想要引导观众去感知的那个镜头十分自信。当你回想起这部影片的时候，你的脑海中会在顷刻间构架起影片中所出现过的所有人物，以及他们彼此之间的关系。但是在一些其他的电影当中，你的脑海中是不会存在这种清晰的人物构架的。在很多电影当中，你只会记得影片当中的色调和拍摄技巧，或者是一些林林总总的镜头——但是你并不会记起多少关于片中人物的细节。

6

保罗：在我所看过的关于描写你的几本书中，我发现了一件奇怪的事情，你似乎拥有两个截然不同的出生日期：一个是 1930 年 5 月 30 日，另一个则是 1931 年 5 月 31 日，这两个出生日期到底哪个是正确的？

克林特：事实上，我真正的出生日期应该是 1930 年 5 月 31 日。每一个出生日期各截取一部分就对了。当你到了我这个年纪的时候，你会发现大多数人都开始徘徊不定，或者像美国演员杰克·本尼那样开始希望人生回归到他三十九岁的那一年，但是我却喜欢我人生中的每一个阶段。自从过了二十岁生日之后我就再也没有庆祝过生日了，为什么我要去张罗着庆祝自己的生日呢？只要我自己一直身体健康，思维活跃就好了。

保罗：我知道每一次当你有了一种恐惧感的时候，那种感觉就好比你已经走完了人生中的一大半路程那样。

克林特：哈哈，没错，是这样的。

保罗：天哪，我认为我还是应该趁早去做一些事情，越快越好。这种感觉你体会到了吗？

克林特：我从来都没有考虑过这个问题。你可以设想一下这个问题，你所能做的一切也只是一笑而过。当你二十九岁的时候，你怎么可能知道你已经走过了人生漫漫长路中的一半光景呢，当时的你正在做着一些什么事情呢？或者在你十岁那年你也不可能会知道你在二十岁的时候将会被车撞一下。对于这一切的发生，你并不需要保持宿命论的态度。

我一直都在通过健身保持自己的身材，这也只是出于我自身的一种状态，这源于我自己所追求的一种生活状态，我这么做绝对不是为了达到长寿的目的。我的祖父很长寿，他活到了九十七岁，而我的爸爸却在六十岁那年就去世了，所以我根本不相信所谓的遗传因素。任何事情都与你长年不懈的累积有关系。有些居住在安第斯山脉的人甚至活到了一百一十岁，这远远超出了正常人的寿命。上帝啊，他们的生活也可能会非常了无生趣，因为他们或许会觉得自己好像已经生活了两百多年一样。埃罗尔·弗林在他五十岁那年便去世了，但是他却创造出了别人活到一百五十岁所创造出来的价值。生命并不是无极限的——生命只是一个人选择的结果。

保罗：我在某个地方好像读到过类似的至理名言，其实我并不确定是在哪里读到过的，但是毫无疑问——身体是革命的本钱。如果你身体状态不好的话，你就无法拥有足够的精力去拍摄电影。在你看来，身体状态的好与坏会对你的拍摄工作产生重要的影响吗?

克林特：我一度为了拍摄工作而专门训练过自己。就好比《不屈不挠》这部电影，在拍摄期间，每一天我都在前前后后的忙来忙去、跑上跑下，但同时在拍摄的间歇，我也休息了很久。我必须确保自己的思维和身体协调起来，因为我知道只要我一旦开始工作，我就会全身心地把精力集中在电影的拍摄上面。在我脑海之中所出现的画面全部都是影片的拍摄场景，至于电影当中的每一个情节，我想我不会再有机会去进行调整了。因此在每次拍摄之前，我都尽可能地将自己调节到最佳状态之中。

如果我自我感觉良好的话，我就不容易产生疲劳感，我非常享受一部电影的拍摄过程。状态好的时候，你的思想会变得更加多元化，你的记忆力也会随之提高，你对剧情以及人物关系的架构也会更加清晰，你的注意力也会更加集中，这些对于拍摄工作来说都是至关重要的。良好表演的基础就在于是否能够很好地接纳外界的信息，能够十分有效地去倾听、去回应。作为一名演员，如果不能够很好地进行回应，那么他就不能堪称是一名实力强劲的演员。也许他们能够表演出那种很骄傲或者很颓废的状态，可能他们也会把头倚靠在墙上拼命表演出伤心的效果，但是他们是不可能走进观众的内心深处，并且感受到观众的情绪的，因为观众与演员一起经历着整个故事情节，与他们同呼吸、共命运。因此所有的一切都必须要归结为拥有一个健康的身体状态。

保罗：跑步能对身体健康起到很好的促进作用。跑步其实就是一种“美式冥想”——跑步其实就是在马路上流汗。

克林特：有时候就算只是在慢跑，其实也是能够达到催眠效果的。在慢跑当中，你可以开启“白日梦”状态，你可以通过这种方法暂时从紧张的情绪中得到缓解。这两种方式其实都是很有益的。我觉得冥想就算了吧，我认为这有点儿可怕。

保罗：你是不是每天都会坚持做一些类似的运动呢？

克林特：是的。运动可以释放压力，使身心都变得更加放松。运动的形式多种多样，你可以参加集体运动项目，虽然我本人并不太愿意参加集体活动。相比较而言，我更喜欢一些私密的运动方式。跑步或者是冥想，或者任何你刚才所说的运动方式都可以，如果你喜欢的话，你可以和朋友或者伙伴们一起进行运动。但是你也可以选择自己一个人做运动，你可以一个人享受着微风吹过耳畔时的感觉。

保罗：我注意到，你会到杰克·拉兰内的健身房进行运动。

克林特：是的。在一天的空闲时间里，我会去那里做一些运动。我经常在那里吃午餐，否则我就要自己做午餐了。我一般不习惯出去吃午餐，除非有特殊情况。当每个人都去吃午餐的时候，我会把好吃的食物先藏起来，先去做一些运动，从而使自身的内分泌系统变得更加规律。

保罗：你是怎样在一天之中安排你的跑步计划的？

克林特：我每天大概跑三到四公里。我拥有一个只属于我自己的“三公里锻炼体系”，有时候就算我自我感觉良好，我也还是要跑上三里地，并且进行一系列冲刺或者慢跑运动。在每一公里中进行一个“冲刺—慢跑”的循环过程，直到我再次感觉身体良好的时候我才停下来。在这之后，我会有一种焕然一新的感觉。有时候就算产生了厌倦感，我也依然会坚持跑下去。对于我来说，这在严格意义上就是一个小锻炼，而不是一项运动。跑完三公里之后，我会继续进行一些有助于提高心肺功能的其他运动项目。在傍晚的时候，我可能会去做一些有助于淋巴排毒的运动，或者是一些其他的运动。

保罗：据我推断，你在年幼时就已经有了这种运动的意识和常识了，对吧？

克林特：我并不这样认为。在我的一生当中，我也经历了一些很“奇怪”的时期。我的父母一直对我进行着军事化的教育和管理，也许我只是遗传了他们这种军事化思维模式当中的某一部分。我猜想，我的父亲很喜欢这种有秩序的事情，但对于我而言，我只是希望那些我不喜欢的事情会变得无秩序。对于我来说，甚至存在着数以万计的方法能够让自己自律起来。

保罗：对于我来说，最直观的感觉就是你通过跑步和其他运动，使自己的大脑愈发清晰了。我敢保证，运动会使你的头脑比我想象中的更加清晰。

克林特：我同意你的观点。运动会把你大脑中很多不必要的东西清除出去，只留下那些具有时效性、新鲜的东西。这就好比你观察一群卧在林间小路上的马，它们都在凝视着一片地，什么都没有做但依然膘肥体壮。当有一匹马跑起来的时候，你就会明白跑步对于它来讲是一件井然有序的事情，这会让它感觉到十分畅快。显然，这匹马是充满活力的。我想你明白的，体型好与不好也许就在一夜之间、一念之差。

7

克林特：制片方认为我应该与理查德·伯顿一起合作拍摄一部电影，因为当时的我从来都没有与一位国际巨星进行过合作，因此我同意了这个决定。但是，制片方并不认为《血染雪山堡》（1968）这部影片是一部纯正的小成本西部片，因为伯顿在当时已经是家喻户晓的国际巨星了，因此制片方认为《血染雪山堡》理应是一部大制作电影。布莱恩·G. 赫顿担任这部影片的导演，他想邀请我来参演这部影片，我说好啊，我可以试一试。

保罗：这个决定真的是太棒了。拍摄这部电影一定充满了乐趣。

克林特：能够出演这部影片完全出于布莱恩对我的信任。他认为，剧本当中的台词就是成堆堆砌的废话。巧合的是，伯顿也认为影片当中的台词简直就是在废话连篇。当我们三人同时赶赴片场之时，伯顿告诉我，他之所以会出演这部影片完全是因为他在此前得知了我参演此片的消息。而对于我而言，我之所以会出演也或多或少是因为我很期待在该片中与伯顿进行合作。我和伯顿之间就是存在这样的默契。

我对布莱恩说：“有太多的故事以及情绪需要展现在这部影片当中了。”当布莱恩拍摄了一些伯顿的特写镜头之后，他并不认为这些镜头看起来很棒。但是在当时，我的身材真的很棒，并且十分适合上镜。我曾经对布莱恩说过：“伯顿的台词说得很棒，而我与片场工作人员相处得也十分融洽。所以，就让伯顿负责大段的台词，而我主要负责出演杀人的戏份，我们联手打造一部野性十足的电影吧。”最终，我们按照这个提议进行了整部影片的拍摄，我们都乐在其中，并且这部影片的制作也十分精良。

保罗：关于这部影片所讲述的故事情节，我几乎一点都记不起来了。我只是依稀记得在影片的结尾部分，你一定开枪打死了那五百个德国人。

克林特：虽然我参演了《血染雪山堡》这部影片，但是我真的也记不清楚这部影片讲的是什么了。

保罗：在那段时期，伊丽莎白·泰勒仍旧活跃在影坛吗？

克林特：是的，她仍然还活跃在影坛。我还曾经在萨尔茨堡遇到过她。她一直都待在那个地方。她真的是一个非常有趣的人。[①]

保罗：我想你一直都与她私交甚好吧，影片《烈女镖客》（1970）就是为她量身打造的一部影片吧？

克林特：环球影片公司告诉了我这件事情。当公司告诉我这件事情之后，她很夸张地询问我关于此事的意见。她问我是否完整地看过那部影片的剧本，随后我就去读了影片的剧本，并且告诉她我十分喜欢这个剧本。我们握手表示赞同，并且说道："很好，那么我们一起搭档来拍摄这部影片吧。"她认为自己可以在片中扮演一名拉丁裔女子。我在第一时间就起草了一份与片方之间的协议，并且我已经知道了她也与片方签订了一份协议。但随后，这一切却在突然之间无法继续下去了。

至于到底发生了什么事情，我想大概是因为泰勒的片酬太高了。公司与泰勒在一起合作过很多部电影，但是这些电影至今为止都还没有上映。例如 *Boom* 这部影片是导演乔·罗西根据田纳西·威廉姆斯的戏剧《火车不再停靠在这里》改编而成的，但事实证明，这部电影真的是一部失败之作。

在伦敦市内拍戏真的堪称人生一大幸事。与此同时，*Boom* 这部影片也被应邀在伦敦进行了小范围内的私人放映。我不知道应该怎么来描述这件事情。你恰好就坐在电影的女主角身边，而理查德·伯顿与他的表兄弟或者是助理就坐在两排之后。这时，你的脑海中会浮现出你们日常交流时的一些情景——"电影在这里只不过是……""这部电影中的声效似乎还挺吸引人的……"

---

① 伊丽莎白·泰勒与理查德·伯顿于 1964 年结婚，这段婚姻持续了十年的时间。1975 年，二人复婚。1972 年，在伊丽莎白·泰勒四十岁生日的时候，伯顿送给了她一枚珍珠形状的钻戒，这枚钻戒约重达七十克拉。

影片《烈女镖客》当中的雪莉·麦克雷恩

随后，泰勒就会转过头来大声说："这是我见到过的拍摄得最为差劲的一部电影！"哈哈，所有人大概都会这么认为吧："好吧，让我们去喝杯酒吧！"然后我们就这样在电影院里喝起了鸡尾酒。

但是不管怎么说，让我们继续来讨论一些影片当中的其他小插曲吧。*Boom* 这部电影并没有体现出应有的拍摄水准，它的制作成本十分高昂，并且在拍摄过程中你必须要与他人一起合作共同完成这部影片的拍摄，这就变得复杂了许多。最终环球影片公司认为，他们并不需要这部影片了。

正如你所看到的那样，我们力图将影片《烈女镖客》打造成一部充斥着浓郁的墨西哥风情的影片。唐·希格尔和我都十分喜欢索菲亚·罗恩。虽然她是一名意大利人，但她拥有拉丁血统，我们一致认为她可以在影片当中饰演墨西哥修女一角。然而片方仍然不断对此进行抱怨："让她成为一名爱尔兰修女怎么样？让她饰演一名在墨西哥工作的爱尔兰修女如何？"

保罗：我认为雪莉·麦克雷恩更适合出演这个角色。

克林特：是的。雪莉·麦克雷恩的演技非常出色，我十分喜欢她。她是一个很棒的女孩子。但是如果由雪莉来出演女主角的话，这对于影片本身来说就意味着一个不小的变动。现在我们让她在影片中饰演一名爱尔兰修女而不是一名墨西哥修女，就像巴德·伯蒂歇尔在原著中所描写的那样。起初，她只是一名猎人，一个墨西哥人修女，但同时她也是一个妓女。因此最终我们选择由雪莉·麦克雷恩来担当该片的女主角的时候，我们对剧本进行了大幅度的修改，以便让整部影片看起来更符合雪莉·麦克雷恩的气质。不过最终这部影片确实也收回了制作成本。

保罗：在拍摄期间，你和雪莉·麦克雷恩之间是不是擦出过爱的火花？我本来还以为你和泰勒之间会擦出火花。我也说不清楚这种感觉，因为泰勒实在太优秀了，她一直都是那么优秀，以至于我认为她甚至无法胜任这个角色。

克林特：哦，其实她完全可以胜任这个角色。

保罗：实际上，如果她真的参演了这个角色的话，那么她就无法参演同档期的其他几部电影了。这看起来就像她出演过很多部质量堪忧的电影一样。

克林特：不过这也很难说。我想在人生当中的某个特定时期，每个人都在扮演着某种特定的角色。我认为泰勒也一样，她一定也在某一个特定时间段内扮演着类似这样的角色。她可能会把角色诠释得十分质朴，但是每个人的生命当中都会存在着复杂性的一面，只不过现在她还没有到达那一点而已。

保罗：对于你来讲，这种事情是不是让你挺失望的？你会像伯顿那样吗？

克林特：我们在一起相处得非常愉快。他是一个很有趣的人，他非常有魅力。他与我过着一种完全不同的生活。我不能站在我的立场上来说这件事情，我们在奥地利的宾馆见面之时，我穿着一双里维斯的鞋子，身上背着一个 B-4 摄影包，而伯顿当时与他的六个助理驾驶着他的私人飞机也赶到了奥地利。

保罗：他是不是还戴着一条价值几百万美元的项链？

克林特：那是一条很大的钻石项链。他当时还身穿着一身皮草，分别有两个助理拿着他拍戏时所用的道具以及服装。对于我而言，从不远处看着他缓缓走来，这一切实在是太搞笑了。

8

克林特：《长征万宝山》（1969）这部影片是一部十足的男人戏，阳刚味十足。这部电影的拍摄地选择得很好——整部电影都在俄勒冈州贝克城之外、鹰峡谷以北的一个美丽的村庄里进行拍摄的。虽然拍摄地的风景很美，但是拍摄这部影片却花费了很长的时间（足足有五个多月的时间）。每天我们都会在村庄里等上好几个小时，我们一直都在等待我们心目中的理想场景出现。因此，《长征万宝山》这部影片可以堪称是一部与自然博弈的电影。但唯一不变的地方在于，当我们心目中的理想场景出现之时，我们的拍摄速度非常快，最终我们的努力使得影片当中所选择的拍摄场景堪称完美，并且这些场景最终在影片上映后也备受好评。

保罗：我并没有看过《长征万宝山》这部电影。我并不怎么欣赏乔舒亚·洛根在影片中所展现出来的导演才华。

克林特：但这并不意味着《长征万宝山》是一部口碑很差的电影。很多观众都觉得这部电影拍摄得非常棒。《长征万宝山》堪称一部彻头彻尾的优秀电影，但是它之所以能够获得如此良好的口碑完全取决于该片的高成本摄制。毫不夸张地说，两千五百万美元对于一部拍摄于 1970 年的美国电影来说是一个相当大的投资了。除了该片两千五百万美元的高成本之外，我们需要向《长征万宝山》这部电影致敬的地方还有很多。但对于一部拍摄成本高达两千五百万美元的美国电影来说，《长征万宝山》这部影片并没有足够高的性价比。

保罗：我想一定会有很多制片人对此感到十分纠结。

克林特：导演洛根和该片的编剧兼制片人艾伦·杰伊·勒纳整整花费了一年的时间来筹备这部影片的拍摄。我还记得他们专程飞往英格兰来找我——当时我正在那里拍摄《血染雪山堡》这部影片，就在那时我同意了出演这部影片。这部影片的原始剧本非常有趣，影片的

《长征万宝山》电影剧照

原始剧本是由帕蒂·查耶夫斯基执笔完成写作的。在这一版剧本当中，整部影片都充斥着一种鸿篇巨制的感觉。但是很快，导演和制片人都决定摒弃这种风格，并且他们希望影片最终可以展现出一种无厘头音乐剧式的风格。我猜想，查耶夫斯基的原始剧本可能过于严肃化了。但是我必须承认，我十分喜欢查耶夫斯基所撰写的那一版剧本，并且我希望可以把它拍摄出来。查耶夫斯基所撰写的那一版剧本虽然有些冗长，但是我们可以从中选取部分情节进行二度创作。该片的导演和制片人最终改变了他们此前的想法，并且重新选择了一个全新的剧本。对于这个全新的剧本来说，它仍旧是“换汤不换药”，不过我认为这个剧本起码还说得过去。

洛根在辛勤筹备了一年之久后，影片在拍摄期间关于他在片场只待了四天的传闻突然传播开来，一时间众说纷纭，有传言说制片方决定找人取代他导演的位置。然而就在几天之后，制片方却背着洛根把影片的剧本交给了理查德·布鲁克斯。随后，我打电话给我当时的经纪人伦尼·海尔斯，我在电话中说道："在片场发生了一些非常奇怪的事情。洛根为了拍摄这部影片整整准备了一年之久，但制片方却在突然之间希望更换导演，仅仅在影片开拍四天之后，他们就认为洛根并不是拍摄《长征万宝山》这部影片的最佳人选。但我认为我们至少应该在影片拍摄后的一到两个星期之内支持他，以此来判断他到底是否适合执导这部影片。"因此我坚持让制片方再给他一次机会。相比于找人替代他导演的位置，剧组中越来越多的成员也开始支持由他来担任该片的导演一职。

保罗：在你的眼中，珍·茜宝是一名怎么样演员呢？在我年轻的时候，我想我还是挺喜欢珍·茜宝的。

克林特：嗯，她是一个很可爱的女孩子。我和李·马文都十分喜欢她。她来自爱荷华州的马歇尔镇，她是小镇上一个药剂师的女儿。由于反抗政府以及一些政治原因或者其他问题而缠身，她在影坛上销声匿迹了一段时间。在俄勒冈州的贝克城，她似乎感觉自己又回到了马歇尔镇，我认为她在那里过得非常开心。同样地，李·马文也是一个非常疯狂的人，李·马文有时候也会在片场喝一点小酒。她爱上了李·马文，她觉得李·马文非常棒。我觉得她似乎喜欢我们当中的每一个人。我觉得她是一个心地非常善良的女孩子，她总是很容易被人利用。

保罗：她的处境并不是很好。从她刚刚踏入影坛起，她前行的道路似乎一直都不怎么顺利。由于此前她没有任何的表演经验，所以她被制片方安排出演了《圣女贞德》这部糟糕的电影。该片的导演奥托·普雷明格并没有把这部影片拍摄成一部优秀的作品。[①]

① 奥托·普雷明格最终选择了在当时年仅十七岁的珍·茜宝来主演《圣女贞德》一片。珍·茜宝从一万八千名参赛者中脱颖而出，成为该片的女主角。但就在保罗与伊斯特伍德进行这次对话的四个月之前，珍·茜宝在法国巴黎自杀身亡。

影片《长征万宝山》当中的珍·茜宝

克林特：把一个没有任何表演经验的人放在一部烂片子当中，承受着那样巨大的压力，毫无疑问，她一定感到身心俱疲。无论制片方认为她有多么适合出演那部影片，但终究还是有太多的人都可以胜任那个角色。在一部电影中担任主角是一个伟大而又艰巨的任务，影片当中的每一个细节点都会涉及这个角色。如果你本身就没有那么优秀，那么你怎么能够保证围绕在你身边的每一件事情都会变得优秀起来呢？你必须拥有绝佳的气质以及适合上镜的身材才能胜任女主角一职。然而，这一切对于一个没有任何表演经验的年轻女孩来说几乎是一件不可能完成的事情。但是在影片《圣女贞德》当中，导演普雷明格就把这种幻想变成了现实。

保罗：可能对于那个年代而言，这一切的发生，对于任何一名演员来说都是一个不小的打击。

克林特：最终，珍·茜宝并未在影片《圣女贞德》当中收获良好的口碑。其实并不是她真的不好，她只是在一些事情面前没有机会去变得更好。没有出演过一些小配角就直接去担任一部影片的女主角对于当时的她来说实在是太糟糕了。就好像在一个荒芜之地建造一个仓库一样，如今她再想出演那些优秀的电影则变得更加困难了。

9

保罗：在拍摄影片《战略大作战》（1970）期间，你表现出了对该片浓厚的热爱之情，但当这部影片杀青之后，你却觉得它是一部烂片，事实真的如此吗？

克林特：我非常喜欢这部影片的剧本。我所认识的每一个人，没有一个人表示自己不喜欢这个剧本的。与我一起合作拍摄《烈女镖客》这部影片的导演唐·希格尔也十分喜欢这个剧本。我让他阅读了这部影片的剧本，他随后对我说道："上帝啊，可以接手拍摄这部影片的最佳人选当属布莱恩·G. 霍顿。"布莱恩曾经拍摄过一部剧本很烂的电影——《血染雪山堡》。《血染雪山堡》这部影片中充斥着大量啰啰唆唆的情节，整部影片的说教意味十分浓重，但是布莱恩却把这部影片诠释得十分完美，当我们看完整部影片之后，我们会认为布莱恩用了一种近乎黑色幽默的方式导演了整部影片。

在《战略大作战》这部影片当中，整部电影仅仅依靠两段故事情节就串联了全片。我的意思是，仅仅是两个故事情节就架构起了整部影片。略带辛酸的故事情节串联起了整部影片，但是将这些辛酸的故事放置在野外背景之下则使整部电影体现出了浓重的人情味。但是在最终的成片当中，他们反而剪掉了很多野外拍摄的戏份。我和特利·萨瓦拉斯之间有一场对手戏，剧组的工作人员以及我自己都认为：这场对手戏诠释出了该片中，关于为什么要发动这场战争的全部哲学。这场对手戏并不是一场可以停下来为观众解释清楚到底什么是战争的终极意义以及究竟发生了些什么的戏份。这场戏只能给观众一种感觉——面对战争，影片当中的每一个人物都有其特定的情感，他们并不是一边在战场上飞奔着扫射，一边又在为观众讲着笑话。这样的话，在整部影片当中就缺少了一种人文关怀。如果以那样的方式拍摄这部影片的话，这部影片当之无愧就成了一部动作片，片中充斥着大量的打斗场面以及影响力巨大的动作戏份。但

《战略大作战》电影剧照

是，这毫无疑问会导致动作情节在片中的比重过多，总是需要一些原因来解释整部影片中所发生的暴力冲突。

我在看过样片之后曾经说过："布莱恩以及他的制作团队剪掉了电影当中最重要的故事情节。我们可以把这些重要的故事情节重新补充进去吗？"但布莱恩却告诉我："不行，吉姆·奥布瑞（米高梅电影公司的首席执行官）希望从批判的角度来导演这部影片。不过好在纽约现在已经有影评人批判这部电影了。"我随后说道："忘记这些批判吧。无论如何，他们总是会有各种理由来讨厌这部该死的电影的。让我们将影片以它原有的线性顺序展现在那些影评人面前吧，这至少是一个很公平的机会，不然就不会有人能够看到这部分故事情节了。当然，这些人主要指的是广大受众。我将会继续和你一起完成这项工作的。"所以我给吉姆·奥布瑞打了一通电话并且问他："你可以推迟这部影片在纽约的上映时间，好让我们可以多几天时间来重新剪辑这部影片吗？"他对我说道："不可能，我不能这么去做。"我把对布莱恩讲过的话又重新复述给了奥布瑞。我对他说："影评人会讨厌这部电影的。但是毫无疑问，重新剪辑该片对他们来说将会是一个沉重的打击。让我们努力尝试着还原剧本当中一些有价值的东西吧。"他继续说道："不，我们现在并不需要这些东西。"归根结底，当时的米高梅电影公司内部已经开始出现了分化、矛盾，这无疑动摇了公司的根基，当时的他们急需一大笔钱来维持公司的运转。对于他们来说，毫无疑问，一部电影的拍摄速度越快越好。

最终，我们在鲍勃·奥布莱恩（米高梅电影公司的董事会主席）的同意之下重新剪辑了这部影片。

10

保罗：现在你手头上应该有很多剧本吧？你会把这些剧本当中的情节和对话直接植入到电影当中去吗？现在很多导演都是这么做的。

克林特：每个人似乎都会这么去做。如同这个世界上的每一个人一样，我认为自己也是一名优秀的预言家。偶尔的时候，我也会写场戏。不过在大多数时间，我通常会告诉编剧我的想法，为他们提供一种写作视角的同时，告诉他们我想要的效果是什么。我从不撰写一个完整的电影剧本，很显然，我更加迷恋于那些我在不经意间被吸引到的剧本，否则我根本就不会答应出演那些影片。有些时候，一些元素并没有起到预想的作用，因此我们不得不对剧本进行重新修改。很多时候，在经历了一遍又一遍的修改之后，编剧会感到身心俱疲，他们甚至会带一个助手来帮助他们进行修改的相关事宜。

保罗：在默片时代，编剧总是企图让一名演员保持一种近乎疯狂的表演状态。因此，他可以随意地对剧情进行修改。

克林特：是的，确实如此。

保罗：在好莱坞，你可以听到很多关于编剧被不公平对待的故事。据我了解，你真的给了编剧非常多的尊重和自由。

克林特：我只是尽我所能去鼓励那些编剧。我并不知道是否真的有编剧遭受到了不公平的对待。但是毫无疑问，如果他们足够聪明，编写出了你想要的故事情节，你没有理由选择与他们进行对抗的。也许我能够清楚地知道一个剧本出现了什么样的问题，但是我认为自己无法静下心来完成整个剧本的写作。编剧也是一门艺术。也许我是这个世界上第一个会对编剧说“这个地方写得并不好，你需要丰富一下情节”的人吧。我也很可能会对他/她说：“这个剧情实在是太糟糕了，我们必须要把它删掉。”我自认为自己是一个伟大的反抗者，虽然很多编剧都非常擅长反抗，但我本人并不介意这一点，因为我会非常尊重和理解他们。

保罗：很多时候，现实似乎非常残酷。也许你会雇佣十六名“枪手”来替你完成剧本的撰写工作，你的态度甚至会非常糟糕，他们的流动速度非常快，总是待了一段时间之后就马上离开了。在“枪手”们接二连三地离开之后，你已经无法知道每个人所撰写的内容是什么了。我曾经多次看到，你要求编剧删掉其中的某一段情节。

克林特：没错，我只是希望删掉一些不合理的情节。当然，一些不符合人物身份的对话我也会要求编剧删掉的。

保罗：我曾经接触过一些与你合作过的剧组工作人员，我没有听到任何一个人说过他 / 她遭遇过任何不公平的事情。在他们看来，整个剧组的工作环境都非常舒适。

克林特：是的，我希望营造出良好的工作氛围以此来保证我们所拍摄的每一部电影都是高品质的作品。如果片场的工作环境十分糟糕，我们根本没有办法拍出一部优秀的作品出来。

保罗：在你拍摄一部电影之时，你经常会用那些非常熟悉的工作人员吗？

克林特：他可能是一个新手，但是他一定拥有电影制作的相关经验。一般来说，他很可能是从“摄影人联盟大赛”脱颖而出的选手，但是那个联盟曾一度遭到质疑。可以这么说，近些年来“摄影人联盟大赛”就是滋生裙带关系的温床。我个人并不认可“摄影人联盟大赛”所选出来的选手，虽然从理论上来说，你的同伴也许会是美国演员工会以及美国导演工会的成员，但是那又怎样呢？凡是拥有业界工作经验的人都可以进入到那些工会中去。实际上，那些工会的存在只是为了让你能够拥有更广的人脉关系，从而获得更多合作的机会。

保罗：出于各种各样的原因，你总是喜欢在外景地进行拍摄工作。

克林特：我想我之所以会这么做，最大的原因就在于外景地本身。当你到达外景地之后，你会感觉到影片当中的事件真实地发生在了你的身上。如此身临其境，而并非只是取景那么简单。当然，我们同样也可以选择在影棚进行拍摄工作，但是这毫无乐趣可言。我们甚至可以在影棚内拍摄出纽约街头的感觉，但是这看起来毫无生气，就像是一个人在孤独地玩耍一样，十分封闭。对我而言，我更喜欢去拍摄一些自然、质朴的电影。

当一个人在一个地方待久了，毫无疑问他会渐渐变得堕落起来。如果每一个人都能在工作当中度过一段美好的时光，这真的是太棒了。对于一个工作团队而言，最重要的因素之一就是要充满活力。只有这样，工作才能越干越有劲头，每个人才能够真正融入到团队中来发挥所长。当然，我所谓的“每个人”，实际上也包括了我自己在内。

11

在《牡丹花下》这部影片中，克林特·伊斯特伍德扮演了一名在美国南北战争时期身负重伤的北军战士，在他生命垂危之际，他被由杰拉丹·佩姬所饰演的南方寄宿女子学校中的一名少女所救。当他渐渐苏醒、康复之时，他依靠自己的魅力逐一迷倒了学校中的女教师，因妒成恨的复仇行为一触即发……此时，他才突然恍然大悟，他必须要为自己的行为负责任。

克林特：我记得《牡丹花下》（1971）的编剧之一阿尔伯特·马尔兹在该片的拍摄过程中恼羞成怒，并且经常向我和唐抱怨，原因在于影片最终的结局并未遵循了剧本的结局。阿尔伯特·马尔兹执笔撰写了影片的结尾部分，在他的笔下，《牡丹花下》原本是一部大团圆结局的电影——“我”拄着拐杖，同那些与“我”暧昧的女孩子们一起在阳光下嬉戏、玩耍，勾勒出一幅幅行云流水般的画卷，好不风光快活，流连忘返！但是在我和唐的脑海当中，《牡丹花下》应该是一部反战主题的电影。在这部影片当中，人们生活的边缘地带最终还是被战争所影响，人们的日常生活被战争所鼓吹的民生、民权所影响，因此我和唐仍旧认为这部电影按照剧情应该发展为一出命运的悲剧，而不应该拥有一个大团圆式的结局。但是，马尔兹却坚持认为他在原剧本中设置的结局更加适合该片。最终，这部电影的结局还是遵循了阿尔伯特·马尔兹在原剧本中所撰写的大团圆结局。出于上述这些原因，马尔兹与我和唐在影片的结局设置上发生了争执。[①]

保罗：那么，《牡丹花下》这部影片在最后的结局中反转了此前

① 阿尔伯特·马尔兹同时也撰写了被誉为“好莱坞十大经典电影”之一的影片《烈女镖客》的电影剧本。作为好莱坞的“十大导演”“十大编剧”“十大制片人”之一的他，却因为在1974年拒绝回答（美国众议院的）非美活动调查委员会的提问，而被好莱坞列入了黑名单之中。马尔兹同时也被判藐视国会罪而入狱近一年左右的时间。

所发生的一系列剧情吗？

克林特：影片的结局与之前所发生的一系列剧情并不存在太大的关联性，剧情在结尾中的代入感并不强。唐和我都认为《牡丹花下》应该是一部终极反战题材的电影，因为在这部电影当中并没有充斥浓浓的对战争及其所带来的一系列灾难、恐怖的说教意味。影片的结局只是将战争、人们的生活以及命运真实地展现在了观众面前。在影片的结尾当中，一个陌生人以外来入侵者的身份变成了那些因为战争而渐渐远离社会、陷入边缘化人们的生活当中的一部分。在战争年代，他必须努力保护自己不受伤害，也因此他与南方寄宿女子学校的人变得日渐针锋相对。然而，结尾中所发生的一切在影片此前的剧情当中根本没有被提及。

保罗：作为一名演员，你是否认为《牡丹花下》这部电影的表演难度系数很高？

克林特：很遗憾，我并不这么认为。以一名演员的视角来看，影片当中的男主人公麦约翰是一个非常容易被理解的角色。我只需要在性格和情感上向他靠近而已。当我在研读影片剧本的时候，我就已经喜欢上了这个角色。作为一名身负重伤的北军战士，毫无疑问，他足够幸运。在生命垂危之际，他被一名少女所救，并且得以在一个舒适的环境中安然无恙地生活下去，他甚至还依靠控制他人以便自己能够继续得到庇护。在与当地居民的针锋相对之中，他发现自己已经吸引了南方寄宿女子学校的一部分年轻女子，但此时的他并不想与杰拉丹·佩姬所饰演的女主角关系疏远。

保罗：我认为男主角人物性格的两面性，才是这部影片当中最难表演的一部分。从某种程度上来说，你正在把你的表演划分为两个层面。我曾经与女演员弗娜·布卢姆探讨过这个问题，她认为这种表演方式还是非常出彩的。但是对于一名演员来讲，这种表演方式十分具有挑战性。

克林特：我只是把表演的重点放在了与那些女演员的对手戏上面，

同时我在表演的时候也在进行着思考，这种表演方式究竟会不会吸引大量受众到影院观看这部影片呢？

保罗：对于这种表演方式，或许我对此的理解也不够到位。对于你采用的表演方式而言，很可能会出现你在与女演员演对手戏时希望传达出来的情感与最终观众看到的情绪并不一致。男主角在影片当中试图运用各种“招数”来欺骗那些年轻女子对他的信任，但在你的表演当中，你似乎也想让观众认为，对于那些被骗的无知少女来说，男主角企图欺骗她们的用意十分明显，他并没有采取某种隐晦的手段来获取她们的信任。

克林特：这就是表演当中最具戏剧性的地方。当然，这种表演方式只是为了让观众体会到一种这样的感觉：他是真的很喜欢那些年轻女子，还是说这一切其实都是他自导自演的一场骗局罢了？我相信男主角对那些年轻的女孩子是有感觉的，但是他已经设计了太多骗局，当他醒悟之时，一切都为时已晚。他已经无法弥补自己曾经所犯下过的所有过错了。他绑架了那些爱慕于他的年轻女子们，并以性丑闻来勒索、敲诈她们。杰拉丹·佩姬所饰演的女主角被卷入到乱伦事件中去——南北战争是她人生当中的一道分水岭，在战争期间，她失去了自己的亲人，迷失在了痛苦不堪的生活之中，日渐堕落。然而这一切，终究无法使男主角麦约翰的人生得以“从头再来”。

保罗：那些影评人会在该片中欣赏你的表演方式吗？

克林特：我认为在影片上映之后，那些影评人对我的表演还是颇为满意的。饰演《牡丹花下》这部影片的男主人公一角，对我本人而言确实是一个不折不扣的挑战。然而从很大程度上来说，很多影评人是不会刻意去关心我所饰演的角色的，除非我在表演生涯中又达到了一个新的高峰。

保罗：《牡丹花下》是一部非常唯美的电影，这与你此前所拍摄过的

《牡丹花下》电影剧照

任何一部影片都截然不同。

克林特：实际上，能够在《牡丹花下》这部影片当中“大显身手”完全源于我的经纪公司的决定。该片是当年环球影片公司所推出的“重磅影片名单”当中的一部电影。这是一部注定要载入史册的电影，因此无论对于演员、导演还是制作团队来说，在拍摄该片期间我们一直都保持着兢兢业业的工作状态。起初，我把这部影片的剧本交给了唐，并且让他好好研读一下，唐也非常喜欢这部影片，所以我们决定联手打造《牡丹花下》这部电影。

在拍摄该片不久之前，一部由我主演的商业电影堪称一部不折不扣的“失败之作”，为此，我遭到了一些影评人和观众的指责，他们认为我的演技似乎又回到了以往我主演的那些动作片的水平。事实上，这一切并不都是真的。《牡丹花下》堪称一部独一无二的电影。这部影片感动了我，这是一部值得我一生去追随、表现以及诠释的电影。如果再给我一次机会，我想我会再次选择拍摄这部电影的。也许今天当我再来拍摄这部影片的时候，如果我的演技有了进一步的提高，我想观众会更加喜欢这部电影。

唐似乎感觉到环球影片公司想把我们完全“丢弃”在这部电影上，比如我们不得不自掏腰包让《牡丹花下》这部影片去参加戛纳国际电影节的评奖。我甚至认为这部影片根本不会入围电影节的竞赛单元。尽管如此，环球影片公司也绝对不会去做这些事情的。卢·瓦泽曼（MAC公司的领导人，他同时收购了环球影片公司）说：“这部影片是绝对不会入围戛纳国际电影节的竞赛单元的。”他根本不想介入到这件事情中去，他根本不会为了这部影片而花费一分一毫使其能够入围戛纳国际电影节的竞赛单元。随后，我们试图用一种全新的思维方式去鼓励他改变自己的想法，我们告诉他，这部电影与我们此前所拍摄的一系列动作片、西部片截然不同。但是最终我们还是未能说服环球影片公司的高层们。在该片的宣传海报上，克林特·伊斯特伍德的手里拿着一把枪，这并不是一种正确的电影宣传方式。在影片当中，伊斯特伍德所饰演的角色确实手握一把枪，并且在影片中也出现了他向一对夫妇快速扫射的镜头画面。然而，依靠这种“卖点”所吸引来的潜在受众似乎并不钟情于《牡丹花下》这类影片，对于那些喜爱观看《荒野大镖客》和《黄金三镖客》的观众来说，他们希望自己在影院中看到的是与《牡丹花下》相反的另一种类型的影片。当他们在观看《牡丹花下》这部电影的时候，他们很可能会说：“哦，不是吧，我们真的一点都不喜欢这部电影。男主角的腿残疾了，在影片的结尾之处他最终也死去了，可是我们并不希望他最后会得到这样一个结局。”对于那些企图在电影结束之前离开影院的观众来说，促使他们这么做的唯一原因便是克林特·伊斯特伍德了：“天哪，他又开始在影片当中重复他此前的一贯表现了，这太乏味了，这不是一部我爱看的电影。”

保罗：把这部影片送去戛纳国际电影节参展，这真的是一个很棒的想法。

克林特：当我们提出想把《牡丹花下》这部影片送去戛纳国际电影节参展的想法之时，一部分法国影评人以及十分钟情于这部影片的观众就已经提前观看过这部影片了。很多人都认为我们确实拍出了一部很好的作品，我们在这部影片中进行了大胆的创新，有意去尝试一些新鲜元素。这部电

《牡丹花下》电影剧照

影不仅展示出了我自身性格的另一面，而且该片也展现出了唐身为一个法国电影“发烧友”的一面。该片在法国放映期间，整个制作团队都感到了前所未有的美好氛围。我必须坚定地说一声：“这就是我们希望去展示的，并且想要去做的事情。”

正如你所看到的那样，在当时那样的环境之下，我并没有足够强大的能力去影响、说服环球影片公司。在当时，我还没有学会很多业界的常识性知识，对于电影节的相关信息也所知甚少。那个时候，我甚至会非常赞同公司高层对这部电影的一些想法——也许其他很多优秀的电影是根本不会选择去电影节参展的。《牡丹花下》堪称那个特定年代下的一部特殊电影，无论是在过去还是在将来，它都会是一部十分经典的电影。

我想唐也会因此而非常怨恨环球影片公司的官僚之风，但我本人对此并没有多少怨念感。公司的高层们依据自身对影片的理解最终决定不让该片参展戛纳国际电影节，但是我和唐都认为公司的这一决策是错误的，仅此而已。时至今日，我仍然不认为我能够说服公司的高层们，强行去改变他们的想法。我想如果我们今天再将某部影片送至电影节参展之时，我们一定会比当时拥有更多的权利，今天的我们不是归属于华纳兄弟影片公司就是派拉蒙影业公司，这些公司会更加尊重我们宣传电影的方式以及其他与电影相关的一些决定。我们已经足够幸运了。

保罗：《牡丹花下》这部电影是专门为你量身定制的一部影片，我想这部电影在票房上的失利也在一定程度上也伤害到了你的自尊。

克林特：这的确是一种伤害，尤其是当你花费了相当多的时间和心血在这部电影之上。在这部电影开拍之初，我们就知道我们所做的一切其实都是前途未卜的。在影片《牡丹花下》开拍之前，我曾经告诉过詹宁斯·朗——我和唐都非常希望在这部影片当中尝试一些变化，以此让该片变得更加商业化。我对他说："如果您对这部影片有任何疑问的话，那么您最好现在就叫停这部影片。我们并非对您本人有任何怀疑，我之所以这么说只是因为我们在尝试拍摄一部全新风格的影片。"他马上对我说："不，不，不，继续拍摄这部电影吧。"我回应道："太棒了！"但是这对于环球影片公司来讲确实是一件非常困难的事情，如同一道符咒一般。一旦我们继续拍摄这部影片，那么《牡丹花下》将注定会是一部"不走寻常路"的电影。这部电影与《独行金刚侠》的风格截然不同，或者说，它与我们此前所拍摄过的任何一部电影的风格都不相同。那些影片画面优美，内涵深刻，每一部都是高质量的作品，它们无一例外都得到了观众的认可。如果与此前的影片相比，可以这么说，《牡丹花下》其实并不是一部成功的电影。

《牡丹花下》本来计划在1970年的圣诞节当天上映，但是好事多磨，直到1971年的春天该片才最终得以在影院进行放映，因为环球影片公司希望为这部影片量身打造一个专业的宣传广告。所以，我们不得不同意了公司的这个决定。这版堪称专业的宣传广告最终于复活节当天上映，公司找到了一家专业的广告公司，在电影上映前的两三天，他们为影片制作了几组平面广告，仅此而已。然而，这并不能称得上是专业的宣传广告。

令人遗憾的是，环球影片公司的弱点之一就是公司对于旗下影片的营销和推广十分糟糕。这也是我最终选择离开环球影片公司的原因之一。但是对于唐离开的理由，我认为另有原因。随着年纪的增长，你几乎用了整整一年甚至是更多的时间（有些电影的拍摄和制作甚至超出了一年或是两年的时间）来拍摄和制作一部电影，但最终仅仅只是因为一个所谓的宣传部门，你所有的心血以及努力最终都付诸东流了。这太令人沮丧了，太令人劳神了，太令人无法忍受了。

在这里我想说一下华纳兄弟影片公司，我们之间长期保持着良好的合作伙伴关系，这家公司同时也是我初入影坛时就与我合作过的公司之一，我之所以对这家公司这么有好感，原因在于华纳兄弟影片公司真的非常擅长电影的营销和推广——我们之间的合作都保持着良好的纪录，但公司对于《鬼马金刚独臂拳》这部影片的宣传营销简直就像是在“谋杀”这部电影。这当然只是华纳兄弟影片公司在电影宣传上的一次失败案例而已。正所谓“无声无息，亦无所得”。华纳兄弟影片公司在《超人》这部电影的宣传和推广上投入了大量资金，他们竭尽全力为影片进行宣传造势，以此来提高影片的知名度和美誉度。对此我想继续进行发问：“那么，我们以此来对比一下《鬼马金刚独臂拳》这部影片的营销策略如何？”弗兰克·威尔斯（华纳兄弟影片公司的董事会副主席）认为，《鬼马金刚独臂拳》是一部颇具商业价值的小众电影，如果该片能够在同档期上映的电影当中脱颖而出，那么将至少会收获二百万美元的票房收入。但是该片的宣发团队却认为，如果他们足够幸运的话，他们会度过一个非常愉快的圣诞节。相信我，这只能说明该片的宣发团队并没有足够重视这部影片，因为二百万美元对于一部电影的市场回报来说无疑是一笔巨款。将来的某一天，你一定会惊讶于很多被人们奉为业界“大咖”的知名导演们，他们所拍摄的电影也许一辈子都没有赚过这么多钱。

我让鲍勃·迪伦继续坚守在洛杉矶，继续进行该片的宣传。与此同时，我还要赶往旧金山进行电影《逃出亚卡拉》的拍摄工作。[①] 我对他说：“你看，

---

① 从 1971 年的《牡丹花下》开始，一直到 1990 年的《鬼马金刚独臂拳》，鲍勃·迪伦制作或者执行制作了伊斯特伍德主演以及执导过的所有影片。

我们必须要更加努力，我们要让环球影片公司知道，我们其实拥有一个超一流的合作联盟。”最终，我们在《鬼马金刚独臂拳》的宣传和推广上确实打了一场漂亮的胜仗，我们积极把握每一位受众，步步紧逼，占领市场。最终，这部电影取得了高于预期两倍以上的票房收益。影片所取得的超高票房堪称华纳兄弟影片公司在电影宣传和推广史上的一次最高荣誉——但从现在来看，这部影片的票房收益应该排在公司所有电影中的第三位吧。当然，这些都归功于鲍勃·迪伦一直都坚守在洛杉矶，我们一直都在抢占宣传的制高点，同时必须保证宣发团队工作人员的全流程参与。如果宣发团队的工作人员在某一时间消失了，我们就一定不会得到一笔可观的票房收入，也许影片就不会如期按照计划拍摄完成了，但是这次我们没有选择把希望交给命运而只是坐等一个绝佳的时机。华纳兄弟影片公司对此感到十分欣喜。他们甚至说：“我们很高兴，你们监控着影片的整个宣传过程。整部影片的票房收益比我们预期的要多得多。”然而，我们所做的一切其实都是基于《牡丹花下》失败的宣传和推广经历，而且这条宣传推广之路是我们自己探索出来的，短期之内无法被他人所超越。

保罗：我想环球影片公司也认为这一切都在自然而然地发生着，所有的一切都合情合理。他们会认为，哦，出演这部影片对于伊斯特伍德来说，他会因此而获得观众的认可和青睐。所以我们不必付给他过高的片酬。

克林特：有些时候，这种局面并非对你特别有利。在拍摄《牡丹花下》这部影片的时候就出现过这种情况，回过头去审视那段岁月，类似的情况甚至还出现在了影片《迷雾追魂》等多部影片当中。有些时候，太在意一部电影的票房收入甚至可以看作是一个“败笔”——对于那些电影制作公司来说，无论是派拉蒙影业公司、环球影片公司、华纳兄弟影片公司、20世纪福克斯抑或是好莱坞的其他电影制作公司，无论是在何时，他们总是会说：“他究竟为何会如此‘大牌’。”这么做也许有一定的正确性，但这也并不总是正确的。那些电影制作公司甚至会产生些许的自满，原因在于他们认为影院中总会存在一部分固定的观众群。

保罗：那么，你是否认为自己也是一名“自带票房收益”的大牌演员呢？

克林特：没有任何一位演员可以称得上是“自带票房”收益的。影片当中出现的某位大牌演员或许会在电影上映的前几周影响票房的收益，但在接下来的几周时间里，影片的票房其实也就如此了。因为你一直都在持续关注影片的票房收入，所以你会认为这部电影的下架速度是如此之快。这也就是为什么那些所谓“自带票房”收益的大牌演员参演的电影在票房上会形成如此之大的强烈差距——有些影片可能收获了一千万美元的票房收入，而有些电影的票房收入则会突破三千万美元。实际上，对于一部电影来说，它的目标受众群体并没有发生任何改变。人们会选择去影院观看一部电影的原因不外乎是希望同老友们聚在一起互相打声招呼、聊聊彼此的生活，等等。

因此，成功的营销对于一部知名度较低的影片来说更加势在必行。很显然，一部烂片即使配上再好的宣传广告也并不会在市场上掀起观影热潮。优秀的广告策划或许可以为一部电影赢得一到两天的话题度，但是过了这个“黄金48小时”以后，影片的市场走向全靠其本身。其实真的没有必要在一部影片的宣传和推广上投入大量的资金，无论是对于一部成本仅有一百万美元的影片，还是一部成本投入超过了一千万美元的电影来说，无论电影的成本比是多少，当你开始去拍摄并制作出一部电影的时候，最后很可能会因为天花乱坠的营销方案而导致整部影片看起来就像是折扣店中的廉价处理品一样。电影营销的创意策划应该开始于导演初次在头脑中浮现出该片的概念之时，并且整个过程一直持续到为这部影片量身打造宣传广告所花费的最后一美元之时。

12

在 1971 年上映的《迷雾追魂》这部影片当中，克林特·伊斯特伍德在片中饰演了一名深夜电台的爵士乐节目主持人。伊斯特伍德发现自己在不知不觉当中变成了一个无法自控的强迫症患者，一位心态处于失衡状态的听众（杰西卡·沃尔特饰演）经常打电话到节目当中，她希望伊斯特伍德可以为她亲自演奏一曲爵士乐大师艾罗·嘉纳的经典作品 *Misty*。

保罗：每当我在思索你的导演生涯之时，我总是会认为你所导演的第一部影片可能并不像你原本所预想的那样。然而就在不久之前，《迷雾追魂》这部影片的出现无疑扭转了我的这一想法。你认为你是如何将《迷雾追魂》这部影片的叙事发展得如此与众不同的？在这个过程中你学到了些什么？

克林特：其实，我想我对此也并不是十分了解。几天前我就说起过，我对某一特定类型的故事始终保持着高度的创作热情，我非常确定我就是喜欢那种类型的故事。《迷雾追魂》是几部为数不多的以兴奋型精神病为主题的电影之一，我认为片中的故事情节非常合情合理。甚至连阿尔弗雷德·希区柯克所拍摄的影片《惊魂记》，你都有可能已经记不清楚影片当中的故事情节了。现在的你或许还模糊地记得影片当中出现过的几个重要且制作精美的场景画面，但是你根本不会记起这部影片的整条故事线。实际上，你并不关心整部影片的故事情节到底是怎样的。

但对于我而言，观众对于电影剧情的误读贯穿了整部电影的始终。这种曲解无论对于男人还是女人而言，都会令人感到十分厌恶。一个我所熟知的朋友写了这样一个故事，一个男人在历经了一次约会之后就企图长时间占有、垄断一个女人的业余时间。他认为，这是确认双方关系的一种象征，以此来判断他们是否拥有彼此。同时我还发现，现在不仅仅是男人们会这么去做，女人们也是如此。正因为我看了这一点，所以我认为在我执导的影片当中设置此类剧情会非常有趣。这个故事甚至包含了所有的娱乐化元素，并且片中男、女主人公之间的关系也相当微妙——很显然，这是一个爱情故事。可以说，这是一个非常优秀的电影剧本。它是由我的一位朋友所撰写出来的，遗憾的是，她现在已经去世了。

保罗：你的这位好友就是乔·海姆斯吧。

克林特：当我树立了希望成为一名电影演员的人生目标之时，那时的她还是一名秘书。那个时候，我们经常一起出去喝啤酒。她曾经说："在不久的将来，我一定会成为一名编剧的。"同时，我也会说："那么，将来的某一天，我也一定会成为一名电影演员的。"这只是我们在喝酒的时候发生过的一件事情，诸如此类的事情还有很多。她的确是一个非常了不起的女孩子。①

① 迪安·雷斯纳重新改写了乔·海姆斯的剧本，这一版的剧本根据海姆斯所撰写的前六十页剧本重新补充并添加了新的故事情节。乔·海姆斯只比伊斯特伍德大几个月，但她却在1978年的时候死于癌症。除了影片《迷雾追魂》以外，乔·海姆斯还执笔撰写了《微风》的电影剧本。

保罗：我也非常赞同你的这一观点，乔·海姆斯真的非常棒。

克林特：我用了四周半的时间完成了《迷雾追魂》这部影片的拍摄工作，这部影片采用的全部都是外景拍摄。我注册了《迷雾追魂》的电影版权，并且在相当长的一段时间之内，我都手握着这部电影的版权。不久之后，海姆斯找到了一个合适的机会便卖掉了这部电影的版权。这一切都发生在我在澳大利亚拍摄影片《血染雪山堡》期间，她打电话给我并且问我是否介意她把这部影片的版权卖掉。我对她说："我当然不介意你卖掉它。实际上，虽然电影版权是我注册的，但你理应得到它。这绝对是一个绝佳的机会，试试看。"随后，环球影片公司买下了《迷雾追魂》的电影版权。他们只是买下了它的版权，并没有安排它在短期内上映等一系列的工作。但是我认为他们之所以敢这么做，原因就在于是我导演并主演了《迷雾追魂》这部影片，环球影片公司认为无论他们在何时上映这部影片，他们都会稳赚不赔。实际上，拍摄《迷雾追魂》这部影片不过也就花费了七百美元或者是几千美元的成本。

保罗：你所谓的七百美元或是几千美元的成本，应该并没有包含你作为该片主演的片酬吧？

克林特：当然没有。当他们问我是否愿意放弃《迷雾追魂》的电影版权之时，我和环球影片公司就在当时与其拍摄三部电影的合作意向达成了一个共识。当他们确保这部影片能够上映的时候，他们对我说："《迷雾追魂》并非是一部西部片或者是一部强盗片，它也不是一部动作电影，你是否愿意放弃这部电影的版权而加入到一部正剧的拍摄中去呢？"我说："当然。我只是非常享受拍摄一部电影所带来的乐趣，仅此而已。"我对《迷雾追魂》这部电影的市场前景非常有信心，尽管最后它并没有在同档期的电影中脱颖而出。虽然环球影片公司从来都没有承认过，但是毫无疑问，影片《迷雾追魂》确实令他们为之震惊，影片本身就已经足够有看点了。

保罗：有一点非常奇怪，其实我心里很清楚，终有一天我将会在大银幕上看到这部电影，但这并不是在五六个月之后。我一直对身边的每一位朋友说道："你们一定要亲自去影院观看《迷雾追魂》这部影片，因为该片是继《惊魂记》以来，在精神病患题材同类型影片中最为出色的一部电影了。

克林特：《迷雾追魂》这部电影的市场反响非常好。我记得当我把这部影片拿到约翰·卡索维茨面前放映之时，他对我说道："天哪，如果是希区柯克导演了这部影片的话，我想每一位观众都会为之喝彩的。其实，你只需要把你的名字放在导演那一栏的字幕上就好了。我想你应该能够明白我的意思，就像在影片的片头字幕中打上'本片由克林特·伊斯特伍德导演'那样。"我随即说道："不，我不想这么做，我只是想把这部影片拍摄出来就好，仅此而已。在我看来，一旦人们观看了这部影片，他们就一定会喜欢它的。"影片《迷雾追魂》的试映会大获成功，博得了满堂喝彩。

试映会现场的观众在观看完影片之后，他们疯狂地尖叫着并且激动地从座位上跳了起来。观众们似乎非常喜欢影片当中的故事情节以及人物角色。实际上，我早就知道这部电影一定会取得成功的。因此，影片《迷雾追魂》用如此“廉价”的成本，最终却赢得了非常轰动的市场反响，可以说，这绝对是一部既“叫好”又“卖座”的影片。

保罗：但是我并不明白为什么他们认为《迷雾追魂》是一部非商业性质的影片，而《惊魂记》却是一部十足的商业电影。对此我感到十分不可思议。

克林特：正如你所了解到的那样，电影产业当中的每一环节、每一产物都与社会潮流紧密相连，整个电影圈的监制们都认为电影产业是非常看重“明星效应”的。如今，电影行业对“明星效应”的重视程度早已超越了“《惊魂记》时期”——《惊魂记》只比《迷雾追魂》早上映了十年的时间，但是在那个年代，电影市场上还没有出现过同类型的影片。在我拍摄《迷雾追魂》期间，一位与我长期合作过的电影监制对我说：“谁会想去看由克林特·伊斯特伍德所扮演的一名电台音乐节目主持人呢？”我对他说：“那么，谁又会想去看他所饰演的任何一个角色呢？我不知道。我想这其实与一部电影的水平同等重要，但是演员的精彩表演常常是一部电影得以脱颖而出的前提条件。”他继续说道：“好吧，那么，为什么你甘愿在一部女人戏当中充当‘绿叶’的角色呢？”我回答道：“我为什么会不乐意这么去做呢？虽然她出演了整部影片当中最出彩的那部分戏份，但是她痴情于我，最终我选择接受她的爱意，这一剧情设置也使得我的戏份充满了戏剧性色彩。”我对这种事情毫不介意。当然，这必须要取决于这是否是一部堪称经典的电影作品。如果一部电影最终大获成功，那么我的表演也可以被认为是十分优秀的，在影片当中出现过的那些配角们的表现也称得上是十分完美的，整个剧组当中的每一位成员都可以说是十分出色的。但是反过来，如果在一部电影当中，整个团队合作起来都十分不顺畅，电影拍摄和制作的每一个环节都缺乏有效的团队合作，那么在电影最终上映之时，人们就只会对这部电影评头品足，随后便敬而远之了。

无论如何，这些都只是在《迷雾追魂》这部影片拍摄和制作过程中我与电影监制之间的一些交流和对话。尽管在名义上，我已经把这部影片的版权卖给了环球影片公司，但是，在电影的拍摄和制作期间，他们从未与我进行过任何沟通，他们不会去片场探班，也不会对着监视器审核影片当中的镜头画面，我并不认为他们拥有十足的耐心来关心这部影片的进展。他们完全放手把这部影片交给了我，任凭我自由发挥，他们从未干涉过我的任何所作所为。我从来都不会改变我的初衷并且我也不会背着公司去要一些阴谋诡计，正如你所看到的那样，当一个导演违背了公司的旨意，按照自己的想法去创作一部男人戏的时候，公司总是会说："这些人按照自己的方式编写了整部影片的剧本，他们破坏了我们的电影。"这些导演利用了一种本能的自我保护方式，他们对电影满怀希望地默默付出着、呕心沥血，并且高喊着——一群利欲熏心的人阻碍了电影天才们前进的脚步，他们以此博得了大家的同情，最终使得他们打了一场漂亮的翻身仗。这是导演与电影制作公司的高层决策者们进行抗衡的一种方式。唐也做过类似的事情。没错，我说的就是唐·希格尔。他总是对环球影片公司的高层决策者们有一种敌对意识。然而，恰恰正是他内心深处的这种敌对意识赐予了他无穷的力量，让他得以在电影的道路上继续前行。事实上，这种敌对意识确实在推动着他不断前行，从某种程度上来说，这其实是一种正能量。我从来都没有当着公司的面说过这些话，但是我曾经当面向唐说过诸如此类的话。我的意思是，唐是我一生的挚友，我非常爱戴他。自始至终，唐一直都在鼓励我去尝试亲自执导一部属于自己的电影，他的鼓励给了我充分的信心与能量。

保罗：当初你是怎么去设想你在《迷雾追魂》中所饰演的深夜电台音乐节目主持人这一角色的？

克林特：我在蒙特雷认识了一个与之相似的小伙子，在我认识了这个小伙子之后，我立刻就决定将影片当中男主人公的身份设置为一名深夜电台音乐节目的主持人，在此基础上来进一步发展剧情。原本我在洛杉矶创作出了这个故事，但故事完成之后，我觉得十分有必要将故事的发生地平移到一个偏远小镇上。很多时候，一名深夜电台音乐节目的主持人在一个小镇上仿佛就像是小河中的一条大鱼，他是小镇中人尽皆知的“大人物”，拥有着耀眼的光环。只有在一个小镇上，你才能够把角色赋予社会名流般的身份和地位。如果将故事的发生地设置在像蒙特雷一样的繁华都市当中，他也许并不起眼，人们很难在茫茫人海中发现他最闪耀的一面。在这座城市当中，他很容易就迷失了自己。在《迷雾追魂》这部影片当中，男主角一直都处在真实与虚无的中间地带之中。他没有足够的能力去和自己喜欢的女孩子在一起，显而易见，在这座城市当中，几乎所有的人都曾经经历过一段这样的时光。

保罗：没错，事实就是如此。

克林特：对于那些无法感同身受的人们来说，也许他们正在经历着类似的事情，或者他们即将要去经历这些事情。

保罗：在影片《迷雾追魂》当中，你十分同情由杰西卡·沃尔特所饰演的女主角的人生经历，她努力地去兑现她所承诺过的每一件事情，虽然这些事情最终都无法能够成真。但是，影片当中的男主人公却很少会去兑现他的承诺。他一直都在试图认真履行承诺与无法坚守承诺之间进行着完美的平衡。

克林特：那么，影片当中的男主角一定很害怕去做出一个承诺。

保罗：他的心里其实也非常难过，他不希望沃尔特一直这样堕落下去。不过，沃尔特的内心十分坚定、执着，她强烈地表示她希望以自己的方式

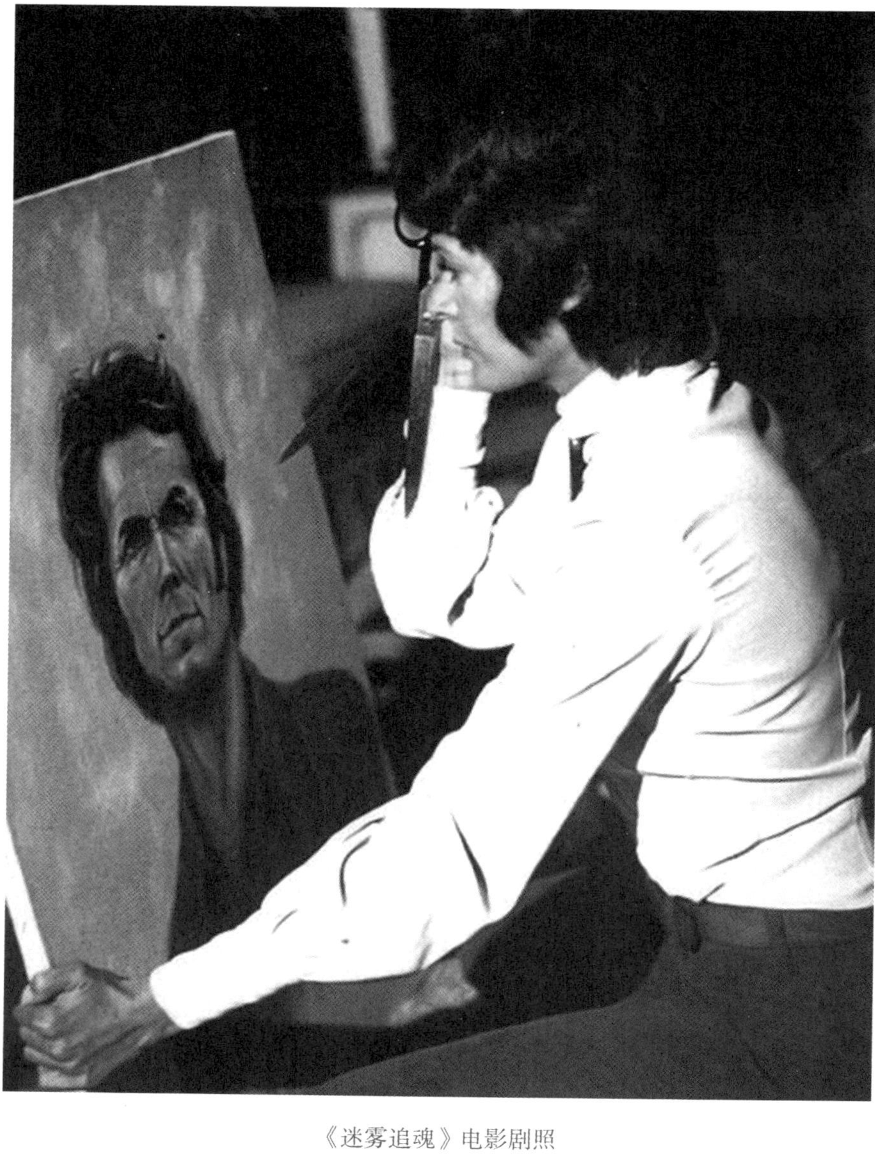

《迷雾追魂》电影剧照

继续生活下去。

克林特：沃尔特的演技非常好。很重要的一点在于——她在《迷雾追魂》当中塑造出来的人物形象已经在人们的内心深处根深蒂固，很多观众都认为她本人与影片当中女主角的性格、个性并无差异。在拍摄《迷雾追魂》之前的一段时间里，我看过很多同类型的电影，很多演员都诠释过类似这样的角色。在《迷雾追魂》开拍之前，我甚至都不知道她叫什么名字，也从来都没有见过她。我记得我曾经看过一部名为 *The Group* 的好莱坞电影，你记得这部影片吗？这部电影于 1966 年上映。在那部影片当中，她扮演了一个总在谈论两性关系的女孩，但实际上，她本人却十分冷淡，非常害怕发生性关系，然而她却和她的滑雪教练有染。我已经记不清楚具体的故事情节了，总之就是那个滑雪教练先对她发起了攻势，但她却对他十分冷漠，随后他就玷污了她。就在那个滑雪教练企图玷污她的时候，在她的眼睛中仿佛真的浮现出了一种难以言说的痛苦之情，虽然这只有短短的几秒钟时间。我当时就在想，天哪，这个女孩绝对入戏了。在这部女人戏中她得以脱颖而出，我想她的演技足以得到观众的认可了。此外，她非常高挑，身材也保持得非常好，足以让人们为她如痴如醉。毫无疑问，她是一名值得敬佩的女演员。

保罗：这些着眼于某一细节的表演无疑会给观众留下深刻的印象。在某一瞬间，你突然就从你的思维定势之中跳了出来，你已经逃离了自己的小世界，脑海中充斥着无限遐想。这甚至比那些充斥着刀枪混战的电影场面更加令人揪心。从某种程度上来说，这种强大的心理暗示十分震撼人心。

克林特：是的，一个人的心理活动鲜活地展现在了你的眼前。

保罗：她全身上下都散发着魅力，非常高贵，非常优雅。

克林特：我想她已经足够迷人了，如果你在一个聚会上认识了她，那么你一定会毫不犹豫地想把她带回自己的家中,没错,她就是拥有这种魅力。选角对于任何一部电影来说都是至关重要的。如果一位与你演对手戏的演员十分出色，他/她什么都好，但是唯独没能演好自己的角色，或者在拍摄期间他/她并没有处在最好的状态之中，毫无疑问，你的表演水准也会大打折扣，这对于你来说也将会是一个巨大的损失。

13

1971年，克林特·伊斯特伍德在电影《肮脏的哈里》中扮演了一名名为卡拉汗的警察，他是一位破案高手，旧金山警察局总是将一些复杂并且十分棘手的案件交由他处理。在影片的结尾处，随着卡拉汗将一发暗藏于大口径点44左轮手枪中的子弹射出，最终一位长期以来威慑旧金山并自称是“天蝎”的连环杀手（安德鲁·罗宾逊饰演）被绳之以法。毋庸置疑，本片中这个扣人心弦的“最后一分钟营救”的场景设置成就了伊斯特伍德在大银幕上演绎过的最经典段落：“兄弟，我知道你是怎么想的，你真的是很无知。你当时一定在想自己的运气还不错，好吧，让我来告诉你这一切到底是怎么回事，因为我已经忘记了自己的存在而陷入了兴奋之中。当时我的手中握着一把号称“世界上最具杀伤力”的大口径点44左轮手枪，你马上就会葬身在这把手枪之下，因为子弹马上就会穿过你的头部，我想你已经暗自在心中问了自己一个问题——能死在这把手枪之下，是不是会有一种满足感呢，你觉得呢，兄弟？”

保罗：我认为唐·希格尔格外偏爱《牡丹花下》这部影片，他对这部影片的喜爱程度远远超过了目前他所拍摄过的任何一部电影。

克林特：在这一点上，我与你的看法并不相同。我认为，与他所拍摄过的其他经典电影相比，这部影片的水准只是稍微下降了一点，但这并不能否认《肮脏的哈里》同样也堪称一部经典的好莱坞电影。唐·希格尔总是说《牡丹花下》是他拍过的最棒的一部电影，客观来说，我认为《牡丹花下》只能算是他拍过的经典电影之一，并不能算作是其中最杰出的一部。他之所以忽略了《肮脏的哈里》这部影片，原因就在于《牡丹花下》是一次全新的尝试，影片的整体风格非同寻常，这对于他来说意义重大。到目前为止，《牡丹花下》这种风格的电影，唐·希格尔就只拍摄过这么一部，而对于像《肮脏的哈里》这样的警匪片来说，唐已经屡试不爽了。实际上，我们之前还合拍过一部名为《独行铁金刚》的影片。很久之前我们就已经拍摄了这部影片，如果你仔细观看的话，你会发现这部影片与《牡丹花下》的风格非常相似，但它其实是一部更加与众不同的电影。影片《独行铁金刚》带有一种强烈的实验性质，在众口难调的电影市场当中，这部影片的口碑完全取决于每一位观众自身的眼光。

保罗：这一切看起来就像是，如果还存在着所谓的公平，《独行铁金刚》和《肮脏的哈里》这两部影片似乎都应该获得某个奖项的提名。在我看来，就连两部影片当中的演员也同样需要被授予奖项。

克林特：《法国贩毒网》也是一部非常成功的电影，同时该片也获得过第四十四届奥斯卡最佳影片奖。《法国贩毒网》只比《肮脏的哈里》提早上映几个月的时间，但是显而易见，由于出色的营销和策划，《法国贩毒网》收获了良好的口碑同时也收获了不菲的票房。《肮脏的哈里》选择在圣诞档期上映，而《法国贩毒网》则在同年的十月份就已经上映了。纽约这个地方集合了众多颁奖典礼，很多优秀的电影制作团队也都汇聚于此。

保罗：或许这一切都只是由于档期的原因。

克林特：没错，是这样的，不过我对此并不担心。我不会担心这部影片最终究竟是否会获得某个奖项，因为我对于得奖并没有特别大的野心，我选择拍摄这部影片只是因为我热爱这个故事、热爱这个角色，而并非是源于影片最终能否获得某个奖项。我只想专注于我的表演，如同亨弗莱·鲍嘉所说的那样："力图将最好的表演呈现给观众，制作出一部优秀的电影才是我的终极目标。"无论是谁，如果过度执着于奖项本身，那么其作品对于公众的接受度以及商业投资的几率将会越来越小，作品随即也会变得愈加小众化。但是，仍然有很多电影人都在努力地拍摄优秀的作品，期望得到一个专业奖项的肯定，对于这部分人来说，得奖或许已经成了他们职业生涯当中必不可缺的一部分。在这里，我并不是有意去责备那些被鲜花和掌声簇拥的人们。实际上，他们很可能会因此而名利双收，但是，这些并不足以去影响我。[①]

我仍然记得，这些年我饱受争议，有时候日子过得并不如意，之所以会这样，也许是因为我一直都做得很好并且在这条道路上发展得太快了。这就好像你本身是一个无党派人士——你并非是一名民主党派人士，也不是一名共产党员。渐渐地，你就会变得越来越边缘化、越来越独立。起初，我在无意中接拍了很多部欧洲电影，很多人并不看好这些影片，他们也不接受我在影片当中的表演。当时好莱坞以及大多数媒体都十分排斥我所拍摄的那些影片，但是好在还是会有极少数的观众和媒体会接受我的作品。经历了一番激烈的思想斗争之后，我开始尝试着去接拍一些美国电影，但是主流媒体和受众仍旧不接受我的作品，这一点是我此前未能预想到的。他们认为，在影片当中我所扮演的西部牛仔形象并不能被美国社会的主流价值观所认可，而且主流受众在当时也并未接受我所饰演的银幕形象。反过来说，如果我的表演得到了主流受众的认可，但好莱坞以及主流媒体却对我嗤之以鼻，这才是一种真正的歧视。不过没关系，我对此并不介意。

保罗：在我看来，《肮脏的哈里》这部影片绝对堪称是你有生之年出演过的最经典的影片之一了，这种类型的影片并不多见，很可能在你接下来的职业生涯当中你根本碰不到类似这样的作品了。对此我感到十分担忧，无论你在接下来的二十年里做了些什么，哪怕你拍摄出了数十部经典影片，但《肮脏的哈里》这部影片仍旧堪称你职业生涯的巅峰之作。它理应获得这样的赞誉。

---

① 由于他出色的演技和导演才华，伊斯特伍德被众多奖项提名，他因主演并执导了影片《不可饶恕》（1993）和《百万宝贝》（2005）而获得了四次奥斯卡提名：两次最佳导演奖和两次最佳影片奖的提名。作为好莱坞的一名杰出制片人，他与大卫·塞尔兹尼克一同获得了“电影艺术和科学学院优异奖”。

克林特：我想如果唐最终并未选择我担任这部影片的主演的话，也许这部电影将会得到更大范围内的认可。事实上，在二十世纪六十年代晚期以及七十年代期间，每个人似乎都被贴上了某种固有的标签——在当时，所有的自由主义者都被称之为“保守的法西斯主义者”，而所有的保守主义者则被称之为“自由主义的共产党人”。很多人都把《肮脏的哈里》这部影片贴上了“具有严重政治倾向性电影”的标签。但事实上根本就不是这样的，观众只是表现出了他们无知的一面。

保罗：你的意思是，如果你没有主演影片《肮脏的哈里》的话，这部影片将很有可能会是一部更加被观众所认可的影片？

克林特：在大多数观众面前，我并不认为我拥有很高的信誉度，时至今日，我仍然不认为我现在可以比当时的表现更为出色。在《肮脏的哈里》这部影片当中，我认为自己的表现非常出色，唐也表现出了他非凡的导演才能。这是一部非常经典的警匪片。在影片当中，我来自一个美国西部小城，我将男主人公诠释得既沉着冷静又十分神秘，这种表演并不是在向观众炫耀什么，这只不过是一个经常被人们称之为“展示–认知”的动态表演过程。

保罗：我认为《肮脏的哈里》是一部非常微妙的电影，我理所应当地认为这个故事应该是一个悲剧。由于生活所迫，你选择去当一名警察，其实你是如此无可奈何又是如此伤心欲绝。原本你是一个非常开朗的人，但是你的妻子突然不幸去世，你被迫接受了这份工作，原因是你认为自己根本没有能力去从事其他的工作。听起来，这一切是多么的感人呀！

克林特：没错，这部电影力图呈现的感情及寓意原本就是如此。但遗憾的是，这种伤感以及无可奈何的元素在电影的首轮传播中被男主人公身上所赋予的另一面——强烈而又武断的人生追求所掩盖了。在影片当中，似乎他所有的遭遇都十分坎坷，幸运女神没能一直眷顾他。男主人公与他的工作伙伴以及这位好搭档的妻子关系十分融洽，尽管二人一直都在努力

《肮脏的哈里》电影剧照

劝说让他放弃警察这份工作。在影片的大多数时间，男主人公都是非常失意的，经历了非常多的挫折，从头至尾都充斥着悲伤的基调。甚至在影片的结尾，当他最终击中了那名名为“天蝎”的连环杀人案凶手之时，他所流露出来的喜悦之感也是一种悲伤的喜悦。

保罗：根据我的推断，这种悲伤的喜悦也许就是他身为一名警察所必须要付出的代价吧。

克林特：在《肮脏的哈里》这部电影当中出现过这样的一幕：男主人公拧下了他的警徽，并且把它扔进了河里。无论这枚警徽最终会漂到哪里，他们都会找到它的——随他们去吧，让他们潜入水中去找吧。回到之前我们所谈论过的影片的结尾处，他连续发射了五枚或者六枚子弹最终击中了凶手，他随后说道：“你觉得我幸运吗？”然而这一切，其实本身就流露出一种悲剧色彩在里面。出于生活所迫，他不得不选择去当一名警察，其实他本可以完全不用踏入这一行的，如果不是这样，他最终也不会违反规定而杀死了那名凶手。最开始，那个名为“天蝎”的连环杀人案凶手绑架了几个孩子，他本有机会抓住他，不过很可惜凶手还是逃脱了。在他的眼中——在他那双不懂人情世故的双眼当中，他理所应当地认为一个国家需要通过法律来制裁以及约束民众。

保罗：我听说约翰·韦恩曾经有机会出演影片《肮脏的哈里》中的男主人公。

克林特：我从没听到过这样的传闻。我真的从来都没有听说过公司曾经联系过如此知名的演员来出演该片的男主人公。我猜想在电影开拍之前的一段时间里，他们一定联系过一些演员来参加试镜，但是第一个得到这个角色的人确实是我，环球影片公司打电话给我，告诉我他们已经确定了由我出演影片《肮脏的哈里》男主人公一角。不过这些都是发生在这部影片被卖到美国广播公司之前的事情了。在这之后不久，华纳兄弟影片公司又买下了这部电影的版权。詹宁斯·朗打电话给我，他告诉我这部影片已经由华纳兄弟影片公司接手了，他说："你是否愿意继续出演《肮脏的哈里》的男主人公一角呢？"保罗·纽曼曾经告诉过公司，这部影片讲述了一个非常棒的故事，但是他并没有选择去执导这部影片，因为他认为自己的政治立场与这部影片的政治立场恰好相反。刚刚我所说的这些，就是他们如何找到我以及最终我是怎样接拍了这部电影的全过程。当然，我并不清楚你认为这其中究竟包含了多少事实，这完全取决于你自己的认知。

保罗：我只是曾经听到过这种说法，但与此同时，也有消息称弗兰克·辛纳屈也曾受邀出演该片的男主人公一角。

克林特：当詹宁斯·朗还就职于环球影片公司的时候，我曾经告诉过他："有朝一日如果你真的买下了这部电影的版权，那么我就来出演该片当中的男主角。在整部影片当中，我并没有发现它有任何的政治性元素。在这部影片当中，我只是看到了一个普通男人的一生，仅此而已。日后他或许会发生变化，开始预感到在他的生命当中似乎还存在着另外一种相反的情况。因此，这部电影与政治之间并没有任何必然的联系。"但是一些人似乎早就为此做好了辩论的准备。我从未与政治有染，我也从来都没有公开发表过任何政治立场，我是一名无党派人士。我也非常喜欢一些政治立场十分鲜明，并且在生活当中也十分支持我的演员，他们不会因为我不被主流媒体以及受众所接受而背叛我，因为他们十分了解我的为人处事之道，他们依然会继续支持我的。但同时还有一些政治名流，从表面上看，他们也十分支持我，在我被主流媒体及受众所抛弃之时，他们会大打"同情牌"，以此来博取选民们的好感。我会知道这些是因为总会有人希望把我逐出影坛，他们十分肯定地认为我将任由他们摆布，并且他们一直都在四处散播着一些谣言。但如果你非常清楚他们的个性的话，那么很有可能，你根本就不会轻信他们的话了。在竞选当中，你也就不会为他们投上宝贵的一票了。

保罗：实际上，我已经有相当长的一段时间都没有参加过任何投票活动了。[①]

克林特：在美国广播公司宣布被迫放弃该片的版权之时，环球影片公司最终接手了《肮脏的哈里》这部影片，并买下了它的版权。从某种程度上来说，环球影片公司在当时并不具备接手这部影片的种种条件。起初，美国广播公司先买下了这部影片的版权。在相当长的一段时间里，他们都把这部影片的版权牢牢地攥在自己的手中，但是他们并不知道怎么去筹拍这部电影。随后，他们将影片的版权卖给了华纳兄弟影片公司，当时就职于华纳兄弟影片公司的弗兰克·威尔斯曾经打电话给我，并且问我是否愿意参与该片的拍摄工作。当时的华纳兄弟影片公司刚刚上任了一名新的管理者，他们非常迫切地需要大量的作品，以此来进一步开拓市场。但那个时候我正好在拍摄影片《迷雾追魂》，我对弗兰克·威尔斯说："当时，我正在拍摄我的导演处女作，同时我也决定出演影片《肮脏的哈里》中的男主人公一角，不过我会去告诉他到底什么才是你应该去做的事情。如果你找我出演的目的只是为了能够如期完成影片的拍摄工作，那么我会在拍完我的导演处女作之后进组拍摄。"

因此最后你只能对这个故事进行一系列的删减，缩短它的长度。但他告诉我说这是不可能的，他们将会选择其他演员来担任该片的男主角。我说："好吧，祝你好运。"随后发生的事情你已经都知道了，他们找到了弗兰克·辛纳屈，问他是否有意向参演该片。

保罗：这部影片的拍摄历程真可谓是历经艰辛呀！

克林特：阿什利（泰德·阿什利，华纳兄弟影片公司的董事局主席）

① 保罗经常扬言，他唯一参加过的一次投票活动是 1964 年的美国总统大选。当时，他为自己的好朋友埃莱克特拉唱片公司的创始人雅克·霍尔兹曼投上了自己宝贵的一票。同时，他还投给了诺曼·梅勒一票，推举他当选副总统一职。

是弗兰克·辛纳屈的一位朋友，不管是出于什么样的原因或者是何种阵容设想，公司全体上下一致认为应该由弗兰克·辛纳屈来担任该片的男主角。所以渐渐地，我也就忘记了这件事情。与此同时，影片《迷雾追魂》也在如火如荼地进行着拍摄工作。直到有一天，弗兰克·威尔斯再一次给我打了电话并且说道："你最近的档期是如何安排的？"我对他说："我想你们不是已经与弗兰克·辛纳屈在一起拍摄这部影片了吗？"弗兰克·威尔斯随后说道："谁知道呢，这听起来就像是在天马行空。弗兰克·辛纳屈似乎没办法出演该片了，因为他马上就要退休了。"我说："我会考虑一下这件事情的。再让我看一遍剧本吧，我再重新研读一遍剧本。"那个时候，他们重新找到了一位导演来拍摄该片，这位导演重新改写了剧本，此时的剧本几乎已经看不到先前那一版本的痕迹了，他进行了大量的修改，甚至完全改写了故事的最终走向。我在四五个小时的时间里读完了整个剧本，我告诉弗兰克·威尔斯："对于这部影片，只有一点是我欣赏的，那就是先前的那一版剧本，也就是影片的原始剧本。"

保罗：影片的原始剧本应该是由哈里·朱利安·芬克和丽塔·M.芬克所撰写的吧。

克林特：没错，就是芬克姐妹所撰写的那一版剧本。因此，我去了华纳兄弟影片公司和他们坐在一起商谈此事："对于现在的这一版剧本，我想我真的不喜欢其中的任何故事情节，但是我非常喜欢影片的原始剧本，我希望沿用那一版剧本并且和迪安·雷斯纳搭档共同出演该片。与此同时，我希望可以雇佣唐·希格尔来担任该片的导演。我并没有和他谈论过此事，但是我非常确信，他十分乐意和我一同进行工作，我保证，他会表现得非常优秀。"他们同意了我的想法，因此我约见了唐并且把剧本给了他，我对他说："请你先读一下影片的原始版剧本。"他与我的想法完全一致，他也认为现在这一版的剧本完全改写了故事的发展方向，然而这种改写方式已经完全脱离了《肮脏的哈里》的故事风格了。

在芬克姐妹的剧本当中，我认为唯一的不妥之处在于故事的结尾部分，我想要去改变故事的结尾部分。我认为，这样的结尾方式过于复杂化了。在故事的结尾之处，如同宇宙大爆炸式的呈现出了各种各样的符号以及元素：海军陆战队的狙击手开始向人们发起进攻，直升机坠毁……我和唐都认为，影片当中的正、反两派应该是一对一进行设置的，也就是说，主角和配角各有一个足矣。

保罗：其实整部电影最终引发了一场正、反两派之间的大决斗，这正是故事发展的高潮之处，也是整部影片当中最精彩的部分。

克林特：回去之后，我们和迪安·雷斯纳一起重新改写了剧本。迪安·雷斯纳与我和唐是旧相识，他曾经担任过影片《独行金刚侠》的编剧，随后也曾与我在《迷雾追魂》当中一同进行过合作。在这之后，他又在电影《荒野浪子》中助我一臂之力，撰写了该片的剧本。最终，我们联手打造了一版我们心目当中的完美剧本。

保罗：在影片《肮脏的哈里》当中，约翰·米利厄斯本人与他所饰演的角色之间究竟有多大的契合度呢？

克林特：坦白说，他本人的气质和性格与角色之间其实并不接近。

保罗：我曾经看到过一些关于米利厄斯的采访，他认为在《肮脏的哈里》这部影片当中，安德鲁·罗宾逊的出色演绎几乎吸引了所有观众的眼球。在他看来，安德鲁·罗宾逊与他在某种程度上其实扮演的是同一个角色——他所诠释的是一个正义、开朗的杀人凶手，而罗宾逊则演绎出了一个如同恶棍般的杀人凶手。无论在何种层面上，我想我都不能认同米利厄斯在采访时所说的他在《肮脏的哈里》中所饰演的角色的观点。

克林特：我想，这也许是因为米利厄斯在参与剧本的改写之时，他心里就已经认定了一位他心目当中的完美导演人选，比如厄文·克什纳或者与他同级别的导演。我认为公司也很有可能与史蒂夫·麦奎因谈论过此事，或者去寻找一些其他的演员来加盟该片。我看过米利厄斯参与改写的那一版剧本，它与原始剧本截然不同，通篇都是一些围绕着枪的名称、种类、口径而展开的对话以及故事。

保罗：我曾经听到过这样一种说法，米利厄斯在剧本中曾经撰写过一句经典台词——“这把大口径点 44 左轮手枪简直可以被认为是世界上最具杀伤力的武器了。”

克林特：事实上，他并没有写出这句话。这句经典台词其实早在影片的原始剧本当中就已经出现了，就是由芬克姐妹所撰写的那一版剧本当中。最终，我们也是按照影片的原始剧本来进行拍摄的。在最后的成片当中，大多数的剧情我们都按照原始剧本来进行拍摄，在原始剧本当中，我们节选了差不多三分之二的内容。我们只是在结尾的地方处进行了微调。因此，这句经典台词并不是由米利厄斯所撰写的。在他参与改写的那一版剧本当中充斥着大量关于“50 口径机枪”和来复枪的段落。但是在芬克姐妹所撰写的原始剧本当中，大口径点 44 左轮手枪以及史密斯·威森 M29 型左轮手枪只是作为道具出现，它们都是男主角卡拉汗所使用的武器而已。

影片当中的男主角卡拉汗警探在影片的结尾部分说道：“你是不是觉得自己运气不错”，这句台词并没有出现在剧本当中。在原始剧本当中，卡拉汗只是最终射杀了那个名为“天蝎”的连环杀人案凶手，并没有在此时开口说出任何台词。而最终我们在结尾处所设计的台词，其实也被芬克姐妹一度写进了剧本的开头部分。我觉得，这句台词淋漓尽致地诠释出了男主角的性格特征。在我看来，我认为我们应该在结尾处重复这句台词，以此来升华人物性格。唐也十分赞同这个决定，所以他就把这句台词最终加在了影片的结尾之处。

起初，卡拉汗心里非常开心，因为他被警察局指派为负责专查此案的警察，他天真地认为凶手即将被他拿下。他的手下有很多人，他们一直都在通缉这个名为“天蝎”的凶手，卡拉汗说：“好吧，你觉得自己幸运吗，愚蠢的人呀……”然而在影片的结尾处，故事的发展走向并没有按照卡拉汗心目当中的剧本继续进行下去，与开头部分相比，卡拉汗几乎已经完全转变成了另外一个角色了。他之所以会这么问凶手，原因在于他真的对凶手恨之入骨，并且他非常希望能够在光天化日之下将他绳之以法。这个名为“天蝎”的杀人犯，他不仅仅杀害了多名无辜的受害者，甚至还有一些妙龄女子，而且即使是在哈里一度逮捕了他之后，因证据不足而被释放的他继续兴风作浪，犯下了诸多无法令人饶恕的罪行。对于罪孽深重的种种罪行、对于腐败的官僚机构，卡拉汗都予以顽强的抵抗。卡拉汗为其所做的一切都可以在结尾处的这句台词当中得到印证，一句同样的台词，依靠不同的语气出现在了影片的开头和结尾两处中——当然，在影片的结尾之处，卡拉汗的这句话中充满了对仇恨的释放，没有一丝戏谑般的幽默感。无论如何，这种情绪最终被表达了出来，得以完美释放于影片的结尾之处。

实际上，凶手最开始确确实实绑架了整个公交车上所有的成年人。随后，我们把成年人这一概念替换成了让凶手去劫持一整车的孩子。当我们在面对这一事实之时，我们本能地认为这是世界上发生过的最无能为力的一件事情了。在被劫持的一车孩子当中，他们来自多个种族。因此，洛杉矶的一家左翼报纸发表了一纸声明，他们指责我们公开反抗公交车联盟。唐和我根本就不知道这一指责是从何而来的。唐和我都不是右翼派的狂热支持者。这一事件的发生证明了你所做大大小小的所有事情，其实一直都有人在监督着你，一切的一切都被旁观者看在了眼里。我们将种族不同的孩子们集合在一起，只是因为我们认为这个设计十分符合情境，我们也非常喜欢这个设计。我们将不同种族的孩子安排在同一辆公交车上，原因在于我们想让世人看到，所有的孩子其实都是非常脆弱的，他们非常敏感，是一群需要被关怀和保护的社会群体——绑架事件之所以会发生，是因为社会上的一些官僚机构对此所进行的彻查并不彻底，事发之后的处理方式也并不是十分得当。可以说，这些孩子在大街上就是一群被政府和社会所遗忘

《肮脏的哈里》电影剧照

的群体。这与种族主义完全无关。在被绑架的一车孩子当中，他们有可能全部都是有着东方血统的黄种人，或者全部都是黑人，又或者他们全部都是白种人，但是，谁会去在意这一点呢？

那名在报纸上发表声明的女记者宣称，她此生再也不会观看任何一部由克林特·伊斯特伍德主演或执导的影片了。那么，谁让她去看的呢？我才不希望她会去看我拍摄的那些电影。你必须要承认，确实有一些人非常愚蠢，他们根本就没有看懂这部电影，也不明白这部影片究竟想要表达的是什么。好吧，如果是这样的话，你怎么想随你，我真的无能为力。时至今日，我仍然怀疑那些愚蠢的人们仍旧没有看懂这部电影。我十分确信，如果是在八年以后，或者是在十年以后，那名女记者一定会改变她当初的想法。或许，她的人生观已经发生了些许变化，但这一点也仍将不会改变——她仍旧没有看懂这部电影。因此，你只需要尽你所能，努力拍摄出你心目当中的完美影片，继续努力向前看、朝前走就好了。

保罗：唐一直都在说，所有的当权者都反对影片在结尾处对卡拉汗警

探的处理方式，所以它究竟是怎样沦为一部右翼电影的呢？尤其是在影片当中，大多数的警察无论他们在做什么，都会遭到人们的反对。这一切看起来就像是那些影评人和观众似乎从来都没有真正看过这部影片一样。

克林特：但是警察这一群体却非常喜爱这部影片，原因在于影片当中真实反映出了一名警察的挫败感，我深信很多警察一定都经历过这种挫败感。在全美国，也有一些这样的案例存在，立法部门针对某一事件而专门制定了某项法规之后甚至会陷入到一些难以想象的麻烦之中。又或者是一名法官即将要依照新制定的法规来审判结案，但是仍然会有一些原告人无止境的花费大量的时间和金钱去继续起诉被告人，于是案子被一拖再拖。那么，除了这些美国中产阶级公民，还有谁会为这一切买单呢？

保罗：《肮脏的哈里》这部影片所遇到的一系列困难也许只是因为时间的缘故。在当时，人们或许将注意力过于集中的放在了某些政治事件当中，因此而曲解了这部电影的本意。

克林特：这一切都反映出了二十世纪七十年代初的美国社会典型表现，在那个年代，每一位美国公民都十分热衷于政治，每个人似乎都会去发现一件事情上政治性的一面。那是一个人人自危的年代，但它却是我们所生活的星球上的一个十分渺小的时代的缩影。

保罗：在当时，如果你说自己一点都不自由，那么你或许就会惹上大麻烦了。

克林特：如果你极富自由主义思想，但你却对自由主义思想产生了一丝怀疑——你很可能确实会对超额征税、版税或者一些其他的事情感到疑惑，这些人被统称为保守党人。因此，这些所谓的保守党人就会被贴上“疯狂的右翼者”或者诸如此类的标签。

保罗：在《肮脏的哈里》这部影片公映的时候，这种思潮正处于顶峰时期。

克林特：是的，《肮脏的哈里》这部影片恰好问世于这种思潮的顶峰时期，所以似乎每个人都会说："天哪，这真的是一部右翼思潮的作品呀！"但事实上，这些纯属无稽之谈。而且《肮脏的哈里》这部影片也根本不是一部右翼电影，在影片当中并没有充斥着任何政治倾向。你试图通过《肮脏的哈里》这部影片去给观众讲述一个全新的、不同寻常的故事，你努力去把全新的、不同的元素呈现在影片当中，以期带来震撼观众的效果。

1971年，大银幕上同时还放映着另外一部警匪片——《法国贩毒网》。出于一些原因，这部影片在观众当中并没有像《肮脏的哈里》一样掀起轩然大波。《法国贩毒网》这部影片看上去更加直白一些——我指的是影片当中男主人公解决问题（抓捕凶手）的方式。尽管吉恩·哈克曼在片中表现出了他精湛的演技，他饰演了一名非常与众不同的警察。在影片《法国贩毒网》当中，观众在观看该片之时，男主人公的所作所为根本不会令观众联想起十字军东征以及任何一项改革运动，因为在观众看来，他根本就不是这种人。然而在影片《肮脏的哈里》当中，观众却将卡拉汗曲解为一名右翼改革者，抑或是把他与独立战争时期参战的民兵联系起来，但其实卡拉汗根本就不是这样的人。实际上，卡拉汗仅仅是一个对法律、对制度以及对他目前所从事的警察这项工作拥有极度复杂情感的人。

保罗：我推断这一切其实都仅仅只是时机的原因。在我看来，这部影片似乎比预期的上映时间要晚了一些……

克林特：没错，是这样的，《肮脏的哈里》这部影片确实比原计划的上映时间晚了许多。

保罗：在整个越战问题上，比如由威廉·凯利指挥的美莱村惨案，毫无疑问，这种暴行是违反规定的。又比如，越战泄密事件的主角丹尼尔·艾

尔斯伯格，他也不是一个十分“听话”的人，你是知道这一点的。[①]

克林特：确实如此。无论是威廉·凯利抑或是丹尼尔·艾尔斯伯格[②]，这些人都在左翼政党中享有盛誉，因为他们毫不遵循章程。他们当中的每一个人，其实都在做着同一件事情。

在二十世纪六十年代末以及整个七十年代，我们生活当中所发生的每一件事情都有被控诉的可能，没有人会十分在意受害者的权利。随后，在英美等国家，一些人开始思考也许每一名受害者本身也是拥有权利的。如果你自己或者你的亲戚成了一次暴力事件的受害者，进行这种思考是一件非常自然而然的事情。你对此会做何感想呢？如果全美国陪审团当中的每一个成员以及所有的法官都成了某一暴力事件的受害者，那么我敢肯定，陪审团的裁决会因此而发生翻天覆地的改变。对于大多数的美国公民来说，住在麦迪逊大道的某间公寓里或者是住在萨顿广场的某间公寓里是一件非常奢侈的事情，但是他们并不知道就在这其中的一些区域，其实是经常性暴力事件的发生地。

在这样的一个年代当中，你必须要有一些作品或者知名度。电影《肮脏的哈里》的精彩之处在于它讲述了一个非同寻常的故事——一个非典型美国警察在与凶手进行对决之时，企图迅速按下手枪的扳机，就地处决凶手。当然，如果这部电影于当下首映，那么人们对于整个故事的理解会变得容易了许多，当人们在抱怨电影当中的反派之时——有一个人企图杀死旧金

① 作为一名越战当中的美军中尉军官，威廉·凯利因为他在 1968 年指挥了美莱村大屠杀而获罪，数百名手无寸铁的越南南部居民被虐待、奸淫、谋杀。而凯利在军事法庭上的辩护理由却是——他之所以会这么做，只是因为他必须要听从上级下达的命令。

② 1971 年，丹尼尔·艾尔斯伯格撰写了五角大楼文件即《美国—越南关系，1945 — 1967：国防部的研究》，这是一个长达七千多页的涉及美国最高军事机密的研究报告，主要是关于美国国防部对 1945 — 1967 年间美国在越南政治军事卷入评估的秘密报告，该报告于 1971 年由丹尼尔·艾尔斯伯格泄露给《纽约时报》，最终共计十九家报纸媒体刊登了这一报告。这份报告显示，美国政府反复对国会以及美国民众撒谎。

山市的市长居然已经长达七年之久。[①] 但是在《肮脏的哈里》这部影片当中，说出这句话的却是身为正义一方的卡拉汗警探，只有他一个人在说："上帝啊，我根本无法承受眼前所发生的一切。"

保罗：但是现在事情却朝着完全相反的方向发展下去。至少在纽约是这个样子的，卡拉汗的这句话被人们视作一种自我辩护。甚至，事发当晚所有在街上的行人也都可以对自己的行为进行自我辩护。影片 *Turn'EM Loose Bruce* 讲述的就是一名每天都在释放罪犯的大法官的故事。[②] 如今，人们的同情心已经完全演变成了另外一种方式——同情心成了电影《肮脏的哈里》的代名词。

克林特：大众对《肮脏的哈里》这部影片的评价呈现出两极化的趋势，一方面对其进行冷酷的批判，另一方面又对其十分宽容，这种复杂的情感甚至还包含着一丝难以言说的意味。他们很有可能在影院当中买了一张电影票，然后他们会在中途离场并且感叹道："还是别看这部电影了，我可不想因此而被卷入到某个政治事件当中。"这又是一个老生常谈的话题：人们会运用他们所掌握的权术，人们也会得到属于他们的领导才能。对呀，终有一天，我们也会建立起我们心目当中的那种均衡的司法体系。假设你因偷窃罪而被判入狱七年，但谋杀罪却只被判入狱五年，那么这种由司法体系所引发的不平衡性就只能交由社会来平衡了。这并非出自一个保守党人或者其他某一个人的观点。这种观点出自那些热爱生活、热爱生命的人的口中。如同"非洲圣人"阿尔贝特·施韦泽对人权或者所有生物体的尊重一样。或许我们并未被完全激怒、四目相对地讨论着要去逮捕这些人，

---

① 丹·怀特于 1978 年因谋杀罪被判入狱十七年，他先后谋杀了时任旧金山市市长乔治·莫斯科尼以及旧金山市政委员会委员哈维·米尔克。

② 布鲁斯·麦克马里恩·怀特是一名美非混血的法官，他因为穷人辩护而出名。在他参与审理的案件当中，黑人被告几乎很少被判有罪，因此他们无须交纳保释金，尽管有时候他们的罪行在实质上就是一种暴力行为，并且他们经常当面与警方发生冲突。

或者是用政治手段将这些人驱逐出境。

但是如你所说，假如日后凯利中尉被任命为更高一级的将领的话，那么他就要去服从更高一级的指令，他似乎应该去遵循上帝的旨意而不是其他的一些指令。实际上，在二战后的纽伦堡审判中，我们也做出了类似的事情。我们去质问那些二战当中的纳粹战犯，我们问了他们每个人同样一个问题："为什么你们要去追随那些法西斯暴徒，做那些伤天害理的事情呢？""我们只不过是在服从命令，"他们说道。接着，我们会说："不，你们应该听从最高指令。"我们鼓吹美国会以一个大国的姿态，释放那些从未参与过纳粹暴行的人们。我们通过监禁凯利中尉来鼓吹这件事情。

但与此同时，电影《肮脏的哈里》却宣扬着另外一种社会价值观。如果你很像影片当中的主人公卡拉汗，你也经历着迷茫与困惑，富有正义感的话，那么你应该听从自己的内心，遵循着自己的道德观与价值观。也许一名律师在辩护时可能会说："看，这就是法律。""好吧，如果是这样的话，法律也是够疯狂的。"就是这种感觉，我想时至今日，很多人应该都感受到了这一点。法律并不是由上帝或者命运所制定的，它更不是你在一生之中都一直信任的那个人所制定的。但是我们会依据法律来进行审判和定罪，只因为那名罪犯没有听从最高指令。

保罗：在《肮脏的哈里》这部影片当中，我们为主人公卡拉汗所设计的每一个动作都有其内在的特定原因：我们希望卡拉汗能够在女孩遇害之前找到她并且成功解救她，因此我们为他设计了各种动作以及情节，命令他这样去做，或者那样去做。① 这并不是在盲目地违背法律。卡拉汗需要在有限的时间之内去获取各种信息，以此来解救那名女孩。他这么做的理由并不是依据任何的政治逻辑，这完全取决于他自身的行为。

① 那个名为"天蝎"的凶手杀害了一名十四岁的女孩，并且活埋了她。卡拉汗在基泽体育场抓住了他，并射中了他的大腿。卡拉汗对他施以酷刑，直到他说出了女孩被活埋的地点。

克林特：如果卡拉汗无法在六小时之内成功解救女孩的话，他认为自己就必须要为整件事情负责。他必须千方百计地弄清楚凶手的藏身之处并且抓住他，将他绳之以法，否则凶手就很有可能畏罪潜逃。

在二十世纪七十年代，一些影评人比如宝琳·凯尔会公开发表言论声称《肮脏的哈里》是一部宣扬法西斯主义的电影。这一言论令迪安·雷斯纳感到十分愤怒。

在那段时期，他总是会说，因为那些影评人本身就是法西斯主义者，所以他们才会认为《肮脏的哈里》是一部法西斯式的电影。显而易见，双方彼此并没有坐下来对这部影片进行过任何的沟通和交流。其实，沟通和交流才是世界上最容易做到的事情。一味单方面的自圆其说当然是很容易的，但这很有可能会使事情沿着另一个方向发展下去。谁知道呢?

14

保罗：有一个问题一直都萦绕在我的心头，你与黑人演员之间总是相处得那么融洽，关系十分友好。

克林特：实际上，我并不清楚我是怎样与黑人演员之间进行交流和沟通的，我并没有区别对待他们与剧组当中的其他成员。我在奥克兰长大，在那里，黑人占据着相当大的人口基数，所以其实我对他们相当了解。当我还是一个稚气未脱的孩子之时，我就对爵士乐产生了浓厚的兴趣。因此，以爵士乐为纽带，我了解到了一些在世界乐坛都极负盛名的黑人音乐家。我并不认为自己在为人处事方面拥有一些过人的才能，如果彼此产生了共鸣，那么他们一定会情投意合的。我非常讨厌用具体的言语来表达与友人之间的情谊，因为这实在太费口舌了！

保罗：我之所以会这么说也许是因为，在我看来相比于斯坦利·克雷默，你在大银幕上调教黑人演员所花费的时间与精力要比他少太多了。

克林特：你这么说就太谦虚了。

保罗：在这方面，你似乎比任何一位好莱坞导演做得都好。在与演员进行沟通之时，你非常谦虚，没有过多的个人化倾向。同时，与你搭档拍摄对手戏或者当你执导某部影片之时，与你一起合作过的演员都会对你产生一种敬畏感，因此他们几乎都十分成功地塑造出了经典的银幕形象，他们不敢有丝毫的怠慢。

克林特：如果你看到过《巴比笼》这部影片的话，影片当中存在着这样一个镜头：当男主人公打电话给别人之时，无论是黑人、白人或者是黄种人，你只会认为，这仅仅是电影当中出现过的一幕，这只是影片当中的一个画面而已。我并不认为这其中夹杂着傲慢与偏见。同时，我也不认为与我合作过的那些黑人演员十分自满。对于有些人来说，他们一生都在用同样一种方式与形形色色的人进行着交流。在片场进行表演之时，我们曾经探讨过这样的话题，但是我从来都没有扮演过类似这样的角色。但是如果你在某部影片当中饰演了一个偏执狂，那么无论如何，在影片当中，你必须从头至尾都要演绎出偏执狂的性格特征。但这并不意味着演员本人就是一个偏执狂，出于角色的需要，你必须要去努力贴近角色本身，褪去你自身的性格特征，努力在影片当中达到一种无我之境。要想出色诠释出角色的性格特征，你在拍摄之时就必须要去深入思考一些问题，比如他为什么会如此偏激，他究竟遭受到了怎样不公正的待遇？[①]

其实，如果影片中的整个故事都十分精彩，并且我的戏份也十分出彩的话，我想我很有可能会去扮演一名民主党派人士，甚至我也会去尝试饰演一名跋扈的独裁者。事实就是如此，很多演员都非常希望自己能够有机会扮演阿道夫·希特勒一角。但这并不意味着演员本人赞同希特勒的暴行统治。演员只是尽自己最大的努力去演好每一场戏，他会以一名专业演员的角度试图最大限度地接近希特勒这个角色本身。他会把自己假想成希特勒，以希特勒的角度来思考问题，他会思考希特勒究竟是怎样看待自己的？阿道夫·希特勒认为他所做的每一件事都是正确的，他认为自己是一个非常了不起的人，他认为自己非常伟大。因此，演员此时也会思考着“我”应该怎样去说服“我”自己是一个伟大的人呢，毕竟我发动了一场残酷的战争，难道发动这场战争不是伤天害理、反人类的吗？这是所有演员在扮演这个角色之时必定会去询问自己的一个问题。我曾经问过我自己，我所扮演的角色究竟是一名硬汉英雄还是一个流浪汉乞丐呢？

保罗：我所说的重点在于，你努力致力于为黑人观众进行电影创作。他们真的非常喜欢你所扮演的角色，在我看来，他们很可能在现实生活当中并不能随心所欲地生活着。

克林特：在《肮脏的哈里》这部影片当中，卡拉汗抓获银行偷窃者的那一幕发生在了影片的开头部

① 伊斯特伍德在2008年自导自演的影片《老爷车》当中，曾扮演过一位性格古怪，类似于偏执狂的老头子。

分，这一剧情设置逐渐在观众心目中构建起卡拉汗警探这一银幕形象。然而有意思的是，银行偷盗者的打斗戏份原本计划由五名白人特技替身演员完成。我和唐当时并排坐在片场，我对他说："我们难道就不能找几张新的面孔吗？"他思考过后认为，或许我们可以找一些愿意饰演该角色的黑人演员来表演这场打斗的戏份。我们在公司里面找到了一些黑人演员，并且对他们说："你们可以不依靠外力来打开一个装满了豆瓣的罐子吗？"他们并不知道我和唐的意图，我们问他们："怎么了？"其实，有些黑人已经背叛了自己的信仰，他们会因此而聚在一起，就好比那些白人背叛了自己的信仰一样。因此在这部影片当中，我们或许可以尝试使用一些新面孔来为电影增添一些新鲜的元素，这部电影为一些黑人特技演员提供了一个很好的展示平台。所以，为什么你们不去参加试镜呢？最终，这个转变取得了巨大的成功，黑人演员的精湛演技无一例外地获得了受众的认可。在影片当中，我对着黑人演员说出了下面这句经典台词："他究竟开了六枪还是五枪？"与我演对手戏的黑人演员也十分喜欢这句台词，在整个表演过程中，我们会出于本能地乐在其中。这里全然没有种族歧视的意图。在影片当中，卡拉汗不会因为种族原因而无缘无故地亲近他人或者疏远他人。他是一个非常自闭的人，他只是在接住饼干罐的时候恰好触碰到了劫犯的手。

保罗：在《肮脏的哈里》这部影片当中，由于卡拉汗对待黑人平和的态度，大多数黑人看起来都精神焕发。卡拉汗并没有以黑人为耻，在他身上你看不到丝毫的种族歧视，他更没有认为"白人至上"。

克林特：没错，我认为很多黑人都因为这部影片而感觉到了扬眉吐气。让我们心平气和地来谈论一下这件事情，请抛弃那些比如"身着貂皮大衣言论自由的人，是不会对这部电影感到满意的"这种偏见。我的意思是说，在《肮脏的哈里》这部影片当中，我们改变了白人独霸大银幕的现状，毕竟我们与黑人都在同一片土地上生活着。

影片《肮脏的哈里》的开场段落

保罗：我想这也正是为什么《肮脏的哈里》这部电影会遭遇如此不公平待遇的原因之一吧。

克林特：是的，你说的没错。在种族歧视这个问题上大做文章，这其实是一件非常危险的事情。我们必须严防那些仇视种族歧视的人们，以及那些曾经因为遭受过种族歧视而背负骂名的人。他们会把种族歧视这个问题无限放大，挑起一些非常极端的事件。同时，我们也要提防那些过于理想化为消除种族歧视而去奔走呼号、辩护的人们。人们越是对某一件事情言论过多，你就越要弄清楚他们真正的动机是什么。

这与宗教问题有着异曲同工之妙。曾经有一次，在一家百货商店当中，我就曾因为宗教问题而与对方发生了激烈的争执。当时我正在购物，有一个人朝我走来，大喊大叫地对我说道："嘿，朋友，离我远一点。"他说："你必须要遵守游戏规则。"随后，他滔滔不绝地讲述着自己的哲学观。我对他说道："嘿，这场游戏的规则之一便是彼此之间互不干涉。"很显然，我因此而激怒了他。事后我开始进行反思，我想像他这样的人，在十字军东征年间或许会把人们绑成一排，杀光所有的人。你能想象得到吗，数以百万的人都在那场战争中遇害——宗教或许只是一个借口，发动这场战争很有可能另有原因，那些过于热衷某一件事情的人们最终被残忍地杀害。任何不信奉他们信仰的人，都会被视作是疯狂的。如今，伊朗也在霍梅尼的领导下进行着伊斯兰革命。当一个普通人将自己伪装成一个国家的救世主之时，他身上所体现出来的兽性本身就是犯罪。① 这其实又回到了问题的本质上去：有些时候，你所犯下的最大错误就在于，你所谴责的恰恰是其他人所拥有的东西。

① 阿亚图拉·霍梅尼领导了 1979 年的伊朗伊斯兰革命，他推翻了伊朗君主巴列维所统治的君主立宪政体，并且成立了政教合一的伊斯兰共和国，他本人担任其最高领导人。

15

保罗：在 1972 年的时候，你在电影《乔·基德》中扮演了同名男主人公一角，与导演约翰·斯特奇斯的这次合作令你感到十分失望吗？那段时期似乎是斯特奇斯职业生涯的瓶颈时期。

克林特：从我个人的角度来说，我非常喜欢约翰·斯特奇斯。他是一位非常和蔼的导演，我也非常欣赏他所拍摄过的那些电影作品。

保罗：没错，我个人也非常欣赏他，非常喜欢看他所拍摄的电影。其实，我更加喜欢斯特奇斯早年间拍摄过的一些作品。他非常擅长拍摄外景，但如果你让他拍摄室内戏，我想这一定是一个十分错误的决定。此外，他从未拍摄过电视连续剧，也没有执导过任何纪录片、电视节目，等等。但是突然之间，他的事业就进入到了瓶颈期，他似乎对电影产业也漠不关心，致使他失去了出众的导演才能。

克林特：坦白说，他真的拍摄了相当数量的优秀作品。我也十分期待他的下一部作品。他非常有天分，才华横溢，极富想象力，同时他的人生阅历也十分丰富。他曾经是一名文字编辑，随后又成了一名助理编剧，并且参与撰写了影片《古庙战茄声》的剧本，再之后，他又做回了他的老本行。与这样一位经历丰富的导演进行合作是一件非常有趣的事情，对我而言，这本身也是一段很棒的经历。斯特奇斯在拍摄之时总是会不停地进行思考，他非常聪明，也非常喜欢在片场进行“头脑风暴”。在片场工作的每一天，他都快速地更新着影片的剧本。他绝对不可能为影片设置一个明确的结尾方式。我们总是与他进行着激烈的思想斗争，然而最终我却只是会说：“嘿，我们必须要敞开心扉探讨一下，你明白的，其实每一件事情都会有一个定论，无论它是否完美。

当影片进入补拍阶段之时，我是片场唯一的演员了。与此同时，他正与一个大型制作团队进行着其他电影的拍摄工作，因此我在完成补拍镜头之后便匆忙离开了剧组。我们都认为，这样做可以节省一些时间，事实上也的确如此。我还记得在补拍阶段，我改变了镜头运动的方向：在面对某一大厦的时候，我从右至左进入，随后从左到右走出大厦。之所以这么做，原因在于大厦周围的环境背景十分有趣，选择这样入画、出画的方式可以将背景画面更好地呈现在镜头之中。其实你已经看到我进入到了大厦之中，你马上就会判断出我随后也会从大厦当中出去，因此改变了镜头的运动方向到底改变了什么呢？

约翰·斯特奇斯真的非常反对这样去做。他问我是否可以再拍摄一遍这个镜头，他理想当中的镜头呈现方式是我从右至左进入大厦，随后也以同样的方向从右至左走出大厦。我对他说："算了吧，观众观看的视角应该是由我们主动进行引导的。"他反驳道："观众是不会理解你的用意的，这样的运动方式看起来怪怪的。"随后我对他说："嘿，你才是这部电影的导演，我希望我们可以愉快地进行合作。好吧，我会重新拍摄一遍这个镜头的。"因此，我重新拍摄了一遍这个镜头，按照他的方式，将镜头的出画方向改成了从右至左走出大厦。约翰·斯特奇斯更喜欢那种"程式化"的呈现方式，而我则更喜欢多视角展示的方式。这种多视角的呈现方式激发出了电影无限的可能性，并非让影片按照惯常的A—B—C—D—E—F—G的序列方式进行呈现。

保罗：我原本以为你从来都不会那样反反复复，让观众产生一种困惑之感。

克林特：你会按照自己的方式自如地完成自己的表演。我们一度遵循着这种原则拍摄了电视系列剧《皮鞭》。孩子，任何事物的入画方式都是由右至左的，出画方式也是由右至左的。这就是我们所遵循的拍摄原则，因为我们所选择的拍摄方向是由南至北的：即由右至左。没错，当你从南向北运动的时候，你可以看到夕阳西下，此时你在镜头当中的运动方式一定是由左至右的。夕阳西下只是一天当中的某个时间点，但其实有很多事情都是这样的。因此，你将会拥有一段漫长的旅程。没有人仅仅只是通过一扇窗遥看外面的世界的，他们一定会从几扇窗户之间来回观望外面的世界。

约翰·斯特奇斯和我并不是同一类型的人。他一度承担着小部分后期剪辑的工作，但他却改变了影片当中原有的背景音乐，他选择小提琴乐曲作为影片最终的背景音乐。事实上，在他的团队里拥有一名与我多次进行过合作并且非常出色的剪辑大师——费里斯·韦伯斯特。但是他只是随心所欲地进行着粗剪的工作，随后便匆忙离开了。他与我不同，他只是随手剪辑了一小部分内容之后便匆匆离去。我并不嫉妒他，他拥有过人的天赋，但是他对很多不同的事情都颇有兴致。每当我们进行拍摄之时，他总是在研究他的“金枪鱼渔船”。

保罗：埃尔莫·伦纳德的名字最终出现在大银幕之上了吗？我曾经几次与他在电话中谈起了他的书。我认为在他所撰写的那本书中，可以看到很多该片的痕迹。

克林特：他撰写了这部影片的原始剧本，随后他便集中精力在一些其他的事情上了。他的确撰写了影片的原始剧本，但在此后不久，斯特奇斯就想修改剧本当中的一些情节，伦纳德对于需要修改的部分感到无能为力。他确实些写出了一些非常棒的故事情节，我很欣赏他。在此之前，我们从未觉得彼此之间如此合得来，从那时起，我就对他毕恭毕敬，十分钦佩。我们也曾撰写出一些非常有潜力的版本，但那些都不是我所喜欢的。

16

回顾此前拍摄过的所有“意式美国西部片”的岁月，1973年克林特·伊斯特伍德执导并主演了影片《荒野浪子》，在这部影片当中，他又一次扮演了一个无名而又神秘的陌生来客。他从热浪逼人的沙漠来到了罪恶满城的拉高镇，并被邀请出手阻止三个刚从狱中逃出的枪手继续作案。当他完成这次“任务”之后，原本平静的拉高小镇已面目全非，俨然变成了人间地狱。

保罗：影片《荒野浪子》根本不像你平时所拍摄过的那些西部片。

克林特：在拿到该片的剧本之后，虽然我只读了其中的九页，但是我却被这个故事深深地吸引了。

保罗：本片的女主角弗娜·布卢姆把你所扮演的角色看作了一个“鬼魂”。

克林特：在影片的剧本当中，最初描写的是哥哥正在接受治疗。但是，我之所以选择把这部分拿出来作为哥哥这个角色的一种参考，是因为我认为我想在这个角色中展示出来的就是一种幽灵或者一种鬼怪的感觉。也许他本身就是一个鬼怪——是或者不是，我认为应该交由观众来定夺。影片在结尾之处留给了观众一个悬念，这个悬念的设置会令观众置身于无限的遐想之中，而不仅仅只是给观众一种“故事就这样结束了”的感觉，他们或许会认为如果最终的结局是这样的话，那么影片就应该趁早结束！我认为观众才是最智慧的人，他们希望能够自己被震撼，他们希望自己会因此而去思考一些问题。

保罗：我认为，在这部电影当中，你的导演风格就像是西部片中的英格玛·伯格曼。他的电影对《荒野浪子》这部影片产生了什么样的影响呢？

克林特：英格玛·伯格曼的作品并没有对这部影片产生任何影响。我非常喜欢他职业生涯早期所拍摄

《荒野浪子》电影剧照

的一些影片，我本人并不是一些潮流影片的狂热追随者。在英格玛·伯格曼所拍摄的所有影片当中，《处女泉》和《第七封印》是我最喜欢的两部电影。我觉得假以时日，这两部影片一定会被评论家们“挖掘”出来，掀起新一轮大规模的热议。这两部影片很像黑泽明的导演风格。我十分喜爱黑泽明所拍摄的电影。但我唯独不太喜欢《德尔苏·乌拉扎》这部电影——我认为这部影片当中的情节过于恐怖，当然这部影片还是很好地展现了乌苏里地区的一些风土人情。在黑泽明早期所拍摄过的一些作品当中，比如《红胡子》，其实这部影片的拍摄时间也并不是特别早。让我们回到拍摄《七武士》和《用心棒》的那段岁月中去，这些影片都很像是《荒野浪子》的翻拍版本，而且这些“翻拍”版本都有着非常特别的视角，这些作品绝对堪称经典。黑泽明能够将一些可视的画面以及自身的性格融入到生活中去。你非常渴望去了解它们。很多时候你可能已经了解到了一些事情：你或许会遇到一个十分擅长刻画人物的导演，但他可能并不擅长拍摄，或者一名导演很擅长运用特殊角度来进行拍摄，但是他并不能真正融入到人群中去。

其实每一位导演都是依靠拍摄某一特殊类型的电影或者为某一特定受众群体拍摄电影而生存的。当然，衡量一名优秀导演的标志很可能会是他所拍摄的作品到底值多少钱，但这个衡量标准并不是指这部作品多年来经历了什么样的变化。自然而然地，经历了时间的洗礼之后，其中一些作品就会因为一些社会精神而超越其他影片。你可以将其称之为“一半是智慧，一半是幸运”。

保罗：你是否看过《影子武士》这部电影呢？

克林特：我不喜欢这部影片。但是黑泽明早期所拍摄过的一些作品无疑是非常卓越的，《罗生门》就非常经典。我不喜欢他晚年拍摄的任何一部电影。但是我很喜欢他所拍摄的那些反映武士阶级生活的相关影片。

对于伯格曼我持有相同的观点：我对他晚年间所拍摄的任何一部作品也并不感兴趣。他早期所拍摄过的一些影片非常富有想象力，我很喜欢《野草莓》这部影片。

保罗：我个人非常喜欢英格玛·伯格曼所拍摄的《小丑之夜》。当然，这部影片也很可能被翻译成《赤裸的夜色》。

克林特：我认为在我所看过的所有影片当中，《处女泉》是最后一部我认为堪称经典的由伯格曼所执导的电影。随后，他所拍摄过的一些电影诸如《犹在镜中》，这些影片都使我产生了一种失落感。

保罗：我曾经非常喜欢《假面》这部影片，这是我唯一钟爱的一部伯格曼在其导演生涯后期所拍摄的影片。但是当他突然开始告知观众，他将拍摄一个电影三部曲，并且《犹在镜中》将会成为这个三部曲中的第一部电影之时，我想他就已经失去了"我"这位观众。

克林特：伯格曼确实拍摄过很多非凡的电影，但是在今天，他的事业似乎已经停滞不前了。无论他曾经是多么辉煌，自我私欲的膨胀也还是渐渐在他的身上显现了出来。

保罗：我们可能经历了同样的时代——二十世纪五六十年代。你可以看到很多由黑泽明、伯格曼、戈达尔以及特吕弗所执导的经典作品。

克林特：当然，还有费里尼的电影。与上述四位优秀的导演相比，他在那个时代似乎更加多产。费里尼导演生涯早期所拍摄的一些影片时至今日我仍然记忆犹新，比如他拍摄的以马戏团为主题的一系列电影。

保罗：在我看来，给我留下深刻印象的影片还有《大路》。我本人非常喜欢《大路》这部影片。

克林特：《不屈不挠》甚至可以堪称是美国版的《大路》。

保罗：麦金尼过去常常说："《不屈不挠》就像是华特·迪士尼遇见

了《大路》。”这是他自己赋予《不屈不挠》这部影片的终极意义。

克林特：是的，不过我还是非常喜欢《大路》这部影片。

保罗：我想这种说法源于玛丽莲·贝克所撰写的专栏，此外你是否已经准备好与布莱克·爱德华兹联手打造一系列的电影呢？

克林特：我们并未计划拍摄多部影片，我们只就一部电影的拍摄工作进行过讨论。爱德华兹与伯特·雷诺兹和我共同商讨过关于拍摄这部电影的相关事宜。①

保罗：我非常欣赏爱德华兹。他所拍摄的作品都非常棒。

克林特：你可以回顾一下他曾经执导过的那些影片，尤其是《恐怖实验》和《醉乡情断》这两部电影，他也因此而获得了广泛的认可。

保罗：对我而言，我更喜欢《恐怖实验》。

克林特：我也非常喜欢《恐怖实验》。受众以及媒体对于这部影片并没有给予足够的重视，影片所收获的褒奖寥寥无几，原因在于这部影片的时长实在是太短了，似乎很少有人认真思考过这部影片。

保罗：这部影片其实非常恐怖，尤其是罗斯·马丁的鼻音。

克林特：他喘气的声音令人感到恐怖至极。我也非常喜欢《糊涂大侦探》这部影片。爱德华兹所拍摄的这些影片都非常有趣。

保罗：尤其是《恐怖实验》和《醉乡情断》这两部电影，它们真的非常棒。

---

① 这部影片即1984年上映的影片《都市热战》，他们三人联手打造一部影片的想法终于在1984年得以实现。但遗憾的是，最初的导演人选爱德华兹被公司解雇了，最终理查德·本杰明接手并执导了这部影片。

克林特：在《黑夜怪枪》和《粉红豹》这两部电影当中，总是会包含一些令你捧腹大笑的情节设置。我很喜欢这些电影，我的孩子们也非常喜欢看这些影片。

保罗：你现在在看一些什么样的电影呢？还看那些卡式磁带上的影片吗？

克林特：我现在并没有多少时间去看那些卡式磁带上的影片了。我经常要去研究一些其他的事情。有时候，我会和孩子们一起观看那些影片。

保罗：接下来，我想再问你一个老生常谈的假设性问题：如果有人把你丢到一座荒岛上，你将在那里度过你的余生。在那里，你可以观看十到十二部电影，那么你会选择一些什么样的电影呢？[①]

克林特：这个问题真的很难回答。实际上，我想就连我自己也不是十分清楚。如果我真的被遗弃在了一座荒岛上，我想我会看一些具有一定思想深度并且时长较长的电影吧。我认为自己很有可能会被强迫去观看一些电影。但是，我并不认为如果我被遗弃到了一座荒岛上，我还有心思去看电影。也许我根本无心去看任何电影，或许，我会选择去看看岛上的风景。

① 影视批评家格雷尔·马库斯是保罗的旧相识，马库斯在1979年曾经邀请保罗撰写一篇类似《滞留：荒岛上的摇滚》的文章，那时就曾经问过保罗一个类似的问题。如果保罗将要去一座荒岛上待一段时间，他可以选择带一张唱片过去，那么他会选择哪一张唱片呢？最终，保罗选择了杰克孙·布朗的《伪装者》。

17

1973年，正当克林特·伊斯特伍德在执导影片《春花秋月未了情》之时，他收到了来自影迷和影评人的信件，信中他们对伊斯特伍德的演技提出了各种各样的意见和建议。影片《春花秋月未了情》讲述了一名十几岁的年轻嬉皮士女孩（凯伊·兰兹饰演）与一名中年离婚男子(威廉·霍尔登饰演)坠入爱河的故事。克林特·伊斯特伍德在片中客串了一名“路人甲”，如同阿尔弗雷德·希区柯克一样，在自己执导的影片中饰演了一个戏份微乎其微的小配角。

保罗：你亲自执导《春花秋月未了情》这样一部电影的原因何在？

克林特：原因其实很简单，我只是单纯喜欢这部影片的剧本。这部电影通过讲述一名年轻、幼稚的嬉皮士女子的爱情故事，表达出了一种对新生事物的愤世嫉俗之感。这名年轻女子相当前卫，但她却丝毫不懂得眼前这个男人身上所独有的愤世嫉俗之感。一切就是这么简单。该片讲述了一个两代人之间的爱情故事,亦即“忘年恋”的故事。《春花秋月未了情》以一名年轻女孩的视角，透过一名年轻女子的双眼去发现一个中年离婚男人的另一面。起初，他的大脑一片空白，不去思考任何问题。当然，他也无须顾忌一些世俗的看法，他甚至可以随心所欲地谈论任何话题。他非常富有，在经济社会当中，他无疑是一名佼佼者，但是他并不满足于当下所拥有的一切。他认为自己是一名情场失意的离婚男子，对此他感到十分失落，因此在他的身上体现出了一种反女性主义。慢慢地，他意识到甚至连他周围的朋友都不能够去理解他，只有一个人除外，这个人就是那个爱慕他的年轻嬉皮士女子。这个女孩开启了他人生当中的另一扇窗，让他看到了自己身上的另一面，然而这一切都是他在比弗利山庄的鸡尾酒会上所无法体会到的感觉。

保罗：你有没有想过自己出任该片的男主角，就是霍尔登所扮演的那个角色呢?

克林特：在筹备拍摄《春花秋月未了情》的时候，我确实想过这个问题。但是我认为自己的年龄与该片男主角的年龄不够吻合，我认为自己还没有成熟到那种程度。我认为如果真的由我出演该片的男主人公一角，那么最终所呈现出来的效果可能远远不及霍尔登的一半。我认为需要一名有一定阅历的中年男性来出演该片的男主人公一角，通常来说，随着年龄的增长，人们会更加懂得愤世嫉俗一词的含义。我很欣赏霍尔登，他是一名非常优秀的演员。他曾经告诉过我：“你知道吗，其实我本人真的很像这部影片当中的男主角。”随后我对他说道:“我非常理解这种感觉。”其实，我只是从他的脸上就可以判断出，也许他就是这种类型的男人。[1]

保罗：他的另一面其实非常普通，和普通的中年男人之间并无很大的区别。这种普遍性与影片《迷雾追魂》截然不同，正是基于这种普遍性使得这部影片最终得以获得更多观众的认可。

克林特：我所熟知的很多人其实都与影片当中男主角的性格非常相似，在我看来这也正是这个故事易于讲述的原因之一。我甚至还见到过类似影片当中女主角的女孩子，她们的个性真的非常相似，要么像女主角一样，非常理想主义，要么就是非常尖锐。我也不知道该怎么来形容这种感觉。

保罗：在《春花秋月未了情》这部电影当中，你与女主角凯伊·兰兹之间是不是有着大量的对手戏?对我而言，兰兹真的是一名非常优秀的女演员，她的演技非常精湛。

克林特：相比较而言，我与凯伊·兰兹的对手戏要远远多于我与霍尔登之间的对手戏。霍尔登也是一位非常了不起的演员，他有着丰富的演出经验以及人生阅历，他真的极具人格魅力。此外，霍尔登此

① 在拍摄《春花秋月未了情》这部电影的时候，克林特·伊斯特伍德四十三岁，霍尔登五十五岁。

前的人生经历与影片当中男主角的经历也十分相似，他非常了解这个角色。如此看来，由他饰演该片男主人公一角真的再合适不过了。他会仔细揣摩与男主角有关的每一个细节点，他也非常理解女主角爱慕他的情感。不过，他究竟为什么会这么感同身受呢？谁知道呢，我当然没有亲口问过他。

但是凯伊·兰兹就显得稚嫩得多了。参与该片试镜的一共有十个女孩子，她在当时的表现甚至是最糟糕的一个。在试镜中也涌现出了一些演技非常出色的女孩子，但是她们未必适合出演该片的女人公一角。凯伊·兰兹的自身条件非常好，她在一些细节的处理上，比如对年轻女子的娇羞感、矫揉造作样子的把握都十分到位。在影片正式开拍期间，她已经如释重负，完全没有了试镜之时的紧张之感。我与她合作过一段时间，她的表现非常专业，同时也展现出了精湛的演技。

保罗：影片当中女主角身上所表现出的个性在凯伊·兰兹的表演当中得到了精准的诠释。我观察过她在其他影片当中的表现，我认为她在《春花秋月未了情》这部电影当中的精彩表现是具有偶然性的。

克林特：这是一部非常短的电影，我们并没有花费大量的时间就已经成功地将它拍摄出来。当你仅仅只是与两名演员联手打造一部电影的时候，实际上，你是完全能够把握好每个方面的。霍尔登真的非常了不起，他的前期准备工作总是做得非常充分。这对于女主角凯伊·兰兹而言也真的堪称是一剂良药。在拍摄霍尔登的戏份之时，我们采用了“一镜到底”的拍摄方式，为此我们甚至需要凯伊·兰兹预先排练五至六遍，有时候甚至是七到八遍进行预热。而霍尔登似乎一直都处于拍摄状态之中，他总是会做好随时开拍的准备。

保罗：有一些影评人认为你选择凯伊·兰兹出演该片的女主角是一个非常错误的决定，她太年轻了，当时的她只有十六七岁。

克林特：我并不这样认为。诚然，很多女孩在那个年龄段都十分幼稚，

克林特·伊斯特伍德客串影片《春花秋月未了情》（右一）

但是这种幼稚只是一种生理年龄上的幼稚。不要忘记了，女孩子还有心理年龄。很多人在看过影片《春花秋月未了情》的剧本之后，都反对由凯伊·兰兹来出演该片的女主人公一角。为此，我也和很多年龄稍大一些的女性一起聊过，她们在看了剧本之后都认为凯伊·兰兹无法胜任该片的女主人公一角，但是一旦她们看过电影之后，她们立刻就喜欢上了兰兹，她们甚至爱上了这个年轻的女孩。她们喜欢她在电影当中的精彩表现，她们都非常喜欢在影片当中，由霍尔登饰演的中年离婚男子终于被她感动时的那个画面。

保罗：我想我此刻所能想到的就是，总的来说，这部电影真的很棒，继续努力地走下去吧。

18

保罗：你登台表演的次数多吗？

克林特：我从未上台表演过，我从来都没有参演过任何舞台剧。

保罗：最近，我在纽约看了一场正在热映的舞台剧。那种表演方式深深地震撼了我，我认为那样的表演实在是太荒唐了，过于笼统并且充斥着各种各样的假象，以至于在舞台剧进行到后半段的时候我便提前离场了。

克林特：我从来都没有提前离场的经历。在我看过的所有舞台剧当中，我还没有碰到过如此糟糕的舞台剧。好的表演就是好的表演。有时候，一些场景的设置和演员之间的对话内容并不匹配，但是有些演员在经历了岁月的洗礼之后却对此早已司空见惯。人们非常喜欢舞台上的笼统与模糊之感，因此他们不得不去接受这种不匹配的感觉。然而，一旦把你这些观众“平移”到影院之中让他们观看一部电影的时候，他们会不禁感叹道：“我的天哪！这部电影真的是太糟糕了。”很多舞台剧演员都非常适合在大银幕上发展自己的事业，但也有不少优秀的舞台剧演员并不适合当一名电影演员。他们当中不乏一些优秀的歌唱家，他们的唱功一流，拥有很好的嗓音，舞台表现力也非常好。但当你近距离观察他们的表演之时，他们的表演一下子就露出了破绽。你需要把演员的表演放在一定的层次上去进行欣赏，在这个层次上，演员们的精彩表演可以深入到你的灵魂，你的眼睛之中，你的心情久久不能平复，犹如“余音绕梁，三日不绝”一般。

保罗：对于我来说，电影当中的表演，或者至少对于一种类似于大银幕的表演，与舞台剧表演是很不一样的。当你在一部动作片中进行表演之时，你的表演需要体现出一种神秘的感觉，你应该表演出一名硬汉身上所具有的气质。史蒂夫·麦奎因、詹姆斯·史都华和加里·库珀以往所饰演的角色都是如此。这些角色不同于弗雷德里克·马

奇所饰演的商人一角，这类角色看起来更像是一个依照生活虚构出来的角色。

克林特：没错，就是这样的。如果你把类似《正午》一样的西部片搬到舞台之上，那么加里·库珀所饰演的硬汉形象就会显得十分势利。但是在大银幕上，受到电影时长以及画幅的限制，再加上后期剪辑，加里·库珀所饰演的角色将会变成一个强有力的存在。大银幕和舞台构建出了两种完全不同的体系。

其实，这当中存在着一个非常严重的悖论。你制作出了一出舞台剧，如果这部舞台剧大获成功，那么在此之后你将会度过一段时间相当长的空歇期，也许一年之后，你仍旧在为这部糟糕的舞台剧辛勤地付出着。但实际上，你非常想去尝试制作出一些全新的东西。反过来说，如果你所制作的这出舞台剧在刚上映的前几日内未能获得成功，那么你为此所付出的所有心血将全部付之东流。

在我正式踏入电影界之前，我就已经思考过关于舞台表演的一系列问题了，我只能说，我非常喜欢自己目前的表演方式。对于表演的把控以及出演一部电影的动机我自己都心中有数。无论是作为一名导演抑或是一名电影演员，我认为我都已经付出了非常多的努力和心血，毕竟,电影是我一生的追求与挚爱。

19

保罗：接下来，我们来谈谈《紧急搜捕令》（1973）和《辣手神探追魂枪》（1976）这两部影片吧。唐·希格尔是否表示，自己并不希望拍摄《肮脏的哈里》这部电影的续集呢？对你而言，你是否恰好也不希望与他再次进行合作了？

克林特：唐·希格尔对拍摄续集的事情并不感兴趣。他认为一部电影只需要拍一次就足够了，影片本身已经足够完美了。我认为，当时的他正在紧张地筹备着他的下一部作品——《大盗查理》。相比于这个系列的另外两部电影，《肮脏的哈里》讲述了一个非常完整的故事，情节环环相扣。同系列的其他两部影片只是把相关的角色放到了不同的情境之中。

《紧急搜捕令》这部影片的开头部分深深吸引了我。整个故事围绕着一个“巴西敢死队小组”而展开。这个“巴西敢死队小组”秘密完成了本该由上层统治阶级所进行的为民除害的任务，而这个敢死队小组的形成却是基于统治集团内部警队中的地下势力。由于国家审判系统的程序繁多导致其工作速度十分缓慢，这个类似于“罗宾汉”抑或是黑暗刺客性质的敢死队小组——他们勇敢地站了出来，最终消灭了那些逃避法律制裁但又恶贯满盈的恶势力。我认为由这个故事所引发出来的一系列重大社会问题是非常值得思考的。实际上，“巴西敢死队小组”其实完成了一件非常具有社会情怀并且振奋人心的事情。由于国家审判系统的工作进度过于缓慢，这如今早已成了一个不公开的秘密。正因为此，敢死队小组得以在警队内部慢慢形成，出于自身的正义感，他们首当其冲，以暴制暴完成了拯救人类的“英雄”行动。这并不是一个杜撰出来的故事，在巴西，确实存在着一个这样的敢死队小组，他们秘密暗杀着那些逍遥法外的恶势力。当他们开始行动的时候，警方也会感到非常迷惑，他们究竟要干什么？一方面，他们秘密暗杀了那些赫赫有名的恶势力人物，挽救了纳税人的钱财；另一方面，他们却秘密藏身于巴西，以此逃避着政府和国家的管控。事情发展到如此地步，敢死队小组的成员们早已丧失了原有的道德标准——世界上任何一个地方都存在着一定的道德标准和法律原则，巴西也不例外。逃避并不能解决任何实际问题。一系列的暗杀事件引发出了种种社会问题：整个社会局势动荡不安，每件事情似乎都是摇摆不定的，每件事情又似乎都可以随时变换，可好可坏，毫无原则而言。

这些就是我们力图在本片中所展示出来的：敢死队小组的每一位成员都心怀理想，满腔热血并且拥有远大的抱负。在经历了诸多挫折之后，一个偶然的机遇下，他们摇身一变成了一名法官，也变身成了一名独裁者，通过每个人的言行举止以及当庭辩词、呈堂证供等来进行审判。

虽然影片《肮脏的哈里》当中也有类似的人物出现，他毕生都致力于帮助敢死队小组的成员或者是右翼党派的政客。无论他们是谁，他们都有提出要求的权利——他们极富同情心。电影《肮脏的哈里》当中的男主角卡拉汗警探并不像影片《紧急搜捕令》当中的男主人公一样富有同情心，原因在于卡拉汗警探心中存在着一个固定的目标，这个目标并没有违背法律规定。为了消除社会中的恶势力，他以一种正面的手段与之抗衡。但是在影片《紧急搜捕令》当中，主人公的本能、动机以及他粗鲁的行为，他所做的一切都是为了满足一己私欲。这种私欲包裹着为民除害的外衣，但实际上，主人公的正义感以及所谓的“英雄”行为，不过都是披着正义的外衣而满足自己的私欲罢了。

保罗：影片《紧急搜捕令》的剧情设置是否参考了《肮脏的哈里》原始剧本当中的一些素材呢？

克林特：不是的，《紧急搜捕令》的剧情设置并没有参考影片《肮脏的哈里》中的某些想法。《紧急搜捕令》的剧本完全是编剧约翰·米利厄斯根据巴西敢死队的真实事件改编而成的。当我在莫诺湖地区拍摄影片《荒野浪子》的时候，米利厄斯打电话告诉了我发生在巴西的敢死队小组的故事。我对他说：“这是一件非常有趣的事情。”为了这部电影，米利厄斯做了大量的准备工作，他撰写出了该片的原始剧本。

《紧急搜捕令》电影剧照

在这个原始剧本当中，确实存在着一些非常有趣的情节设置，但是毫无疑问，这一版本确实也有很多不尽如人意的地方。因此在我的帮助下，迈克尔·西米诺重新为该片撰写了第二版剧本。此前，我与迈克尔·西米诺曾在影片《霹雳炮与飞毛腿》中进行过合作，我非常喜欢他的文笔。所以，当我找他重写影片《紧急搜捕令》的剧本之时，他非常爽快地答应了。

保罗：你是否想过要为《肮脏的哈里》这部影片拍摄一部续集电影呢？

克林特：坦白说，公司也十分中意这个想法。这个想法真的非常棒，事实上，《肮脏的哈里》的续集电影《紧急搜捕令》也大获成功，反响非常好。我们如法炮制了《紧急搜捕令》的续集影片——《辣手神探追魂枪》。这部电影在上映之时，观众也都非常喜欢它。实际上，这部影片和《肮脏的哈里》之间并无较大关联，它只是角色人物的一个延伸，主人公已经开始侦破另一桩案件了。公司希望我们能够围绕《肮脏的哈里》这部影片拍摄完成更多的系列电影，但是终究会有那么一天，这个系列必须完结。

保罗：我认为，你必须要去不断挖掘出一些更加精彩的故事出来，这样一来，这个系列的下一部作品才会更加“有戏”。

克林特：《辣手神探追魂枪》这部电影很有可能就是这个系列的最后一部影片了。也许，这是我们所创作过的一部最伟大的侦探电影。不信的话，你可以看看你是否可以拍摄出这样的一部电影出来？这部电影秉承了以往经典作品的全部优良传统。

我想公司一定非常乐意为《永不低头》这部电影拍摄续集的，因为这部电影堪称是一部横扫票房的影片。但是，我并不确定自己是否愿意继续参演这部电影的续集。制作完成这部续集的时间十分紧张。对我而言，如果某位编剧真的撰写出了一个非常有趣的剧本，那么我十分热衷于去拍摄一部质量上乘同时也极具娱乐性的圣诞档期电影。我想，孩子们非常喜欢看到这样的电影，同时，这部影片也覆盖了全年龄段的受众。在我的心里，能够去拍摄一部喜剧电影的渴望之情已经超出了去拍摄一部真正震撼人心的电影、动作电影或者任何严肃电影的想法。

保罗：这就是《紧急搜捕令》和《辣手神探追魂枪》这两部电影对我的全部意义：它们并不是那种意味深长的电影，剧情设置也没有那么震撼人心。事实上，你并不是这两部电影的导演，它们的剧情或许并不无聊，但是它们无疑都与这个系列电影的初衷渐行渐远。我个人非常喜欢这两部影片，我认为这两部影片当中都存在着一些令人印象深刻的剧情和桥段，但是不得不承认，也有一些人会无缘无故地讨厌这两部电影。对于很多喜欢《肮脏的哈里》这部影片的人来说，他们通常并不怎么喜欢《紧急搜捕令》和《辣手神探追魂枪》这两部影片。

克林特：没错，事实确实如此。

保罗：在影片《辣手神探追魂枪》当中，当男主人公拿着机枪，对准满是乘客的机场进行扫射之时——他们会认为，这个场景是永远都不会出现在《肮脏的哈里》这部影片当中的，这部影片是不会以这种暴力的形式进行情感表达的。在他们心目当中，《紧急搜捕令》和《辣手神探追魂枪》这两部电影与影片《肮脏的哈里》根本不在同一级别之内。

克林特：是的，我非常同意你的这个观点。《肮脏的哈里》是一部非常棒的电影。我敢保证，如果这个伟大的侦探小说被写了出来，并且是以某一部电影的续集形式进行拍摄的话，即使我无法与唐·希格尔共同合作拍摄此片，我也会凭借一己之力完成该片的拍摄工作。这个角色与我格外契合。虽然，这是一个含有虚拟成分被杜撰出来的人物，但如果我能够把自己的经验和阅历添加其中，这个人物无疑可以变得更加立体化。对于主流受众而言，毫无疑问，他们会更加喜欢《肮脏的哈里》。对我个人而言，正是因为我本人更贴近于这部电影的男主人公，所以我认为《肮脏的哈里》这部影片显得格外与众不同。

20

保罗：不久之前的一个晚上，我在电视上看到了《霹雳炮与飞毛腿》（1974）这部影片。迈克尔·西米诺在撰写完成剧本之后，他在第一时间就找到你了吗？

克林特：是的。西米诺通过WMA威廉莫里斯经纪公司联系上了我的经纪公司，我的经纪人打电话告诉我，并且说道："我们找到了一位新的合作伙伴，他是一位剧作家，前不久他刚刚撰写完成了一个剧本，并且他希望亲自导演这部影片。一家顶级好莱坞经纪公司告诉他，这个剧本非常适合你，因此他慕名前来。"你已经从太多人那里听到过诸如此类的话了，但是你不能仅凭他们的一面之词就对此表示否定，或者为此随时调整自己的档期。但是在听完了他的讲述之后，我认为这是一个相当精彩的剧本，我觉得这个机会非常不错，他本人也十分谦和。因此我决定雇用他来担任《霹雳炮与飞毛腿》这部影片的导演。随后我对他说："这样吧，先把剧本拿给我看一下。"我真的非常喜欢这个剧本。看完剧本之后，我认为这是一个关于冒险的故事，整个故事都充斥着无穷的乐趣，剧中人物也非常有趣，整个故事当中包含了非常多的笑点。因此，我们就该片达成了协议。我看过一些他执导过的商业片，虽然当今的商业片导演有时候就像消失了一样，因为他们总是致力于在影片当中制造出一些"终极绝招"。

保罗：在他成为该片的导演之后，你又对剧本进行过修改吗？

克林特：没有，我没有改动过剧本。与影片《不屈不挠》类似，这部影片的原始剧本就已经非常棒了。迈克尔·西米诺所撰写的原始剧本并不需要进行大幅度的修改，我们只需要对其中的细节进行微调即可。有些时候，剧本当中其实呈现出了一些非常好的想法，但是纵观整个剧本，大约只有百分之八或者是百分之七，有时候甚至只有百分之六的内容可以最终被拍摄出来。因此，你必须要把余下的所有内容全部都修改好。而《霹雳炮与飞毛腿》这部影片的原始剧本则恰到好处，无须进行过多改动。

保罗：你有没有想过，迈克尔·西米诺在撰写该片剧本的时候就已经把你的形象代入到了角色中去呢？

克林特：我并不清楚他是否在撰写剧本的时候就已经把我的形象代入到了角色之中，又或者他也同样把其他演员的形象代入到了该片的男主人公这一角色之中。我只想说，我发自内心地喜欢上了这个剧本。最终，迈克尔·西米诺亲自担任该片的导演一职。这个剧本的完成度非常高，而迈克尔·西米诺的表现也非常优秀——有效率且节约成本。在影片开拍之前，他就已经协同助理导演选好了该片的拍摄地。迈克尔·西米诺在电影开拍之前进行了大量的前期准备工作，我们进组之后很快就完成了该片的拍摄工作。我对他的表现感到非常满意。

保罗：我也非常喜欢《霹雳炮与飞毛腿》这部电影。我曾经在一本英国电影杂志上看到了一篇关于西米诺的专访文章。那篇文章认为，他并没有将影片当中所要表达的情绪完完全全地传递出来，但是他的确彰显出了自己与众不同的导演风格。对此他回应道："其实单看《霹雳炮与飞毛腿》这部影片并不能说明什么问题，因为这部电影的大获成功并不仅仅只是源于我个人的努力。"我当时就在想，天哪，他这么说太令人感到厌恶了，要知道这部电影与《越战猎鹿人》相比，绝对堪称是一部精彩绝伦的影片了。

克林特：我想，他想表达的意思可能是这样的：这部电影不仅仅是依靠他一个人的力量完成的，它凝结着公司、演员、制作团队等众多剧组成员的辛勤付出。这部影片不仅仅包含着西米诺个人的想法和意愿，同时也包含着演员们的诸多想法和创意。

《霹雳炮与飞毛腿》电影剧照

保罗：在我看来，他似乎把这部影片的成功全部都归在了自己身上。

克林特：《霹雳炮与飞毛腿》这部影片的剪辑手法非常标新立异，影片的整体节奏非常快，剧情紧凑。与电影《越战猎鹿人》相比，迈克尔·西米诺在这部影片当中的表现堪称完美，对他而言，《霹雳炮与飞毛腿》是一部引以为傲的电影。在我看来，影片《越战猎鹿人》的故事情节十分拖沓。相比影片《越战猎鹿人》，《霹雳炮与飞毛腿》这部电影的剧本更加完善，剧本的执行度也更高。在拍摄电影《越战猎鹿人》期间，他从山上摔了下来。你还记得那件事吗，我们之前就谈论过的。在影片《越战猎鹿人》当中出现了许多视角不明的移动摄像机所拍摄出来的画面，如同我们在电视上看到的那些商业电视剧一样毫无章法。

保罗：我有一个非常大的疑问。我不太明白影片《越战猎鹿人》结尾处的意义之所在。当每个人都开始高唱《天佑美国》之时，你认为我对此应该做出怎样的反应呢？

克林特：实际上，影片《越战猎鹿人》结尾部分的剧情设置在很大程度上采用了一种象征性的表现手法。如果你在一部影片的结尾之处大做文章的话，那么你甚至可以在有限的时间之内“迷惑”半数以上的观众。

《越战猎鹿人》电影剧照

保罗：《越战猎鹿人》这部影片上映之前就已经进行了大规模的宣传活动。

克林特：这部电影的营销工作确实做得非常到位，很多观众都通过各种渠道观看了该片的预告片。对于那些不了解越战的观众来说，他们会认为影片当中所讲述的故事真实地发生在越战的战场当中。他们十分确信，那些美国士兵就在那里，与其他越军战俘们一起进行着“俄罗斯轮赌盘”的游戏。影片中所讲述的那些故事甚至也没有遭到任何非议。

保罗：影片当中的虚构成分在一定程度上可以被认为是在欺骗观众。

克林特：在拍摄越战的段落当中，这部影片的确存在一些非常棒的镜头。这部分内容真的很像长久以来，你都一直希望在其他影片中所看到的那样，比如影片《钢盔》等诸如此类的电影。一部优秀的作品的确需要一些好的镜头为其支撑。

保罗：塞缪尔·富勒与彼得·博格达诺维奇似乎将要合作拍摄一部类似于影片《越战猎鹿人》的大场面战争电影，我记得影片的名字暂定为《铁血军营》。①

克林特：塞缪尔·富勒曾经和我说起过这件事，他把亲自撰写完成的剧本交给了我。阅读完剧本之后，我并没有兴趣去拍摄这部电影。我已经记不起来他到底写了一个怎样的故事了。他与曾经的唐·希格尔非常相似，他们都拍摄完成了许多小成本影片，与此同时，这些小成本影片都取得了不错的市场反响。类似他们这样的人，可以用相当少的资源创造出大量的优秀成果出来，但是他们并没有在好莱坞获得一席之地。曾经有一段时间，一些投资人主动找到过像唐·希格尔这样的导演——这些能够“以小见大”的导演。然而，对于一些拥有大投资、大制作的导演来说，以唐·希格尔为代表的这些能够“以小见大”的导演似乎总在主流之外徘徊。

有一件事情非常有趣。在拍摄《长征万宝山》这部影片的时候，公司当时正在严肃地讨论更换导演人选的问题，恰好唐因为一些其他的原因找到了我，于是我让他利用一个晚上的时间阅读了这部影片的剧本。他非常喜欢这个故事。我对他说：“公司现在正在讨论更换该片导演的事宜。”他马上对我说道：“你必须要现实一些。你知道吗，公司希望找到一位隶属其他影视公司的导演来执导这部影片，并且他最好还曾经执导过一系列的音乐剧作品。”但是唐·希格尔从未执导过任何一部音乐剧作品，因此他将不被列在考虑范围之内。但是反过来说，为什么执导影片《长征万宝山》的导演此前一定要执导过音乐剧作品呢？关于一部电影的配乐，一般来说，一部优秀的影片当中仅仅只有六七首音乐作品，我想，即使是一个“低能儿”，他也足以完成这样的任务了。除非这部影片当中所有的故事情节都与音乐相关，但是毫无疑问，拍摄完成一部类似这样的电影其方式是可以多种多

① 影片《铁血军营》于1980年上映，塞缪尔·富勒最终并未接受彼得·博格达诺维奇的帮助，他独自一人完成了该片的拍摄工作，将此片视为己有。

样的。然而，公司却认为唐·希格尔只能拍摄完成一部预算只有两百万美元的小成本电影，而不是一部预算多达两千万美元的大制作电影。诚然，如果唐真的接拍了这部电影，很有可能最终呈现出来的效果像是仅仅只花费了一千万美元，而并非花费了两千万美元所拍摄制作出来的效果。

保罗：就当下来说，你拍摄一部电影的成本仅有五百万美元吗？

克林特：在拍摄《不屈不挠》这部电影的时候，我们最终就只花费了五百万美元左右。有一天，我找到公司的一位高层领导，并且对他说道："难道对于你来说，五百万美元或者是六百万美元的预算如今已经算是一部低投入的电影吗？你是在开玩笑的吧。"他回答："是的，我想我必须要告诉你一个事实，对于当今的电影市场来说，一部电影的平均投资在八百万美元上下。"

保罗：史蒂夫·麦奎因已经明确表示，如今的他是不会考虑拍摄一部预算低于五百万美元的小成本影片的。

克林特：你明白他的良苦用意吗？他希望以这样一种冷暴力的方式来增加一部影片的预算成本。我的境况与他十分相似，因此我非常了解他现在的处境，对于麦奎因而言，他完全有能力去执导一部大制作的影片。然而，他的经纪公司却告诉他："我们已经阅读了影片的剧本，但是预算就只有这么多了。"倘若公司找到了一位名不见经传的导演来执导这部影片的话，我想也许这位导演会说："好的，我会仔细考虑一下关于拍摄这部影片的相关事宜。"其实这一切都只是公司骗人的把戏。如果是像西德尼·吕美特这种重量级的导演加盟该片，并且他还带来了一个非常棒的剧本的话，公司的态度马上就会急转直下并且说道："好的，我们现在就来商议一下拍摄这部电影需要多少预算成本的事情吧。"

保罗：这太可怕了，一部电影的预算成本居然只有五百万美元。

克林特：一直以来，我们总是在赞美那些拍摄出了高成本、大制作影片的导演。我想伍迪·艾伦拍摄的《安妮·霍尔》很有可能会是最后一部成本节制并且获得了若干奖项的电影了。很多导演根本没有用心来拍摄一部电影。我的意思是，那些电影多半看上去都十分有趣并且制作精良，比如弗兰克·卡普拉所拍摄的那些影片。你还记得《斗牛与美人》这部电影吗？

保罗：是的，我当然记得这部电影，它真的非常棒。

克林特：《斗牛与美人》真的是一部非常了不起的电影。很显然，巴德·伯蒂彻十分热衷于斗牛这项运动。我认为，他在二十世纪四十年代末或者是五十年代初移居到了墨西哥，并且拍摄了这部影片。我至今都还记得我第一次在大银幕上看到这部影片的时候，那时的我才刚刚踏入电影行业。当时的我还是环球影片公司的一名“合同演员”。公司总是会在每天早上放映一些电影，当你坐下来观看一部电影的时候，你的周围挤满了前来观看电影的人群，每个人都围坐在那里评论着某一部电影。《斗牛与美人》确实堪称一部精彩绝伦的电影。

保罗：是的，我非常喜欢巴德·伯蒂彻的作品。他所拍摄的那些西部片真的非常出色。

克林特：他是另外一种类型的导演，他和唐·希格尔有一个共同点，他们似乎从来都不认为拍摄一部好莱坞电影是一件多么荣耀的事情，因为他们总是付出的很多，但最终得到的却很少。他们拍摄完成了相当数量的优秀电影，他们都致力于拍摄出品质出众的故事片，他们常常都花费极少数量的钱并且从一些不知名剧作家的手中买来一些质量上乘的剧本。通常，他们会付给某个剧作家大约二十五美分的钱来购买一个剧本。随后，他们会重新改写这个剧本。

在影片《无因的叛逆》筹备拍摄期间的某个晚上，我和桑德拉·洛克看了这部影片的剧本，随后我们便得出了一个结论，《无因的叛逆》毫无疑问是一部小成本电影。除了这部影片的表现方式之外，它无不体现出一部小成本影片所具有的典型特征——“小成本”故事以及“小成本”预算。唯一可以体现出《无因的叛逆》这部影片是一部“大片”的因素在于它的演员阵容，詹姆斯·迪恩是那个年代最炙手可热的男演员之一。但是，演员阵容的强大也无法掩盖它的的确确就是一部小成本影片的事实。如同此前提到过的唐·希格尔、塞缪尔·富勒一样，巴德·伯蒂彻从某种程度上来说和他们是如此相似。

在二十世纪五十年代的电影当中，大多数的好莱坞电影都斥巨资打造极其强大的演员阵容。比如此前从未执导过任何一部电影的知名编剧约翰·洛根，他正在筹备拍摄一部类似 *Picnics* 的影片。他和唐·希格尔、塞缪尔·富勒以及尼古拉斯·雷这些导演一样，都喜欢拍摄一些微不足道故事片，这样一来他们就可以亲自执导一部影片了。因此，他们的经典作品只能是像《天外魔花》一样的小成本恐怖电影。当我和唐·希格尔联手打造出影片《肮脏的哈里》并且在其大获成功之时，我们发现侦探题材的电影也能够像那些好莱坞经典影片一样获得媒体和主流受众的一致认可。

这种现象就像是一种轮回，如今的电影市场又开始流行起花费巨资重磅打造出一部大制作影片，花费两千万美元或者三千万美元打造一部电影一点都不足为奇。正是因为有了一批拍摄大制作电影导演的存在，他们的经纪公司才不得不深陷电影产业之中，公司不得不继续开拓更有前景的电影市场，并且不惜花费一切代价来为那些高成本的电影进行宣传和推广。最终，公司不得不花费大量的金钱来为这部电影“博得”无数的奖项，以此来保持这部电影的票房纪录，或者以此来拉动原本就已经十分低迷的票房市场。大多数时候，这些高成本、大制作电影从观众中得到的反响并不是十分理想，因为大家都心知肚明，这些电影完全是依靠金钱堆积出来的，整个电影的制作团队并没有将主要的精力用在如何来拍好这部影片上。《美国风情画》这部影片在上映之后一度取得了不错的市场反响，公司对此也感到十分惊喜。随后，公司便立刻决定筹备拍摄这部影片的续集。我们也遇到过相同的境遇，《永不低头》这部电影就是这样的，这部电影在取得了不俗的票房成绩之后，公司也做出了立即拍摄续集的决定。

保罗：对你而言，你有想过去拍摄出一部高成本、大制作的电影出来吗？你是否曾经遇到过一个自己十分钟爱的剧本，并且在你看来，你非常愿意花费一千五百万美元或者是两千万美元把它拍摄出来呢？

克林特：如果这个剧本真的值得我去这么做的话，我想一千五百万美元或者是两千万美元的预算就是合理的，我认为你是绝对可以理解这一点的。我唯一希望的就是能够用一千五百万美元的成本拍摄并制作出两千万美元的电影效果。我认为，有太多的电影明明花费了一千五百万美元或者是两千万美元，但是它们看起来却远远不值那么多投入。

21

在影片《勇闯雷霆峰》（1975）当中，伊斯特伍德所饰演的一名任教于大学当中的艺术史教授，他被中央情报局秘密召回前去完成一项任务，此前他曾是中央情报局特聘的一名情报人员。他的任务是要深入到一个探险队当中，同探险队的成员们一起进入到瑞士阿尔卑斯山的艾格峰上进行探险活动。在攀登艾格峰的过程当中，他需要暗杀潜伏在三名登山者当中的一名秘密特工。但麻烦的是，他并不知道谁才是那名特工。

保罗：是什么吸引你最终拍摄完成了《勇闯雷霆峰》这部电影的？

克林特：有人找到我，他问我是否愿意看一下一个最新撰写完成的剧本。我发现，这个剧本所撰写的故事和以往那些带有轻喜剧性质的间谍片的风格十分相似。不过有趣的是，影片当中登山场景的设计看起来非常惊险刺激，整个故事情节的高潮都在高空中进行的，在拍摄期间，我一直都要集中精力应付那些来自登山的挑战。这部电影完全采用实景拍摄，我们并没有在影棚中搭建出一座雪山的场景，艾格峰上可没有纸质的石头模型。影片当中仅登山场景的拍摄费用就花费了一百万美元，这些画面拍摄起来需要克服相当大的困难。

我之所以选择亲自执导这部电影，原因在于剧本当中所呈现出来的真的是一个非常精彩的登山故事，它非常与众不同。在《勇闯雷霆峰》拍摄期间，我在观看片场监视器屏幕的时候就已经觉察到了这部影片的独特之处——无论是我个人的一些特写镜头还是片中其他演员的一些镜头。在《勇闯雷霆峰》中，你可以看到类似电影《现代启示录》当中直升机盘旋的镜头，还有一些爆破的场面，等等。上帝啊，我真希望这部影片最终可以拍摄出类似《白画进攻》之类的战争片的经典场景和镜头。这些都是我的肺腑之言。对于演员而言，《勇闯雷霆峰》真的是一部非常消耗体力的现代电影。

保罗：这似乎是你执导过的唯一一部描述性情节比较多的电影。

克林特：在成片当中，这些描述性情节最终都被剪掉了。影片当中的大量场景其实需要你从一开始就要进行思考，应该以一种怎样的方式进行拍摄，这是我在拍摄影片《勇闯雷霆峰》期间所遇到过的一个难题。如果这些情节并未处理妥当的话，那么这部影片当中的男主角将非常有可能像夏洛克·福尔摩斯以及佩里·梅森一样，在影片的结尾处出现大段的旁白来描述某种结局，很多经典老电影的结尾就是这么进行处理的，比如《马耳他之鹰》以及《惊魂记》，等等。当观众看到影片结尾部分的时候，他们就会发现画面当中已经没有任何演员的表演了，大银幕上只剩下了空镜头和旁白。如果以现在的电影标准来进行衡量的话，这些影片几乎都是虎头蛇尾、混乱不堪的。但是在过去，能拍出这样的电影绝非易事。如今，我们对于结尾的处理方式已经大不相同了，我们力图将结尾拍摄得更加有趣并且更加直观，至少我们希望让所有的事情都自然而然地出现，按照线性的顺序发展完成整个故事。

保罗：比起“007”系列电影当中詹姆斯·邦德式的玩世不恭的表演方式，你有没有考虑过要改变一下剧本当中男主人公的性格呢？或者说以一种严肃、认真的表演方式完成整部影片的表演呢？

克林特：你的意思是，以一种直白的方式塑造出《勇闯雷霆峰》这部影片当中男主人公的角色形象吗？这样做实在是不太现实，以一种直白的表演方式完成整部影片的拍摄对我来说是一个前所未有的挑战。起初，我并不打算运用詹姆斯·邦德式的玩世不恭的表演方式，我会以一种认真的态度来完成这部影片当中的表演。在进行了一段时间的拍摄之后，我感觉到这实在是太困难了，因为剧情会随着矛盾的变化而不断发展着。对于我所扮演的男主人公一角来说，只有当你真正登上了艾格峰之后，你才会知道你的暗杀对象是谁，或许即便你在登上艾格峰之后，你仍旧无法判断出到底谁才是那名卧底特工。我并不希

《勇闯雷霆峰》电影剧照

望以一种直白或者是玩世不恭的方式来塑造我所扮演的男主人公一角，我希望以一种严肃的方式诠释出男主角在登山的整个过程中，一直都在对自己的暗杀对象进行着思考。

很多观众都非常喜欢《勇闯雷霆峰》，这部影片在上映期间就获得了不俗的市场反响。但是，这部影片并不是我的最爱。

保罗：是的，这部影片也不是我最喜欢的一部电影。但是，这些都不能否认《勇闯雷霆峰》是一部非常棒的电影。我认为，《勇闯雷霆峰》很可能是现有电影当中最好的一部以登山为题材的作品了。[①]

克林特：我认为，即使是与纪录片相比，《勇闯雷霆峰》也毋庸置疑

① 保罗很圆滑的回应了这个问题。他事先告诉了杰·考克斯和维纳·布鲁姆："这部电影并没有它的原著小说好看。该片的原著小说是一部非常经典的文学作品，在看原著小说的时候，你可以感受到一种强烈的悬疑感，但是在电影当中我们却丝毫感觉不到任何悬念感。"

是一部非常棒的登山题材的影视作品。事实也正是如此，环球影片公司买下了该片原著小说的影视版权，随后他们就与我商议了一下关于拍摄该片的相关事宜。在谈论拍摄影片《勇闯雷霆峰》之时，我曾经提出过一些要求，不过现在我已经无法记起我提出的那些要求是什么了，那些要求很有可能与片酬有关，不知道为什么，那些要求最终全部都没有了下文。最终，环球影片公司还是找到了我，他们问我是否愿意接拍这部电影。

保罗：当时我唯一感到困惑的地方在于，《勇闯雷霆峰》这部影片中所体现出来的道德观看似十分高尚，使男主人公站在了道德的制高点上，但是仔细推敲起来，这种道德观其实并不符合主流价值观。

克林特：对，就是这样的。

保罗：你刚刚的回答真的非常机智。

克林特：哈哈，是呀。

保罗：《勇闯雷霆峰》这部影片拍得实在是太棒了，场面气势恢宏，你有没有感觉到似乎整个大银幕都已经无法完整的传递出影片所要表达的内容和情感了？

克林特：《勇闯雷霆峰》这部影片是从一千二百二十米高的悬崖上垂直进行拍摄的，观众在观看影片之时，可以在片中欣赏到艾格峰的陡峭和狂野，但是这种拍摄方式所拍摄出来的画面又并非像我们肉眼所看到的那样。我们用肉眼所能看到的只是二维画面，很难体会到三维的立体效果。为了在影片当中展示出全方位、立体拍摄的视角，在补拍阶段，摄制组又拍摄了艾格峰山顶的云海画面，以便给观众提供一个俯视的视角，从视觉上带来更加直观、真切的感受。艾格峰是一座海拔一千八百三十米高的山峰，它几乎是一座完全垂直的山峰，异常陡峭。

保罗：对于艾格峰那样异常艰苦的外景拍摄地来说，如何进行摄像机的机位设置也一定是一个十分艰巨的任务吧。

克林特：我们的拍摄确实受到了一定程度上的限制，不过我们的行程却安排得非常紧凑。在拍摄期间，所有的演员每天清晨就已经出发，他们会带上拍摄当天所需要的所有道具。这并不是一支训练有素的队伍，其中的一个细节足以说明这个问题，每当他们出发之时，他们的包里总是会带着一个三明治。这支队伍本应由四名专业的登山队员以及四名演员所组成，每个人的行囊中都装有一些备用胶片，备用镜头以及备用相机，等等。然而，当他们全部到达拍摄地之时，这些东西全部都已经损坏了。因此，我们不得不在拍摄现场修理这些备用器材。迈克·胡佛和一个名叫约翰·克莱尔（该片的摄像师兼登山顾问）的男子，他们当中的一个人将会在自己的身上缠上绳子，手持摄像机拍摄演员悬挂在山峰上的画面。

保罗：你们一共在山上拍摄了几周的时间呢？

克林特：我一共在那里待了五个星期，这其中还包括了剧组在苏黎世市内所进行的拍摄工作。

保罗：我想，拍摄《勇闯雷霆峰》这部电影对你的体能来说也一定是一个巨大的消耗吧。

克林特：是的，确实如此。我们每天最迟要在凌晨四点或者凌晨五点的时候赶到拍摄现场，大约会在晚上十一点的时候完成当天的拍摄工作。我们必须要赶在日出之前开始当天的拍摄工作，完成了一天的拍摄任务之后就必须马上下山，因为在晚上十一点之后，拍摄现场很可能会遭遇雪崩而被炸毁。艾格峰的拍摄环境实在是太糟糕了——全部由一些脆弱的石灰石所构成。艾格峰不同于约塞米蒂国家公园中的岩石和黄岗岩那样坚固，一旦温度开始上升，那些细碎的石头随时会开始松动。它们从你头顶六百

《勇闯雷霆峰》电影剧照

至九百米高的地方滚下来，打在你的脸上，落在你的下巴上，甚至会砸在你的头盔上面。几乎每次拍摄之时，我都会被这些碎石砸伤，这种感觉就像是随时都会有人拿着一把 A.22 型步枪指着你的头一样。

保罗：在《勇闯雷霆峰》这部电影开拍之前的一段时间，你有专门去健身吗？

克林特：没有，我想我的身材保持得还是不错的。不过为了能够拍摄好《勇闯雷霆峰》这部电影，在电影开拍前的一段时间，我经常去爬山。我专门到塞米蒂国家公园里进行了一些专业的登山训练。与此同时，我攀登了一座名为迷箭的山峰，它是内华达山脉西麓地区的顶峰。

保罗：你之前有过登山的经历吗？

克林特：没有，我只是在很小的时候进行过一些很普通的攀岩活动，不过那并没有什么特别之处。

保罗：你所攀登的那座山峰是在亚利桑那州吗？

克林特：那是一座由石笋组成的巨大图腾柱。那座山峰位于亚利桑那州和犹他州交界的纪念碑谷地地区。

保罗：在影片当中，当你攀登到山顶的时候，你的手在某个地方被划伤了。在我看来，这个动作一定是未经设计过的。

克林特：是的，确实没有人能够提前预料到我的手会被划伤。那座山峰大概有五百五十米高，异常陡峭、笔直。从远处看，它有些向内延伸，并且一些断断续续的裂缝已经出现在了山体的内侧上面。上帝啊！没有人会知道山体的内侧是怎样裂开的？但是你仍旧会认为，当它掉下来的那一天（也许会在几千年之后的某一天吧）你并不会身在其中，不过迟早都会有那么一天，它终究还是会掉下来的。①

保罗：上帝啊，当你身上缠满了绳子，拍摄悬挂在山峰上面的戏份之时，你肯定快要被吓死了吧！

克林特：是的，即使到现在我都仍然能够感觉到那种恐惧感，也许我并不是每一天都有这样的勇气去拍摄这样惊悚的场面的。虽然在拍摄的时候也许会很有乐趣，但拍摄这种惊险的场景对我来说依然是一个巨大的挑战。

保罗：在拍摄期间，你有体会到生理上所带来的那种异常恐惧的感觉吗？

克林特：是啊，我深深地感受到了那种恐惧之感。拍摄期间，我每天

① 图腾柱大约一百三十七米高，相当于一栋四十五层楼高的建筑物。

都要被悬挂在一座四百至四百二十米高的悬崖上面。

保罗：在《勇闯雷霆峰》这部电影当中，你曾经在一个镜头当中割断了绑在自己身上的绳子。你是真的割断了缠绕在自己身上的绳子吗？

克林特：是的，我真的割断了绑在自己身上的绳子。我想在那一刻，我的大脑一片空白，根本无法进行思考。

保罗：也就是说，这是真实发生的一幕。

克林特：没错，这绝对是真实发生的一幕。讽刺的是，在拍摄这个镜头之时，道具组制作了两个类似于稻草人的“假人”，用这两个“假人”代替演员本人去完成那场在悬崖中被杀害的戏份。最终，我们把两个重达一百四十多斤的“假人”从悬崖峭壁上扔了下去。我们坐在片场，看着那两个“假人”在半空中飘来飘去。在那一瞬间，我脑子里就在想，天哪，如果一个人真的就这样掉了下去，那么他真的可以在空中思考相当长的一段时间了。

保罗：在拍摄《勇闯雷霆峰》这部电影之时，剧组当中的一名成员确实也在攀登过程中遇难了，对吧。

克林特：是的，遇难者名为戴维·诺尔斯。他是一名来自英国利兹的专业登山队员。不幸的是，在该片开拍的第二天，他就遇难了。

保罗：这到底是怎么回事呢？

克林特：他被从山顶上掉落下来的碎石砸中了头部。整个剧组都悬挂在那一小块岩脊上拍摄了一整天的时间，在所有的场景都拍摄完成后，演员们继续向山顶迈进。摄像师迈克·胡佛要留在下面继续拍摄一些空镜头的素材，戴维·诺尔斯就留在那里协助迈克·胡佛进行拍摄工作。他是一

《勇闯雷霆峰》电影剧照

名非常专业的登山者，此前他也曾经成功登顶艾格峰。一些松动的岩石从山顶上滚了下来，戴维·诺尔斯的头部被击中，而迈克·胡佛的腿部也被砸伤了。迈克·胡佛的身上悬挂着摄像机和一些备用器材，他企图调整自己的身体，但是当时的他已经身负重伤，以至于他根本无力继续抓住绳索调整自己的身体继续向上攀登。

保罗：在那场灾难当中，迈克·胡佛的颅骨似乎也骨折了。

克林特：是的。遗憾的是，戴维·诺尔斯当时就悬挂在他的身旁，并且当场遇难。最终，迈克·胡佛使出了浑身的力气，抓住绳索之后努力向上攀登。此时，剧组的一些成员也已经开始慢慢下山，帮助他尽快攀登至拍摄地。

22

在1976年拍摄的影片《不法之徒迈·韦尔斯》当中，主人公韦尔斯原本在密苏里州过着平静的农场主生活，北军叛徒的出现打破了他原有的安逸生活并且带走了他所拥有的一切。随着妻儿被杀，农场被付之一炬，他赖以生存的一切都化为乌有。整部影片围绕着他的复仇之路随即展开。

在该片拍摄前夕，该片的首任导演菲利普·考夫曼就已经重新改写了由索尼亚·切鲁斯所撰写的原始剧本。但是随后，他竟然与克林特·伊斯特伍德之间发生了激烈的争执。伊斯特伍德随即便解雇了他，随后片方决定由伊斯特伍德本人亲自执导这部影片。美国导演协会曾经要求伊斯特伍德恢复考夫曼导演一职，但遭到了伊斯特伍德的严厉拒绝，伊斯特伍德也因此被开出了六万美元的罚单以示惩戒。这场意外引申出了今天人们所谓的“伊斯特伍德规则”，即禁止解雇美国导演协会的会员导演，并且不允许在同一部电影当中的任何一位演职人员接替其导演一职。

保罗：有人认为《牡丹花下》《肮脏的哈里》《不法之徒迈·韦尔斯》以及《霹雳炮与飞毛腿》堪称你演技最精湛的几部作品，你是否认同这个观点呢？

克林特：我认为，在《肮脏的哈里》和《不法之徒迈·韦尔斯》这两部影片当中，我的表现更加出色一些。影片《不法之徒迈·韦尔斯》可以被认为是我所参演过的所有影片当中表演得最为真挚的一部作品，在这部影片当中，我完美地塑造出了男主人公的角色形象。对于影片《不法之徒迈·韦尔斯》当中的男人公一角，影片在塑造其人物形象之时并没有通过大量的台词来诠释韦尔斯本人的性格特征。纵观整部影片，男主人公的戏份看似很少，因为在这部影片当中并没有运用专门的篇幅来描写男主人公的境遇，而是通过他的所见所闻，将男主人公的角色形象以及这一路走来的转变呈现给观众，看似“言他”（其他）而实则“言他”（主人公）。影片《肮脏的哈里》也是如此，男主人公出现的场景非常之少，例如影片当中讲述卡拉汗搭档妻子的场景，看似是在讲述其好搭档妻子的故事，但实际上，这个场景中所传递出来的信息远远不止妻子本身的故事，或多或少也传达出了卡拉汗本人的一些信息。实际上，无论称之为视觉艺术或者是电影艺术，在我们与观众的沟通当中，最重要的一点在于不要对着观众的耳边说道：“接下来，我要给大家讲一个睡前故事”或者是“下面我将通过我们这档广播节目为大家来讲述一则有趣的故事”，等等。我认为，在一部影片当中运用这样浅显的手法来讲故事是对观众的一种侮辱和欺骗。对于电影这门艺术来说，你应该用一种视觉化的形象去演绎一段故事抑或是表达某种情感。与此同时，我认为观众在观看电影之时，也十分希望获得一种视觉上的享受。

保罗：你能列举几个影片《不法之徒迈·韦尔斯》当中的场景来给我们仔细讲解一下你刚才所说的“在一部影片当中，主角的戏份看起来很少，但实际上很多”的这种情况吗？

克林特：当山姆·伯顿斯所饰演的杰米一角临死之时，当男主角韦尔斯在见到印第安人之后，他的态度发生了巨大的转变……这些场景其实都在讲述着发生在角色本人生命当中一些琐碎的小事情。当韦尔斯发现自己似乎变成了一个被诅咒的人之后，他不愿意与任何人亲近，因为他知道任何与他接近的人最终都会惨遭厄运。即便是在影片的结尾之处，当周围的一切都变得平和、宁静起来，这一小队人马也渐渐安顿下来，甚至就连流浪狗也过上了安稳的生活，但韦尔斯的心里却十分清醒，他终究还是会给这一切带来一场悲剧的，就像当初他选择复仇一样。一切就是这样，似乎没有任何理由，糟糕的事情似乎总是跟随着韦尔斯，无论他走到哪里，厄运总是如影随形。

很多电影当中都会包含着一些这样的台词，比如“你还记得在这里曾经发生过什么吗？”抑或是，“就是在这个地方，我究竟是怎样失去了我的家庭呢？”以及“我曾经在这里做过些什么呢？”还有诸如“我居然失去了我的妻儿？”……在我看来，面对观众说出这样的台词简直就是一种羞辱和鄙视，就好像你一直在提醒着他们，你们并没有理解剧情。当然，这也是我一直都在影片当中极力避免的事情。一直以来，我都在努力提高自己的演技，企图为观众奉献出更加精彩绝伦的表演。我相信，比起那些自认为自身演技更胜一筹的演员来说，观众的眼睛是雪亮的。就拿一部电影的预告片来说，观众常常会关注很多你意想不到他们会去关注的细节点。你必须要意识到，当观众坐在电影院之时，坐在座位上的他们不仅仅是一个个单纯坐着的躯体，他们无疑都带着渊博的知识和丰富的本能感知在欣赏你的表演。如果你的表演不能让他们感觉到愉悦，那么他们将会在第一时间将你“踢出局”，反之，他们将向你“敞开怀抱”。

保罗：我甚至都可以想象得到，如果你的脸真的有十五米长的话，我想其实很难在观众面前掩盖这一事实。

克林特：其实你是可以隐瞒这一真相的。在具体拍摄之时，很多演员其实都只会拍摄最小画幅的画面，他们当中的很多人其实都在对着提词器念台词。但是在大银幕上，这个画面真的很小，而且观众也知道其实这种画面的质量并不高。

保罗：《肮脏的哈里》和《不法之徒迈·韦尔斯》这两部影片当中的男主角十分相似，当然韦尔斯的处境显然要比卡拉汗警探的处境残酷太多。他经历的事情实在是太多了，有好有坏，跨度十分之大。

克林特：他们的命运都曾经被某种形式的事情改变过。只不过，卡拉汗的命运在我们通过电影认识他之前就已经发生了改变。在影片《肮脏的哈里》当中，他从出场之时就已经是那个改变之后的他了。韦尔斯的命运则并非如此，我们花费了很长一段时间陪伴他一起经历了一系列的人生悲剧以及生活新篇章。他的人生是一个完整的圆，从渴望平静的家庭生活，到失去它，再到不想与任何事情之间发生某种联系（包括人）。在他的人生当中，他越是抗拒的东西就越是纠缠于他。

保罗：下面的这段对话如果出自影片《肮脏的哈里》当中，我想台词应该是这样说的——山姆·伯顿斯说："乔西，你不能全部杀掉他们。"乔西回应他说："这就是事实。"紧接着，山姆·伯顿斯说："你怎么会做出这样的事情呢？"乔西无奈地回答道："我没有更好的选择了。"[①]

克林特：这就似乎意味着，在整个内战期间，生命对于他来说已经没有太大的意义了。这是这场战争当中的最后一个谎言，他打算自杀，他认为这是自己最后的一点幻想了。他眼睁睁地看着自己的一队骑兵连被北军所杀害，他幻想着，并且挣扎着。我想，如果我是这部影片的男主人公的话，我也会试图远离战乱，逃离得越远越好。

保罗：影片当中对于这一点的处理堪称完美。他先是埋葬了骑兵连中逝者的遗体，然后又收留了那些侥幸活下来的战士。在对这个画面的处理上，你几乎是用喜剧的方式在向观众进行着讲述。毫无疑问，看着骑兵连的战士们在一起浴血奋战的画面远远要比韦尔斯收留他们的那一幕更加感人。

克林特：喜剧的处理手法在这个场景中得到了淋漓尽致的诠释。影片《不法之徒迈·韦尔斯》的原始剧本中也出现了这个场景，当我第一次看到描写这个场景的文字之时，我就已经被彻底征服了。这个灵感最初源于菲利普·考夫曼，在原始剧本当中，北军所杀害的并非是一队骑兵连战士而是一队炮兵连战士。除此之外，整个剧本当中还有一个贯穿始终的反派

① 在《肮脏的哈里》中，当卡拉汗的搭档从一场激烈的枪战中苏醒过来之后，这位搭档便决定退出这场战斗了。卡拉汗告诉他的妻子："我认为他做出了正确的决定，再这样下去，你们两个人仍旧无法过上幸福的生活。"他的妻子反问道："那你为什么还坚持继续留在这里呢？"她非常想知道这个问题的答案。卡拉汗回答："我不知道，我真的不知道。"

角色，这一反派角色的出现与韦尔斯早年间如同地狱般的生活息息相关。因此，我们在影片当中也相应地设置了由比尔·麦金尼所饰演的一个个性鲜活的反派角色。这个角色的设置对于整部电影来说至关重要，因为这一反派角色的出现保持了剧情的连贯性。

保罗：以一个导演的视角来看，你认为什么样的场景是最难拍摄的呢？或者说，什么样的电影是最难搬上大银幕的呢？抑或是，为了更加细致无误地拍摄好一部电影，你遇到过哪些特殊的困难吗？

克林特：其实有些时候，西部片是最难搬上大银幕的。原因是在拍摄西部片的时候，你经常会受到动物的骚扰，你无法有效地去驯服它们。

保罗：据说，你曾经因为生气而怒打了一匹马。[①]

克林特：有些时候，你也许拿到了一个你自认为所有情节都堪称完美的剧本，但是毫无疑问，这个剧本当中的某些场景还是需要反复斟酌的。但是在后来的拍摄当中我慢慢发现，其实往往是这些需要反复斟酌的场景反而会为整部影片带来一种意料之外的惊喜。在片场的时候，我们总是会对那些在剧本中我们不以为然的场景喊“停”。

保罗：在影片《不法之徒迈·韦尔斯》当中，在纪念山姆·伯顿斯死去的追悼会上，韦尔斯正在发表演讲，雨滴正好洒落在他的帽子上。这个场景看起来十分微妙，这一幕是事先设计好的吗？

克林特：不是的。

保罗：我记得在莱昂内的一部电影中存在这样的一个场景：男主人公在发表了一场长达二十五分钟的演讲之时，雨滴恰好落在了他的头上。在

① 过去曾经有一个记者问过他，不过伊斯特伍德否认了他曾经在片场对一匹马恼羞成怒并且打了它。在面对保罗的提问之时，他只是习惯性地忽略了这个问题。

他演讲的同时，我们一直能够听到雨滴洒落在他帽子上的嘀嗒声。[1]

克林特：影片《不屈不挠》当中也出现了同样的场景：雨滴落在了帽檐上面，而帽子的边缘恰好是向上翘起的。当人们抬起头的时候，帽檐里面的水就会“嗖”地一下流得到处都是。当然，这一镜头的设计，其实并不是在向莱昂内致敬。

保罗：对于你所拍摄的那些影片来说，它们的风格都是质朴并且直率的，然而每一部电影却又各具特色。

克林特：真的吗，我由衷地希望每一部影片的的确确都有属于它们自身与众不同的风格特点。

保罗：不过在我看来，影片《不法之徒迈·韦尔斯》的场景更加华丽，更具视觉效果，情节也更加复杂化。

克林特：对于现阶段的我来说，我至今都还未找到一种只属于我的风格，在我所拍摄过的那些作品当中也并未体现出某种特定类型的风格。我只是力图在影片当中尽量真实的还原出每个场景本来的样子。影片《迷雾追魂》《荒野浪子》以及《春花秋月未了情》，抑或是我所执导以及参演过的任何一部电影，它们的风格都是如此的不尽相同。如果你并未看过由我执导或者参演的每一部影片的话，我想你是绝对没有资格说出类似在克林特·伊斯特伍德所执导的那些电影当中，主人公的风格是如此相似这样的话的。但是，影片《不法之徒迈·韦尔斯》确实独树一帜。在这部影片当中，我希望展示出的是一个英雄历险记的故事。然而，我并不希望观众在看完这

---

① 保罗很有可能参考了赛尔乔·莱昂内所执导的影片《西部往事》。当大银幕上出现演职人员表的时候，与其衔接的上一个镜头恰好是几滴雨水落在了伍迪·斯特罗德的帽子上。虽然保罗混淆了两部影片当中水滴洒落时周围的环境，但是很显然，对这一细节的借鉴无疑放大了影片当中的一些细节点。

部影片之后仅仅对该片的男主人公印象深刻，我非常希望观众可以感受到该片当中配角的生命力，同时我也希望观众可以记住韦尔斯在复仇之路上所遇到的一系列人和事。

保罗：影片《不法之徒迈·韦尔斯》当中的镜头设计相当形象化。例如：当韦尔斯看到一队骑兵连靠近他之时的画面，当战旗第一次在山谷上空中飘扬之时的画面，当野蛮的侵略军穿过丛林时的画面……这些场景画面都是你在影片开拍之前就已经预设好的吗？

克林特：没错，这些画面的确在开拍之前就已经牢牢印刻在了我的脑海之中了。当我在片场开始布景并且准备拍摄之时，与影片相关的场景画面就会持续不断地涌入我的脑海之中，并且它们会不断地进行变化。一时间，我的大脑被这些画面完全占据了，我深陷其中，却又不局限于此。对于某些场景来说，我并不强求一定要按照我预想的那样拍摄出来。如果我在片场临时有了新的想法，我会立刻把这个想法加入到这一场景之中。拍好一部西部片真的非常考验一位导演的功底，如何安排好与拍摄相关的所有事宜对于任何一位导演来说都是一个巨大的挑战。大部分的拍摄地都可以按照导演的想法进行三百六十度无死角的拍摄，最大的挑战在于，如何将拍摄完成的每一个镜头有机地串联起来。

保罗：影片《不法之徒迈·韦尔斯》当中的开场镜头与《牡丹花下》的开场镜头十分相似。比如，这两部影片在开场当中都出现了迷雾、丛林以及内战士兵的镜头。

克林特：影片《不法之徒迈·韦尔斯》的拍摄地位于加利福尼亚州的奥罗维尔。我们原本是想拍摄出迷雾缭绕般的效果，但没想到拍摄当天却下起了大雨。在拍摄影片《不法之徒迈·韦尔斯》期间，我并没有刻意去模仿《牡丹花下》这部影片，不过它们的风格确实十分相似。在这部影片当中，我试图努力表现出一种一个人正在经历人生中最黑暗的那段时期的

《不法之徒迈·韦尔斯》电影剧照

感觉，但我并不希望这种感觉与战争之间形成强烈的反差，我希望展示的是生命当中最为苦涩的一段时光。随着剧情的发展，你的生活将会变得越来越美好，慢慢地，你远离了人世间的喧嚣，逃离到了一个文化更加开放的环境中去。最终，这一切之间的反差将会越来越大。

保罗：你在拍摄影片《不法之徒迈·韦尔斯》期间，天气状况一直都十分良好吗？你认为自己幸运吗？你有专门等待过雨天或者某种特殊的天气吗？

克林特：其实，拍摄期间的天气状况并不稳定。在萨克拉门托河谷的时候，我往往可以通过《天气预报》提前获取天气资讯，而在圣华金的时候，有很多征兆都告诉我们进入到十一月下旬以后，该地区会变得十分多雾。多雾的天气往往会持续一整天。旧金山的海边是一种纯净无瑕的美丽，而在山谷里却整天都弥漫着浓浓的雾气。我并没有因此而推迟拍摄的进度，所以我的确没能拍摄出迷雾缭绕般的画面。但是在拍摄现场，我们却意外拍摄到了充沛的雨水、灰蒙蒙的天空以及少量雾气的画面。对于《不法之徒迈·韦尔斯》这部影片来说，这样的天气恰到好处。在剪辑开场段落当中的战争镜头之时，我刻意选择了一些反差较大的画面，这些镜头都是在影棚内拍摄完成的。不过总体来说，上天还是眷顾我们的。除此之外，我们选择的另外一个外景地，位于亚利桑那州与犹他州交界的鲍威尔湖地区的景色也十分宜人。

我们最终选择在金秋十月开拍影片《不法之徒迈·韦尔斯》。十月是一年当中最五彩斑斓的一个季节，光度很低，这样一来我们就有了很多交错的光线，不需要在拍摄现场布置太多的顶光，不过如果是在夏天这就行不通了。如果你还能拥有一名像布鲁斯·瑟提斯那样非常棒的摄像师，那么你就可以拍摄出来一些非常有趣的画面。我并不喜欢把人物角色的脸部拍得过于清晰，布鲁斯拍摄出来的镜头正合我意。很多摄像师都喜欢把人物角色的面部拍得清清楚楚、一目了然，但我却十分喜欢在特定的场景之

《不法之徒迈 · 韦尔斯》电影剧照

下拍摄出角色的特写镜头。在影片《荒野浪子》当中，我所饰演的男主人公一角一直都处在黑暗之中，观众一定会猜想，男主人公究竟在想些什么呢？他真的要去那个地方吗？因为观众会下意识地去预测故事情节的发展，他们或多或少都会带着一些期待和猜想去观看一部影片，我觉得这种感觉非常棒。

23

1980年，著名导演奥逊·威尔斯在做客梅夫·格里芬主持的电视脱口秀节目时，对影片《不法之徒迈·韦尔斯》做出了如下的评价：在我第四次观看这部影片之时，我意识到《不法之徒迈·韦尔斯》与约翰·福特以及霍华德·霍克斯所拍摄的诸多作品一样，这是一部非常经典的西部片。

保罗：奥逊·威尔斯对影片《不法之徒迈·韦尔斯》所做出的评价就好像是欧内斯特·米勒尔·海明威在阅读完我的小说之后对我说：“我真的非常喜欢这故事。”你是否也会产生这种荣耀的感觉呢？

克林特：能得到你所尊敬的，并且在属于他的年代中拍摄出了许多非常了不起作品的导演的评价真的是一件非常好的事情。无论是作为一名演员，抑或是作为一名电影导演，奥逊·威尔斯都成就非凡——我们绝对无法忽视他导演的那部伟大之作《公民凯恩》。你可能也会心存疑虑，这样一位优秀的导演，他是如何看待那些由其他导演所拍摄完成的作品的。

保罗：很显然，在奥逊·威尔斯看来，《不法之徒迈·韦尔斯》是一部可以与约翰·福特和霍华德·霍克斯的经典之作相提并论的西部片。并且他还告诉大家，自己已经足足看了四遍这部影片。同时，他还强调：“克林特·伊斯特伍德是一位被低估了导演才华的电影人。”

克林特：没错，我把他的这段评价保存了下来。从某种程度上来说，奥逊·威尔斯的评价使我备受鼓舞。因此，我把整期节目都保存了下来。我平时很少保存东西的。

保罗：根据我的了解，奥逊·威尔斯似乎非常熟悉你的作品。如果他足足看了四遍《不法之徒迈·韦尔斯》，我怀疑他根本没有看过你的其他作品。但我认为，这并不符合常理。

克林特：这确实不太正常。如果是我的话，为了全面了解一名电影导演，我不仅仅会观看他近期所拍摄的作品，同时也会关注他所拍摄的一些其他作品。

保罗：你本人是奥逊·威尔斯的影迷吗？

克林特：我个人非常喜欢《公民凯恩》这部电影。影片《伟大的安巴逊》也很不错，《陌生人》也是一部非常有趣的纯外景拍摄的电影。他拍摄过很多部纯外景电影，但我并不知道他究竟在哪里拍摄出了那些影片。那些纯外景电影看起来非常像在米高梅电影公司的影视城之内拍摄完成的。

保罗：奥逊·威尔斯试图通过《陌生人》这部影片来证明自己可以在规定期限内拍摄完成一部低成本电影。

克林特：这个想法挺有趣的，也很有想象力。

保罗：你知道爱德华·罗宾逊所饰演的那个角色最初确定的演员人选是谁吗？

克林特：我不知道，他们最初选择了谁来参演这一角色呢？

保罗：他们最初决定由阿格妮丝·摩尔海德来出演这一角色。

克林特：真的吗？你的意思是，在《陌生人》这部影片当中，爱德华·罗宾逊所饰演的角色最初曾被设定为一名女侦探？

保罗：没错，是这样的，但是该片的制片人并不认同女侦探的人物设定。我想，奥逊·威尔斯为了继续完成该片的拍摄最终做出了不得以的让步。

克林特：在奥逊·威尔斯的身上有一个十分鲜明的特点，那就是即使他失败了，他也要失败得非常“辉煌”。他总是想做一些疯狂的事情。我认为爱德华·罗宾逊的演技无可挑剔，我非常喜欢他。如果按照最初的设定，阿格妮丝·摩尔海德在该片当中饰演了一名女侦探，我想这会非常有趣的。

保罗：我猜想，奥逊·威尔斯并不喜欢影片剪辑的过程。他十分热衷于拍摄的环节——事实上他已多次亲自掌镜。但是，倘若你让他安静地坐在剪辑室里把所有的素材都整合到一起，我想这一定会把他逼疯的。他很有可能会选择离开剪辑室，把剪辑的工作交由剧组的其他成员完成。他确实无法安静地进行某种工作。

克林特：我仅仅与他见过一面，他告诉我，他并不想拍摄影片《伟大的安巴逊》的结尾部分了。他说他非常想去拍摄另外一部作品，去南美继续拍摄那部未完成的战争题材的电影——*All The Ture*。他应南美某国政府的邀请拍摄了该片。

于是，影片《伟大的安巴逊》的结尾部分最终由在《公民凯恩》中担任剪辑师的鲍勃·韦西拍摄完成。

保罗：据我推断，鲍勃·韦西和马克·罗布森以及其他的一些人，他们基本上把原片剪掉了一半。

克林特：我没怎么参与到这件事情中去，我并不清楚他们最终究竟剪辑了多少。不过对于我来说，我十分享受剪辑的过程。

保罗：在大学期间，我经常喜欢剪辑一些东西去恶搞一下。我真的很享受剪辑的整个过程，因为在剪辑的时候，你真的能够创造出一个完全属于你自己的世界。

克林特：确实，无论好与坏，你至少可以完全掌控你所做的事情。当你把生命全部倾注于电影之时，你会觉得那些素材在你的手中似乎一下子就有了生命力，所有的一切都在有条不紊地进行着。

保罗：相比电影剪辑，我认为奥逊·威尔斯可能或多或少更喜欢于置

身事外。在他看来，即使他并未亲自操刀剪辑一部影片，公司也一定会雇人来剪辑这部影片的，虽然最终的剪辑效果可能与他当初预想的截然不同。

克林特：这种情况确实发生过很多次，但我并不知道在出现这种问题的时候奥逊·威尔斯会怎么做。但是通常来说，很多导演也许都会说："难道剪辑师不明白应该怎样正确衔接两个镜头吗？难道他真的不明白我的意思吗？"

保罗：你很难去想象，一名拍摄过经典电影《公民凯恩》以及《伟大的安巴逊》的导演，在一部电影的片场突然宣布自己将不再执导接下来的戏份，并且对着剧组成员说道："你们来继续完成这部影片的拍摄工作吧。"这确实相当不可思议。

克林特：我想，如果你不知道奥逊·威尔斯在当时经历了些什么的话，你是很难去感同身受的。

保罗：在赛尔乔·莱昂内来到美国并且开始拍摄好莱坞电影之后，你有联系过他吗？

克林特：大概在一年前抑或是更早一些，在他开拍影片《美国往事》之前，我与他在一起喝了一杯。

保罗：我想，如今《美国往事》很有可能要拍摄续集了。

克林特：拍摄续集的最大问题在于，如果该系列的第一部影片并没有大获成功，那么续集应该怎样拍摄呢？在续集中，你将如何吸引观众去影院观看该系列的第二部影片呢？是否拍摄续集需要依据首部电影的市场反响来决定，如果一次性拍摄完成两部电影的话，这是一件极其冒险的事情。

保罗：从另一个角度来说，莱昂内曾经拍摄过一部长达四个半至五个

小时的电影。

克林特：对于这样的一部电影来说，我们可以随时对电影进行剪辑，缩短这部影片的时长。我非常喜欢按照自己的节奏去剪辑一部影片——可长可短，并没有严格的时间限制。但是，这个想法太过理想化了，在这之后，我通常会采用一种“残酷”剪辑的方式，严格按照时长来完成一部电影的剪辑。

保罗：“残酷”是指残忍粗暴的意思吗？

克林特：所谓“残酷”剪辑，就是只为满足自己的私欲而进行的一种剪辑方式，剪辑后的成片只供剪辑者一人欣赏，并不分享给他人观看。我记得我曾经与史蒂文·斯皮尔伯格探讨过这个问题，他也十分喜欢这种“残酷”剪辑的方式。在进行“残酷”剪辑之时，你可以任意剪掉你不喜欢的镜头及段落。你甚至可以说：“等一下，我需要在只属于我自己的影片当中剪掉这个镜头。”粗剪完成之后，你仍旧可以对所有的素材进行二次剪辑。

如今，我对影片剪辑的要求更加苛刻。也许在不久之前，剪辑一部影片会花费掉我整整一天的时间，但是我从心底里热爱剪辑事业，剪辑后的成片我也表示相当满意，其完美地展示出了演员们的精彩表演。但是几天之后，我也许会认为，我并不想剪掉这些镜头了，我真的非常辛苦才拍摄出了这些堪称完美的镜头画面。但是有时候你真的别无选择，你必须要剪掉这些镜头。也许仅仅就在一天或者一周之后，你就会对自己说：“好吧，其实这些镜头在这部电影当中并没有什么特别之处。”你必须要说服自己剪掉这些镜头。

做出这样的决定确实非常困难。因为在你的心目当中，你理所应当地认为每一个镜头都非常棒。你会发自内心地感叹道：“天哪，这些镜头难道不是堪称完美的吗？机位的选择，阳光的位置，鸟儿飞过天空，迎面而来的人群……这些镜头实在是太优美了！”不过，我们的的确确可以在商业电影中经常看到诸如此类的画面，原因在于只有这些镜头可以与冠名广告之间进行完美的衔接。或许，当观众坐在电影院座位上的时候，他们会在心里说："是的，我已经坐在了影院当中了，我要好好娱乐一下了。"

保罗：对于一个镜头来说，你通常并不会拍摄过多的版本。当我看到一个导演将一部五小时三十五分钟影片最终剪辑成了一部两个半小时的电影之时，我感到十分震惊。难道他们在拍摄这部电影的时候，都不知道一部电影应该有多长吗？

克林特：通常，我会根据不同的需要，将一部电影最终剪辑为一部时长仅有一百二十分钟或者是九十分钟的影片。

保罗：我记得影片《不法之徒迈·韦尔斯》在剪辑完成之后，还剩余了相当一部分素材。

克林特：是的。我必须要在最后的成片当中删掉一些素材。

保罗：我认为在影片《紧急搜捕令》当中，你也许将会在成片当中剪掉与中国女孩相关的一些镜头。

克林特：我想我会这么去做的。不过实际上，剪辑的方式多种多样，并不仅仅局限于上述的那一种方式。对于任何一部影片来说，一旦你已经看过了其中百分之九十的剧情之后，你很可能会说："如果这部电影当中没有出现过这些镜头就堪称完美了。"对于一部冗长的电影来说，你可以将一个长镜头剪切为两个相对较短的镜头，组合在一起。你可以在某一特定时间点上以一种特定的方式进行剪辑、拆分镜头，从而使整部电影的剧情更加紧凑、完整。

24

克林特·伊斯特伍德在1976年拍摄影片《铁手套》时再度戴上了警徽，他在片中饰演了一名头脑愚蠢并且经常酗酒的警察——班·沙克力。直到临近退休，他才从新上任的警察局局长手里接过了一宗大案。他需要到另一个城市把一宗贩毒案件的重要证人莫莉（桑德拉·洛克饰演）带到凤凰城出庭作证，在他要返回凤凰城的途中却连连被警方与黑帮分子追杀，种种迹象都表明，原来是凤凰城的警界与犯罪团伙相勾结，要将他们杀人灭口。影片《铁手套》因其精彩的枪战场面而令人印象深刻，从公寓到公共汽车，一切都被扫射得千疮百孔。

在影片的结尾部分，伊斯特伍德与桑德拉·洛克所饰演的角色在守夜的过程中经历了近百小时的奋战，最终成功驾驶一辆公共汽车突破了上千名警察的包围，一路开进了凤凰城。保罗·尼尔森绝对不是唯一对此持有疑虑的观众，在影片的结尾部分，为什么就没有一名警察能够击中那辆公共汽车的轮胎呢？

保罗：是什么原因最终让你决定出演影片《铁手套》当中的男主人公一角呢？

克林特：最初，我只是觉得这个剧本非常棒，我十分喜欢这个角

《铁手套》电影剧照

色，也很喜欢影片当中人物关系的设置。这是一部非常粗暴的影片——在拍摄期间，厮杀的场面随处可见，成片中的打戏戏份比最初剧本中设置的戏份要更多。不过，这并不妨碍影片《铁手套》依旧是一部传统的“性别之战”冒险故事。两个人生观和价值观完全对立的人被迫一起“旅行”，如同以往所拍过的类似影片《非洲女王号》那样。

保罗：在影片《不屈不挠》当中，男主人公似乎与该片男主角班·沙克力的性格十分相似。①

克林特：是的，他们的确是有那么一点相似，不过二人的处事方式却不太一样。实际上，我也不太理解为什么他们选我来出演该片的男主人公一角，可能只是因为我很喜欢一些经典的老电影吧。戏剧的基础是矛盾和冲突，拍摄这部电影可以使你有更多的机会参与其中，而不是像拍摄其他电影那样，你只能完全按照剧本进行表演。

保罗：你看过《四十八小时》这部电影吗？

克林特：我挺喜欢这部影片的。他们曾经邀请我主演，但是在那个时候，我无心再去拍摄类似这样的侦探电影了。影片《四十八小时》太像是《肮脏的哈里》的续集了。但其实这部影片也是一部非常优秀的电影。

保罗：在我看来，影片《四十八小时》更像是“肮脏的哈里”系列电影的第四部影片。我认为，“肮脏的哈里”系列电影甚至可以借鉴《铁手套》当中的剧情设置，主人公卡拉汗其实也可以被设置成一名嗜酒如命的警察。

克林特：如果“肮脏的哈里”系列电影真的借鉴了影片《铁手套》当中的一些剧情，那么需要修改的地方还是挺多的。影片《铁手套》当中的男主角更在意自己的人身安危，他几乎从不现身于爆炸现场。但在影片《肮

① 在1980年拍摄的电影《不屈不挠》当中，克林特·伊斯特伍德在片中饰演了一名鞋店售货员，但他却将自己打造成了一名穿越西部丛林、环游全美的现代牛仔。

脏的哈里》当中，卡拉汗警探却经历了许多爆炸的场景。

保罗：在拍摄影片《铁手套》期间，你们是否有意将班·沙克力和卡拉汗警探这两个角色区分开来。

克林特：没有，我们并没有刻意去区分班·沙克力和卡拉汗警探这两个角色。华纳兄弟影片公司的高层建议我把班·沙克力设置成类似卡拉汗警探那样的角色，但我拒绝了。在我看来，《铁手套》和《肮脏的哈里》是两部完全独立的电影，它们之间并无太大关联。在影片《铁手套》的剧情设置当中，卡拉汗警探最终是无法顺利脱身的。

保罗：在拍摄完成影片《肮脏的哈里》之后，你搜寻了大量的剧本，你希望尝试一些其他类型的角色，比如饰演一个有缺陷的人或者是一个极易受到攻击而十分脆弱的人。

克林特：有时候，你必须要去尝试扮演一些有着各种各样缺陷的角色，即使是卡拉汗警探，他的身上也有着非常明显的性格缺陷，然而也许就是这些缺陷造就了他。不过，影片《铁手套》本身就拥有了一个非常棒的剧本，而我也不希望再饰演类似卡拉汗那样的角色了。我希望尝试一些变化，改变一下现有的戏路。我想要强调的是，为了成功塑造出卡拉汗警探这一角色，我真的做出了非常多的努力。而现在，我只想饰演一名全新的警察。

保罗：没错，班·沙克力和卡拉汗的性格确实截然不同。

克林特：就像有的人喜欢白天，有的人喜欢黑夜一样。一些人认为《铁手套》这部电影太过暴力了，尤其是片尾部分激烈的枪战场面，但其实这种观点也是一种矫枉过正的真实存在。就好像你每天都被要求进行五十轮的拳击训练，但你此前却从未打过拳击。倘若你每天都在进行高强度的拳击训练，但你却从来都没有机会走入拳击赛场，一股挫败感必会油然而生。反过来说，如果你突然有机会走进拳击赛场，你的肾上腺素一定会立刻高涨起来，你会感慨道：“没错，是时候该我登台一展身手了。”这种感觉也很像你身为一名消防队员，但你却从来都没有扑灭过一场大火。设想一下，如果一名警察一直都进行着“瞄准–射击”的训练，但他却从来都没有机会开枪，最后事情究竟会演变成什么样子呢？其实这当中存在着一个很大的疑问：如果这名警察最后开了枪会发生什么事情呢？也许在你从警的二十年生涯当中，你从来都没有开过枪，不过你无时无刻都随身携带着配枪，而你也要因此不断练习着“瞄准–射击”的训练。这个遗憾一直都留在了你的心里。据悉，洛杉矶市市长在他服役的三十五年里从来都没有开过枪，这很有可能是真的。[①] 但是，也有一部分相当数量的警察不得已开了枪，当他们开枪之时，又会发生些什么呢？

突然之间，广播节目中播报了这样一则消息：在一个小镇的一所公寓内，犯罪分子在疯狂肆意地开枪扫射。于是，小镇上的所有警察在第一时间都赶了过去，因为每个人都希望在这里精彩地“表演”一次。当他们带着散弹猎枪以及自动武器出现之时，那些犯罪分子一定会相互呼喊着“开枪”，一场激烈的枪战即将上演，而犯罪现场似乎也变成了一块“瑞士奶酪”，子弹四处散落着，混乱不堪。接下来的剧情则是，总会有子弹用尽，一发子弹都打不出来的时候，这已经发生过太多次了。的确，当整个公寓似乎都被掀翻的时候，再加上这其中的喜剧性元素，整体感觉还是挺棒的。不过，这确实也会带来一种过度杀戮的感觉。

保罗：我认为这个场面似乎太过夸张了，不过我也十分赞同在结尾部分适当加入一些喜剧性元素。

克林特：没错，的确如此。不过，他们还能经历些什么呢？

保罗：从另一方面来说，其实画面当中也有一些令人难以置信的地方。

---

① 洛杉矶市第五任市长汤姆·布兰得利，此前曾经担任警察局局长一职长达二十一年的时间，并非是克林特·伊斯特伍德所说的三十五年。

不过我听说很多人（其实也没有特别多的人），他们都认为影片的结尾部分有些令人难以置信。[①]

克林特：唐·希格尔在看完影片《铁手套》之后，对其评价道："如果这部影片由我来导演的话，我想我会将其呈现得更加真实可信，不过这样做可能会使整部电影的精彩程度大打折扣，也许还不如现在的一半精彩。"我对唐说："我和你想的一样，我也希望影片最终呈现出来的剧情是真实可信的。与此同时，我也非常希望在片中添加一些娱乐元素。如果你仅仅在片中讲述了一名警察为了保护一名妓女而历经了一系列小小的挫折的话，这部影片无疑就太过平庸了。"

保罗：有人认为，在美国没有一个城市会发生类似这样的事情——一群警察在街道上进行枪战。[②]

克林特：他们应该看看共生解放军（SLA）在洛杉矶进行枪战时的电视画面，他们不仅把房子射成了碎片，而且一把大火将房子烧掉，临近街区的六所房子也被毁于一旦。很多人都把这场悲剧的责任推卸给了危险的武装分子，这虽然不是事实但却是经常会发生的事情。在影片《铁手套》当中，我只是将情节戏剧化并且加入了一些有趣的元素。

保罗：影片《铁手套》的海报非常引人注目。在影片的海报当中，你本人占据了非常大的篇幅。

---

① 事实上，这些评论最早源于保罗私下同杰·考克斯以及他的妻子维纳·布鲁姆的谈话："结尾的一幕真的是相当可怕。我曾经看过那些被他认为是真实的、最了不起的、最经典的电影，但是在那些影片当中，他也并没有表现出一些特别的举动，我认为这个剧本本身就非常糟糕。毫无疑问，影片《铁手套》当中也有一部分场面非常不可思议。在片中出现了一段将近十分钟的场景，他们骑着摩托车射击直升机的画面，这段场景简直毫无逻辑可言。然而在最终的成片当中，他们并没有将这十分钟匪夷所思的画面剪掉。"

② 实际上，"有的人"指的就是保罗本人。在他与杰·考克斯和维纳·布鲁姆的对话中，他认为"在美国，绝对不会有任何一座城市会发生这样的事情。"他重复道："绝对不会有任何一座城市会发这样的事情，甚至对于那些治安相当差的城市来说，也绝对不会发生这样的事情。"

影片《铁手套》美国版正式海报

克林特：我给弗兰克·弗雷泽塔打了一个电话，问他能否为影片《铁手套》设计海报。我用了二十分钟的时间说服了他的妻子，让她相信给她打电话的人正是我本人。因为很多朋友都取笑他，他们认为弗兰克·弗雷泽塔与我长得十分相像。一开始，我并未意识到这是一个笑话。此后，我和他就海报一事进行了简单的讨论。他问我我心目当中最理想的海报风格，我对他说："你在看完剧本之后试着设计一下吧，无论你头脑当中想到的是什么都尽力将它实现出来吧。"随后，我把剧本寄给了他，他看完了之后就开始了设计工作。他画了很多水彩画，并且将它们都寄给了我。我认为，把其中几幅水彩画的内容组合在一起将会是一幅非常棒的电影海报。

当我回到东海岸的时候，他仅仅只完成了一半的创作，但是那些作品都非常相似。因此我只好对他说："好吧，我马上过去与你汇合，我们坐下来一起再来讨论一下，以便你能够尽快完工。"随后，我登门拜访了他，但那时他已经完成了海报的设计。所以，我们就在院子中小酌了一下。

保罗：在影片《铁手套》当中，有一段场景我个人非常喜欢，它感人至深。当你和桑德拉·洛克在汽车旅馆时，你突然对未来做出了计划，随后，她便打电话告诉了她的母亲。

克林特：这个场景其实真的挺有意思的。他们在梦想着一些事情，但是这些事情似乎永远都不会在将来发生。

保罗：你有想过那些计划也许可能会发生吗？那些梦想并非是一些非常小的愿望，它们是那么极端而且那么紧迫。也许，前一分钟他们还处在无家可归的状态，下一分钟他们就梦想着奔上月球了。你和桑德拉·洛克的表现在这段场景中堪称完美。

克林特：影片当中的男、女主人公总是期待着事情的发生，观众对此也是有所期待的。

25

克林特·伊斯特伍德在1978年拍摄了一部喜剧电影——《永不低头》，这部影片堪称是伊斯特伍德的转型之作。影片讲述了一名硬汉货车司机斐洛·贝多（克林特·伊斯特伍德饰演）经常在街头赛拳，他最好的朋友是一只名叫克莱德的大猩猩，最后他因为迷上了一名乡村女歌手（桑德拉·洛克饰演）而无法自拔。

保罗：在我看来，影片《永不低头》当中存在着许多霍克斯影片当中惯用的元素，整部影片的编排很像霍华德·霍克斯的风格。

克林特：《永不低头》是一部剧情十分离奇的电影。在那个时候，弗里茨·曼尼还在为我工作，他非常喜欢这部影片并且认为我们应该把这部影片拍出来。我也非常赞同弗里茨·曼尼的这个提议。但是，我的团队负责人以及律师都对我说：“不要拍摄这部影片，这不是一部为你量身定制的电影。”随即，我对他们说道：“虽然这部影片当中出现了一些略微色情的镜头，但是这些镜头并不会妨碍孩子们去影院观看，这部电影同样适合儿童观看。不要让思想被禁锢起来，我们应该好好享受拍摄这部影片的快乐时光。”随后，他们反驳道：“是的，但是你并不是真正的人生赢家。或许我们应该重新改写一下剧本，我们希望在影片的结尾部分，你最终可以和那个女孩在一起。”我说：“其实完全不需要这么去做。就按照原始剧本中所写的那样，他是一个离经叛道并且非常外向、纯真的人，她非常喜欢那个活在古怪世界当中的他。他无法理解现实当中的世界，就让剧情这样发展下去吧。”

保罗：这部影片有一种《育婴奇谭》当中神经兮兮的喜剧之感。你在《永不低头》这部影片当中颠覆了以往自己所塑造过的银幕形象。最终，你并没有和那个女孩在一起，在与飞车党的比赛中也惨遭失败。那些飞车党徒虽然看似非常强悍，

但却从来都没有在任何一场竞争中获得过胜利。除此之外，影片当中的那位母亲看上去也并不怎么和蔼可亲。

克林特：这一切都继承了华特·迪士尼那种悠然自得的电影风格。很多影评人都非常不喜欢这种风格，但这很可能也是那些影评人如此关注我的原因之一。他们一定不会把该片与华特·迪士尼联想在一起的。他们一定不会说“这是一种象征性的手法”或者“这是达尔文进化论的一部分，这些东西在很久以前甚至在当下都一直在我们生活的这片土地上游走着”，诸如此类的评论。

保罗：在影片《永不低头》当中，你在追求那个女孩的时候说了一段非常长的内心独白，这可能是你参演过的所有影片当中说过的最长的一段独白了。同时，在该片当中你与你最好的朋友，那只名叫克莱德的大猩猩一起谈心时，也同样说出了一段非常长的内心独白。无一例外，这些独白都引发出了一种共鸣感。我并不知道这种共鸣感是怎样产生的，但是很像人们在看完尤金·尤涅斯库作品后的那种感觉，一种神秘的共鸣感油然而生。对于我来说，那些内心独白更像是一种陈述，比如“我可以去做这件事情，我能把它做得很好，我能和大猩猩一起拍电影，等等。”这真的是一种即兴表演，我不知道你是否能够理解我所说的这些话。

克林特：可能就是这样的。坦白说，我也不太清楚这种共鸣感是怎样出现的，可能这就是我性格当中固执的一面吧。

保罗：影片《肮脏的哈里》并不是一部一直都在盈利的电影，但是《永不低头》却是这样的，对吗？

克林特：确实如此。《永不低头》确实是一部票房收益相当好的电影。实际上，《肮脏的哈里》这部影片当中的剧情确实非常出彩，但是《永不低头》无疑赢得了更为广泛的观众群。人们去影院一而再、再而三地反复观看该片，只是为了能够在他们情绪低落之时感受到一种欢快的氛围。不过，影片《永不低头》也收获了相当多的批评。影评人对待这部影片的态度十分鲜明，一些影评人非常喜欢这部电影，并且他们相当认同影片当中所表达出来的精神及理念。对于另外一些影评人来说，这是一部十分糟糕的电影，每当有人在他们面前提起这部影片之时,他们根本无法隐藏内心的愤怒感。罗娜·巴雷特在她主持的节目中曾经说过：“我并没有看过《永不低头》这部影片，但是我听说，有人认为这部影片的主创人员应该向观众道歉，无论从哪个方面来说，这都是一部非常糟糕的电影。”很显然，观众并没有认同她的观点。很多观众都对这部影片十分痴迷，这种现象并不仅仅只是发生在了美国，影片《永不低头》已经风靡全球。

保罗：罗娜·巴雷特真的这么评价过这部影片吗？

克林特：她很快就矢口否认了这种说法，她认为《逃出亚卡拉》是她看过的最棒的一部影片。过去常常有人会说，他想要拍摄一部类似《永不低头》这样的影片，但是很长一段时间过去了，都没有人将这种想法变为现实。当时，还发生过一件非常具有讽刺意味的事情，对于那些所有在二十世纪七十年代早期批评我的影评人来说，当他们第一次看到我在银幕上塑造了所谓“硬汉型”的人物形象之时，他们无一例外地都将此前对我的成见抛在脑后，他们非常痴迷于我所塑造的人物形象。这种效应不仅仅出现在了影片《永不低头》当中。一时间，他们纷纷开始表示：“你在影片《永不低头》当中的表现与《肮脏的哈里》这部影片当中给人的感觉完全不一样”“没错，但是我们并不喜欢你在影片《肮脏的哈里》当中的表现”。于是，他们开始了毫无意义的争执：“并不是我们不喜欢《肮脏的哈里》这部影片，原因在于我们并不认同那部影片当中的政治立场。”我想，没有人会知道这场争论最后是怎样收场的。

保罗：弗里茨·曼尼告诉了我，在拉斯维加斯你第一次见到那只名叫克莱德的大猩猩以及它的驯养师时所发生的故事。

克林特：我们专程看望了克莱德的驯养师鲍比·博罗希尼和他的妻子琼。他们住在拉斯维加斯，平时他们都在米高梅大酒店里进行表演。在我们初次见面的时候，夫妇二人带了三只大猩猩过来，它们看起来十分活跃。不一会儿，它们就开始在周围活蹦乱跳了起来。那只名为马尼斯的公猩猩很像我，领头的那只猩猩则一直拽着我的手，在我的周围晃来晃去。我与它并排坐在一起，和它进行了简单的“交流”。就这样，我们之间的交流十分顺畅。猩猩和人类一样，他们也有自己喜欢和不喜欢的东西。博罗希尼说他们就像孩子一样：你不要妄想去控制它们。对于大多数的猩猩来说，它们十分讨厌人类去控制它们。你可以设想一下，和一个你不喜欢的人一起拍摄一部电影是一件多么难以忍受的事情呀！与此同时，你还需要注意的是，正因为它们是野生动物，所以在拍摄期间你务必要格外小心，你必须要时刻警惕着它们也许会在不经意之间将你置于死地。

保罗：这部影片的风格与查尔斯·布朗森主演、沃尔特·希尔执导的影片《斗士》十分相似。

克林特：我认为《斗士》也是一部非常棒的电影。那是一部相当严肃的电影，当然，沃尔特·希尔本人也非常睿智。与此同时，他还是一位非常棒的编剧。他的笔触非常精准、恰到好处。对于他来说，他所执导的一些作品并未收获好评，其原因是多种多样的，但是毫无疑问，在他执导的影片当中也出现了很多原则性的错误。当你拿到剧本之后，假设这个故事非常棒，你找到了最合适的演员人选，演员的表演也十分到位，剧务人员也都十分敬业。只有在这种良好的工作氛围中，你拍摄出来的电影才有可能发挥出它应有的潜质，在受众当中引起广泛的关注以及共鸣。我非常希望在希尔今后的作品当中，可以看到他身上无限的潜能。

保罗：截止到目前，你最后拍摄的三部影片都趋向于喜剧色彩，你所饰演的角色几乎都具有非常鲜明的民族特征。就像弗兰克·卡普拉早年间

所出演过的那些电影一样，你们二人所饰演的那些角色大都广受人们的追捧。卡普拉的表演方式是否深深地影响了你？又或者，这只是你在影片当中所采用的一种表演方式而已？

克林特：两者都有吧。我必须要强调一下，我能够非常清楚地感觉到——听起来就好像是我正在朝着一个伟大的方向前进着，但事实上却并非如此。

找到适合于电影拍摄的、优秀的剧本真的是一件非常不容易的事情，那些好的剧本是可以激发出你无限的想象力的。有时候，当你读完一个剧本之后，你认为剧情设置十分合理，于是你有了想把这个剧本拍摄成电影的冲动，随后你就开始寻找演员、组建摄制组，等等。打断一下，如果这些文字没有被写在剧本当中，你或许还想将其在脑海中润色一下，但是在你读完了整个剧本之后，你认为一切都是合理的。写作是一门创造性的艺术，导演和表演也是在演绎艺术。对于一部电影来说，最核心的元素非剧本莫属。在我读完《永不低头》的剧本之后，我会心一笑，我非常喜欢这个故事，它真的很有魅力。事实上，很多演员的表演都非常富有魅力，很多影片当中的剧情也非常引人入胜，但这些与卡普拉本人的魅力相比，根本不值得一提。

保罗：所有的感觉似乎又都回来了，不过这种感觉很不一样。我记得，当我去纽约无线电城音乐厅看电影的时候，我甚至已经记不清楚我到底看了哪部电影了，但我还记得那是一部值得你带着孩子们一起去观看的电影，那部电影很像是一部拍摄于二十世纪三十年代或者是四十年代的影片。在那个时候，电影无可替代地作为一种国家艺术而存在。这种感觉很像在二十世纪六十年代期间，披头士乐队所创造的一项纪录一样：你知道吗，在那段时期，大约有两千五百万名孩子会在每个星期六的晚上去模仿他们。近期上映的很多部电影都会使我产生这种感觉。影片《不屈不挠》就是如此，《永不低头》这部影片给我的感觉也是这样的。

克林特：《永不低头》这部影片的确让观众趋之若鹜。实际上，很多类型电影都是如此。我曾经拍摄过多部 R 级动作电影，我也拍摄过一些战争片、西部片，这些影片本身的质量都非常高。[①] 如今，我仍然非常喜欢这些电影。如果现在有人将一个非常棒的剧本交给了我，我也一定会在第一时间告诉他："好吧，让我们一起来拍摄这部电影吧！"这些年，我从一个名不见经传的小演员逐渐成长起来，在这个过程当中，我也经历了一系列纷繁复杂的事情。公司给了我很多机会去尝试一些不同类型的电影以及角色，正因为此，观众几乎没有说过类似这样的话："怎么又是这个人，他看上去真的很讨厌。"

保罗：作为一名导演，你非常具有创造性，这种创造性似乎超越了其他任何一位我所熟知的美国导演。在你的导演生涯中，你似乎并未去追随过某种固定的风格而一路走下去。

克林特：对我个人而言，根本就不存在所谓的风格。正因为没有任何倾向，拍电影才变成了一件十分有趣的事情。你可以按照自己的价值观，并且不会受到那些所谓的"专业影评人"的影响来执导一部影片，这才是我的工作方式。如果你习惯听信于那些所谓的"专业影评人"的评论来执导一部影片的话，我认为，每一部电影对你来说都会是一个不小的冲击。也许会有五十位影评人认为，你根本就不该拍摄这部影片，而另外的五十位影评人却认为，那些被他们否决过的电影是一部相当经典的电影，该片甚至可以被认为是继影片《乱世佳人》之后，大银幕上出现的又一力作。

① 美国电影协会将那些影片中包含成人内容，里面有较多性爱、暴力、吸毒等场面和脏话的影片统统划分为 R 级电影，十七岁以下的美国儿童及少年必须在父母或监护人的陪伴下才能观看 R 级电影。

26

保罗：当你开始独自执导一部影片的时候，曾经有人帮助过你吗？

克林特：那个时候，我拥有一名专业投资顾问——欧文·伦纳德，不过不久之后，他便跳槽离开了。当时的我还并未成立个人工作室，我与公司的团队在一起进行工作。即使在我没有足够的钱雇用他的时候，他仍然给了很多建议。他是一个非常了不起的家伙，毫不夸张地说，他甚至可以堪称是我的“资产之父”。他曾经给过我很多忠告，同时也帮我打理一些经济上和税务上的事情。那个时候的我并没有多少钱，但他仍然坚持不懈地帮助我理财，并且帮助我渡过了很多经济上的难关。事实上，在影片《吊人索》的片尾字幕当中，欧文·伦纳德就已经以制片人的身份出现在了大银幕之上。我认为，这是一件十分有趣的事情。[①] 他真的非常完美，他经常会给我普及一些现代商业、经济学中常见的概念。但是，我之所以走上了导演这条道路，我想应该源于父亲对我的启蒙以及培养。

保罗：这样看来，你的父亲确实是一名成功人士。

克林特：的确如此。在二十世纪的三十年代和四十年代期间，他一直都在为自己的人生努力奋斗着。虽然，他在事业上并未取得过任何辉煌的成绩，但他还是通过自己的努力还清了自己所有的债务。他曾经度过了一段相当艰辛的时光，那段时光甚至一度连我都不曾知道。

保罗：我想如果我们努力去寻找的话，我们一定可以找到他与那段艰辛岁月的蛛丝马迹的。要知道，一名年轻男子在纽约生活并不是一件容易的事情。

克林特：当时的美国社会正值经济大萧条时期，但如今的美国社会又过渡到了通货膨胀时期。作为一个成年人，我们必须要去面对这些现实，并且克服诸多的困难。国

① 欧文·伦纳德作为“荣誉出品人”或者是“制片人”出现在了《吊人索》《独行铁金刚》《战略大作战》等多部影片当中。直到他于1969年去世之时，他一直都担任马尔帕索制片公司的董事会主席一职。

家的运转同经济体的运行成正相关，但是如果大多数经济体都按照当今美国社会的运转方式一样进行运作，那么这些经济体势必会每况愈下。我们已经看到了，克莱斯勒公司已经陷入到了经济危机之中，很多美国人也都饱受通货膨胀所带来的困扰，单纯的印钞并不解决根本问题，国家不能每次都在经济危机爆发之时都采取疯狂印钞的方式。要是想让美元保持坚挺，并且不会在短时间内迅速贬值的话，政府就必须要采取一些行之有效的措施。如今，最优惠利率已经上涨到了百分之十一，但我们却依然保持观望的态度并且认为："最优惠利率一定会下跌。"不久之后，利率下跌、美元贬值、股市跌停，一系列的财政问题都在顷刻间爆发了。这就是通货膨胀。

每一位新上任的美国总统都会受到选举制度的影响，在他们上任之初就开始为四年之后的总统大选进行一系列的准备工作。因此，我们应当推选出一名手腕强硬、态度谦和并且能够有效阻止通货膨胀的人就任总统。

现如今，我们的国家着力于建构完整的社会福利体系和养老金制度。但是，倘若美元大幅度贬值，那么努力完善社会福利体系还有什么实际意义呢？倘若美元已经贬值到只值过去的十分之一，那么即使在人们退休之后，每年发放一千五百万抑或是两千万美元的养老金，这一切还有什么实际意义呢？要想根本性地解决通货膨胀的问题，我们就必须要回归到构建自身的价值体系上来，人们必须开始关注自己，经营好自己的工作和事业，只有这样，国家才能够得以良性运转。

我想就在不久之后，我们一定会面临美元跌落到最低点的那一天。与其残忍地面对这个现实，不如从现在起就好好经营自己的事业和工作，做好充分的准备去迎接"黑暗"的到来。但遗憾的是，我们生活在一个犹如"爱丽丝梦游仙境"般的时代之下，美国是当今世界上最大的经济体，我们应该像运营一个企业那样来治理整个国家。我常常在想，如果每六年进行一次总统选举的话，那么情况也许会大不相同。这样一来，也许每一任总统都拥有足够多的时间去好好治理国家，而并非整日都忙于下一任期的竞选工作。对于国会议员来说也是一样的，他们的任期最好也是“一锤子买卖”性质的。我想，没有人会希望这些国会议员利用自己的工作时间来为自己争取更多的选票，他们的首要任务就是不要辜负选民们对他们的期望，充分行使好国会议员的权利，为选民们谋求更多、更实际的利益。

或许我们应该强行让当下最优秀的企业家来管理整个国家，然而如今这些最一流的企业家却未必愿意来承担这个责任。只有那些非常渴望权力的人才会对美国总统一职趋之若鹜。对于大多数优秀的企业家来说，他们大可以通过其他方式来获得不菲的收益，相比于通过长时间的“拉锯战”最终赢得总统大选，很显然他们在激烈的商战之中更加如鱼得水，能够获得更多的满足感。我们真的生活在了一个愤世嫉俗的时代。

保罗：这么说来，我们其实生活在同一个时代。我还依稀记得，当我还在读大学的时候，我每周只能赚五十五美分。那个时候的我甚至没有足够的钱来支付房租、买食物、看电影、买唱片，等等。上帝呀，如今的我却已经可以赚到两万五千美元了。在这座城市，我的薪资目前仍然处于中等水准，仅仅比那些所谓的“穷人”高出一个等级而已。

克林特：十五年前你可能会说：“上帝呀，这可是两万五千美元呀，我可以开最高档的车，住在高级酒店的顶层套房当中，我可以去做任何我想做的事情、去任何我想去的地方。”对于大多数美国人民而言，这些年究竟发生了些什么？中产阶级其实才是美国社会真正的中流砥柱，对于那些中产阶级来说，几年前他们也许只能赚到一万美元，几年之后他们也许已经能够赚到一万五千美元了，但如今他们也许能够赚到一万八千美元。这个时候他们或许会说：“伙计们，如今我们已经可以赚到一万八千美元了，难道我们不该在这个时候做些什么吗？我们可以把工资存到银行里面，以此作为孩子们的教育基金，用这些钱来供孩子们念完大学。这样一来，我们便可以毫无后顾之忧了。”于是，中产阶级把自己身上所有的钱都投入到了诸如此类的储蓄项目当中。这样做所带来的后果便是社会保障体系的日益瓦解，因为我们的国家曾经对此做出过承诺，在一定的年限之后，你可以无须工作，仅仅依靠社会保障体系所发放的保障金来生活。

这样一来，整个社会的保障体系就得到了破坏，随即将会面临美元贬值的经济危机。因此，我们需要针对通货膨胀而采取一些必要措施。在胡佛总统执政期间，美国便经历了一次前所未有的经济危机。在当时，胡佛政府所采取的一系列反危机措施并未取得良好的效果，胡佛本人也甚至一度被民众称之为“饥饿总统”。为此，美国人民真的历经艰辛，但是这场经济危机并没有在四年之后就结束了，它整整持续了二十年之久。

此时此刻，我们需要做的便是努力经营好自己。要知道，美国政府并不能解决民众的燃眉之急。你必须要依靠自己的力量，好好规划自己将来的人生，努力经营、完善自己。就像我以往所说过的那样，无论对于男人、女人抑或是一个家庭来说，他们的内心其实都是十分恐惧的，因为当经济危机真正来临之时，无论如何他们还是要去养家糊口的。所以，你必须要努力完善自己，规划好自己的未来，并且要经常对自己说，我想我可以渡过难关。

保罗：是啊，你总不至于会被饿死吧。倘若你是一名作家，你仍然可以依靠自己的作品支撑着自己活下去。虽然在经济危机爆发之时，你赚不了太多的钱，但是这些钱还是可以解决温饱问题的。

27

保罗：为什么总会有人将你称之为“表演再造者”而非一名电影演员，这种特殊的称谓究竟意味着什么呢？一些影评人也经常称加里·库珀是一名“表演再造者”。这难道不是一种很有趣的现象吗？

克林特：我也不知道这种特殊的称谓究竟意味着什么。在我看来，似乎从来都没有人将我称之为“表演再造者”。我认为这种现象起源于约翰·韦恩，他总是说：“我想我并不是一名电影演员，而是一名‘表演再造者’。”毕竟在一部电影当中，你不仅仅只是坐在那里，依靠本能的反应进行表演。当你进行表演之时，无形之中会有一股潜在的动力驱使着你尽力去塑造好自己所扮演的角色。事实上，对于表演艺术而言，并不存在所谓的“表演再造者”，这种说法并不是一个精准的定义，它并不能概括表演的全部。

坦白说，优秀的表演并不是靠教出来的。也许这个世界上仍然存在一些学习表演的方法，但是这些教你的人绝对不会对你说：“好的，现在你已经完成了你的学徒生涯了。你已经完美无缺地掌握了表演的要领，你无须再继续当一名学徒了，如今你已经成长为一名羽翼丰满的演员了。”对于一名电影演员来说，这种学徒式的教学方式显然是经不起推敲的。突然之间，人们开始相信他，随后便接受了他所扮演的角色了。我认为，这就是演员的定义。

保罗：对于一名作家来讲，现实应该也是如此吧。

克林特：完全正确。你完全可以自学完成某些特定的写作技巧以及写作套路。对于一个普通人来说，无论写作是他们的专业，或者只是他们的兴趣所在，抑或写作对于他们而言是一门艺术，写作都是一件非常与众不同的事情。一些人非常享受写作的状态，对于他们而言写作是一种极大的乐趣，另一些人则认为写作是一件十分令人沮丧的事情。对于演员来说也是一样的。一些演员经常会感到十分困扰，他们

影片《黄昏双镖客》当中的克林特·伊斯特伍德

入戏太深，以至于在电影拍摄完成之后他们无法从角色中走出来，他们陷入到了自我的怪圈当中，变得盲目并且骄傲自大起来。在他们取得了一定的成绩之后，这种骄傲自大足以“毁灭”他们——实际上，不仅演员会犯下这样的错误，导演、制片人等影视行业从业者都会经常犯类似的错误。

保罗：根据以往的经验来看，你似乎并未出现过入戏太深而无法自拔的现象。你所扮演的那些角色似乎与你本人的性格截然不同。

克林特：在我看来，我们不过是生活在地球上普普通通的人类，仅此而已。当你乘坐在飞机上俯瞰地面上行走的人类之时，你会发现他们的身躯犹如蚂蚁一般渺小，有些时候你甚至根本看不到他们的存在，你只能看到一些高耸的建筑物或者一些其他的东西。如果你没有生活在这个世界上，地球会有什么不同吗？你必须要站在现实的高度上去审视这一切，你会发现我们和动物一样，都非常幸运地生活在了这个时代。你需要去享受这一切，尽你所能去做好每一件事情，不断开拓进取，同时也为其他物种留存一些栖息地。万幸的是，人类本身就拥有足够的能力去创造出许多事物，但人类并没有创造出自身的终极灭绝。事实上，恐惧感正是造成人类自我灭绝的最大因素之一。

保罗：去年，当我与罗斯·麦克唐纳一起聊天的时候，他对我说："很奇怪，在我看来，自己没能一夜成名反而是一件非常好的事情。"在十年的时间里，他身为一名龙套演员一直都"奋战"在电影的最前线。他不断尝试在各类影片中挑战各种性格不同的角色，作为一名演员，在他职业生涯的最初十年里，他几乎完全淡出了公众的视线。虽然在当时他的片酬并不高，但他认为，从长远来看，他非常庆幸最初十年间的各种磨炼。你是不是也有类似这样的感觉呢？毕竟，在你主演电视系列剧《皮鞭》之时，你已经二十八岁了。

克林特：能够主演电视系列剧《皮鞭》是一件非常幸运的事情，主演这部系列剧而获得的片酬使我得以在电影专业继续深造下去。那个时候，我白天在片场拍摄，晚上就去学校上课。我一直都让自己处在一种学习的状态中。我学习过导演的专业课程，也学习了编剧的课程。也许我并不能像一名学生那样，拥有充裕的时间有意识地去学习，我学习的状态更像是一块海绵，我需要不断地吸收水分。对此我感到十分幸运，这么多年以来，我学到了许多与影视相关的专业知识，我被公认为是一名专业的电影演员、导演，因此我也得到了十分丰厚的回报。我真的学到了非常多的东西。我想，很多人都会认为我是一个非常大牌的电影演员，常常都会有人跑过来告诉我："你真的是演什么就像什么呀，你真的很了不起。"然后很快我就会告诉他们："没错，我是挺厉害的。我甚至并不需要做什么别的事情，只需要好好坐在片场，然后就会得到丰厚的片酬。"但事实却并非如此。实际上，你一直都了解他们的想法，他们想看到的是电视系列剧之外的你。我觉得你需要超越这些人的想法，让他们好好享受你主演的影片，然后再反过来从他们那里获取信息。经历了这些磨炼之后，你会愈加强大起来，

电视系列剧《皮鞭》剧照

你会变得更加完美。举个例子来说，也许在短短的一年时间之内，电视连续剧《查理的天使》使你名声大噪，你一跃成为当今影视圈最优秀的女演员。接下来，你必须要搞清楚为什么你会成为当下最优秀的女演员，你需要从那些经验丰富的配角演员身上学习一些东西，并且好好消化这些东西，同时你还需要了解一部电视剧是怎样运作成功的。如果你能够做到这些，那么你的片约便会接踵而来。

演员这份职业，有些时候是需要一些岁月积淀的。毫无疑问，一些演员相当幸运，他们很可能在很小的时候就已经非常有名了。比如，很多童星在他们很小的时候就已经名声大噪了。还有一些人，他们也十分幸运，他们在非常年轻的时候就已经拥有了相当多的参演机会。对于我而言，塑造出一个适合自己的角色的确需要花费相当长的一段时间。我不是当今影坛片酬最高的男演员，但如果一个人真的能够静下心来观察你，他会发现你身上的闪光点的。

保罗：你不是也经常调侃自己是那种“冷酷无情”的面孔吗？

克林特：哈哈，好一个“冷酷无情”的面孔。我曾经扮演过一些类似这样的角色，他们几乎清一色的来自社会底层，我采用了一种生硬的表演方式，因此这些角色身上几乎都带有一种神秘色彩，或者说，人们通常并不能够通过一些表面现象而判断出角色到底在想些什么。正是基于这个原因，相当数量的观众并不是那么喜欢我。他们喜欢看到弗雷德里克·马奇、杰森·罗巴兹或者是其他任何演员所扮演的那些更加彰显自我的正面角色，他们的表演堪称完美。我也十分尊敬并且欣赏那些演员。很多年以前，我就已经喜欢上了弗雷德里克·马奇的表演风格。关于杰森·罗巴兹，我还记得当我在百老汇观看影片《长日入夜行》之时，我就已经深深被他折服了。

对于一名电影演员来说，保持敏感性是这个世界上最难做到的事情。细数历史上那些伟大的表演艺术家们，他们无一不将这种细微的敏感演绎得淋漓尽致，就像加里·格兰特一样——他从来都没有得到过观众的批评，他真的是一位非常卓越的表演艺术家。在他的电影生涯当中，他从未获得过类似奥斯卡金像奖这种纽约评论界颁发的任何一个奖项，但他仍然星光熠熠。

除了需要保持较高的敏感性之外，与此同时，你必须要尽你所能去做好每一件事情。对于观众而言，我从来都不是一个性格外向的人。但其实很多时候，我都压抑了自己的情感，掩盖了自己的本能，因此演绎那种“冷酷无情”的面孔对我而言并非一件十分困难的事情。当然，除非你非常了解自己的性格，否则在有些时候，过分压抑自己的情绪其实是一种紧张的表现。

保罗：你在电影开拍之前也会突然变得非常紧张吗？

克林特：我不会紧张，因为我在开拍之前就已经调整好了自己的状态，我知道自己要以一种什么样的情绪进行拍摄工作。就像音乐家本尼·古德曼常常做的那样：如果你突然间忘记了怎样演奏单簧管，那么你就站在那里摆好手势即可。接下来，你需要对自己的手指说：“一，二，三，来吧，开始演奏吧！”随后，你就可以自如地在舞台上演奏单簧管，做好你自己该做的事情。我想，这些就是我一直都在做的事情，至少我已经这样做了将近二十七年的时间了。这种条件反射就像每当国旗升起之时，你的大脑立刻就会做出反应，一瞬间你就会流露出十分悲伤的情绪。

保罗：你是在哪部影片当中重踢了桑德拉·洛克的腿部，然后把她弄哭了？

克林特：是在《不屈不挠》这部影片当中。在拍摄某一场景之时，她一直都不能够集中精力去进行表演。我们在一个酒吧里面拍摄了这场戏，拍摄现场的人非常多，她一直都在抱怨这些人分散了她的注意力，她没有办法集中精力好好进行表演。我一直都在对她说：“加油！加油！现在开始集中注意力！你要在头脑中开始想象你已经进入了表演的状态之中。”

我一直都在引导她集中精力去进行表演，但最后拍摄出来的镜头仍然不尽如人意。情急之下，我踢了她一脚——当时我穿了一双橡胶底的鞋子，我在桌子下面重踢了她一脚，还将拳头砸在桌子上并且咆哮着：“该死！你要集中注意力呀！”我的血管都要蹦出来了，但她还是无法集中注意力，并且仍然抱怨着。然后，她便一下子哭了出来。不过最终我们还是得到了理想的镜头。我认为，这种情况应该还是挺常见的，很多演员都会出现无法集中精力进行表演的情况。

保罗：作为一名电影演员，你认为你所经历过的最困难的事情是什么？对你而言，最简单的事情又是什么呢？

克林特：我认为，我刚才所讲述的那件事情就是一件非常困难的事情。我还记得在我去上表演课程的时候，当我躺在地板上演绎惊声尖叫的动作之时，我一度认为这是世界上最简单的事情之一。当然，就算现在这也是一件非常容易的事情。绝大多数注意力较为集中的人都可以轻松地表演出激动的情绪，你可以在瞬间崩溃，然后号啕大哭起来。虽然这一系列的连锁反应有些过于矫情，但是这并不难做。我非常擅长这种表演，但是我并没有很多机会可以去演绎这种情绪，至少在我所扮演的那些角色当中是这样的。对我而言，表演一些生活当中平淡无奇并且十分细微的小事情则显得相对困难一些。

保罗：杰·考克斯告诉过我，你本人是詹姆斯·贾克内的一名资深影迷，他在很长一段时间里都一直是你最喜欢的一名电影演员。

克林特：我是看着詹姆斯·贾克内的电影长大的。我非常喜爱他参演过的那些影片。我认为，我之所以十分钟情于詹姆斯·贾克内这类演员，原因在于他们并不惧怕在影片当中展现出自己原本的面貌。他们并不在意自己东奔西跑地在商场里面推销玩偶时的形象，或者其他一些类似这样的事情。亨弗莱·鲍嘉甚至不惜在影片《浴血金沙》当中自毁形象，他将自己的头发剪成了非常愚蠢的样子。他们绝对是非常大胆的演员，并不仅仅只是角色本身要求他们这么去做的。

保罗：在《歼匪喋血战》这部影片当中出现过一个镜头，詹姆斯·贾克内蜷缩在了他母亲的膝下。

克林特：你必须要在影片当中勇于进行这样的表演。虽然，他也很想在影片当中扮演一名严肃的角色。但是在影片《歼匪喋血战》当中，他藏身于一辆卡车的后备厢当中，蜷缩在母亲的膝下。这个场景看起来十分滑稽，他害羞得像一个小姑娘似的，脸涨得通红。

保罗：詹姆斯·贾克内曾经和亨弗莱·鲍嘉合拍过一部电影。我不太记得那部影片的名字了，但我却清楚地记得贾克内在那部西部片当中扮演了一个懒汉的形象。那部电影虽然看起来十分怪异，但影片当中的确存在着不少可圈可点的地方。

克林特：我认为你不应该用怪异来形容那部电影，在我看来，那是一部非常棒的影片。但是出于某些原因，比如影片当中的时代背景，主创们的态度以及影片当中所采用的间断式的拍摄手法，这些都让整部影片看起来似乎并不适合由贾克内和鲍嘉来担当主演。这部影片完全可以选择由加里·库珀和约翰·韦恩来搭档主演，而并非贾克内和鲍嘉的银幕组合。

保罗：我想这部影片应该叫做《奥克拉荷马的孩子》。从整体上看，该片就是一部质量中等并且十分常见的西部片。但贾克内和鲍嘉不合时宜的年代感使得该片的风格焕然一新。虽然，该片风格上的转变并不能代表影片的全部，但我认为这种现象非常有趣。

克林特：我非常喜欢这种反传统的演员阵容，但是这种另类的安排似乎并未奏效，反而起到了适得其反的效果。

保罗：在这部影片当中，贾克内所扮演的西部牛仔看上去非常像一个粗壮的木桶。

克林特：我相信在现实生活当中，一定也存在着很多个头矮小的西部牛仔。但是，以往演员们在西部片当中所塑造出来的高大魁梧的西部牛仔形象已经深入人心，甚至早在几年之前，人们在脑海中就已经形成了固有的刻板印象。

保罗：我想，加里·库珀和约翰·韦恩以及贾克内和鲍嘉，他们很可能都有两米高。但是，大银幕是一个非常神奇的存在。桑德拉·洛克在银幕上看起来十分瘦小，但是你的形象却在银幕上显得高大、伟岸了许多。

克林特：同样的道理，你可以参考贝蒂·戴维斯这类在银幕上看起来十分高大的演员作为参考。实际上，贝蒂·戴维斯本人的骨架非常小，只不过她不太适合上镜，她在大银幕出现时显得尤为高大。克劳德特·科尔伯特也是如此，几天前的一个晚上我还遇见了她，她本人真的只是一个中等身材的女人。

保罗：桑德拉·洛克真的很有魅力。

克林特：我也是这么认为的。她的长相甜美、落落大方，这真的是一种非常真实的魅力。这种魅力似乎从未经过人工的雕琢与打磨。与很多早期好莱坞当红的女明星类似，桑德拉·洛克也有着姣好的面容，动听的声音，但这些特质在如今年轻一代的女演员身上并不容易见到。对于那些活跃在当今影坛的女演员来说，她们每个人身上都散发着不同的韵味，风格也各不相同。

保罗：很早以前，你一度会用录像带记录下自己的表演过程，这是真的吗？但是，你似乎在拍摄完影片《迷雾追魂》之后就放弃了这个习惯。

克林特：其实我并没有完全放弃这个习惯，在拍摄影片《荒野浪子》的时候我又一次用录像带记录下了我表演的整个过程。在影片《勇闯雷霆峰》的录像带当中，记录下了我在陡峭的雪山上攀登时的情形。但是在影片《春花秋月未了情》当中，我并没有用录像带进行任何记录，因为我在这部影片当中的戏份并不多，我不需要通过任何第三方的记录形式来审视我在片场的表演，可以这么说，我本人就是自己的"第三只眼睛"。我认为，用录像带记录下你的表演过程对一个演员来说是很有益处的，你可以研究、分析自己的表演形式以及表演风格，但有些时候，反复观看录像带会使你陷入困境。有些演员非常希望近距离回放一下自己的表演，但在看完之后，他们往往会说："天哪，我的头发怎么会是这样的。"或者是，"我能再重新换一个发型吗？"

在拍摄影片《荒野浪子》之时，我最后一次用录像带记录下了我的表演过程。我只是用摄像机记录下了一些镜头，但是我并没有记录下任何的近景镜头。每当开拍之时，我就将摄像机架在片场，然后按下"拍摄"键，当我完成表演的时候就立刻关机。剧组的后期剪辑人员对录像带进行了简单的编辑，我从来都没有让任何人看过这卷录像带。每当我在完成表演后心存疑问之时，我都会回放自己表演的部分，听一下自己对旁白的声音处理。当我渐渐变老的时候，抑或每当我拥有毫无根据的自信之时，我都会观看这些录像带，以此来增加对自己的了解，以及对我所扮演的角色获得一种更多的认知。

28

在1979年拍摄的影片《逃出亚卡拉》当中，克林特·伊斯特伍德饰演了一名根据真实事件改编而成的银行抢劫犯——法兰·摩利斯的故事。该片讲述了在1962年的时候，法兰·摩利斯与其他两名狱友共同利用一套旧雨衣试图逃出亚卡拉监狱。在这个被认为无法逃离的监狱当中，法兰·摩利斯究竟能不能成为第一个成功的越狱者……

保罗：我认为你之所以选择主演影片《逃出亚卡拉》，其中一个重要的原因在于，这部影片可以促成你与唐·希格尔的再一次合作。

克林特：我一直都希望和唐共同打造一部属于我们二人的电影，我们讨论了很长一段时间，但是直到1971年，我们才共同合作了我们真正意义上的第一部影片。在《逃出亚卡拉》这部影片当中，唐并不介意我的表演方式以及我对角色人物的诠释，而我也并不干涉他的执导和剪辑方式。唐在第一次读完该片的剧本之后就认为这是一个很棒的故事，如果将它拍成一部电影，这部影片的潜力将会非常大。随后，他询问了我的意见，我告诉他我也非常喜欢这个故事。

保罗：在拍摄影片《逃出亚卡拉》期间，假如你并未带资进组参与到这部电影的拍摄过程当中，你认为唐一个人有能力筹集到足够多的资金来完成整部电影的拍摄工作吗？

克林特：嗯，我想他最终一定能够获得足够的资金来拍摄完成这部影片。说起这部电影的投资，我想到了其中的一个小插曲：派拉蒙影业公司私下将唐从投资方中除了名，与此同时公司希望我能够参与到这部影片的投资当中，派拉蒙影业公司的高层们认为我理所应当地应该成为该片的投资人之一。

保罗：在影片《逃出亚卡拉》当中，你塑造了一个极其现实、谄媚、沉闷的银行抢劫犯的角色形象。

但在《不屈不挠》这部影片当中，你所扮演的神秘西部牛仔的形象已经成了一个家喻户晓的银幕形象。你是怎样在这两种性格截然不同的角色之间自如地进行切换，并且将这两个角色都塑造得如此出神入化的？

克林特：我只是快速地调整了自己的思维模式，试图让自己尽快从一个角色转换到另一个角色中去。同时，我也必须吃透两人各自不同的性格特征。在影片《不屈不挠》当中，布柯·比利是一个非常外向、可塑性很强的人。他非常乐观，非常信任身边的亲人、朋友，毋庸置疑，他是一个道德至上的人。而《逃出亚卡拉》这部影片当中的法兰·摩利斯，虽然他为了生活而努力奋斗着，但最终他还是度过了毫无意义的一生。在影片当中，一个才华横溢的人最终沦落为了一个生活上的失败者、一名罪犯。在一个雨夜，他被关押到了亚卡拉监狱当中，他在这里至少度过了二十年的光景。就像我之前说过的那样，如何扮演好两种类型完全不同的角色，这个问题无关乎智商，所以我不能用一种智慧的、分析式的口吻来告诉你我是怎样做到这一切的。你大胆地进行自己的表演就好，在不同的影片当中，你自然而然就会诠释出两种不同的人物风格。

保罗：在影片《逃出亚卡拉》当中，你所扮演的法兰·摩利斯所体现出来的那些外部特征，比如样貌、身材等，这些都是出自你的本能还是刻意为之呢？在影片当中，你看起来非常像小伊莱沙·库克，总是驼着背。相比起小伊莱沙·库克，你似乎更加瘦弱一些，看起来就像是被人打过一样，呵呵。在该片当中，你每一次的身体移动幅度都非常小。

克林特：在《逃出亚卡拉》这部影片当中，你只需要表演出一种态度就好。就好比你进入到了一个监狱当中，你环顾一下周围，想象一下监狱究竟是一个什么样的地方。通过这种方法，你的情绪在一瞬间就可以带入到角色中去，你似乎在监狱当中领悟出了生活的本质。亚

《逃出亚卡拉》电影剧照

卡拉监狱单一的生活环境让我们远离了“美国联邦调查局式”的思维模式，法兰·摩利斯就是这样一种性格：孤独的，内省的，在机缘巧合之下与其他狱友结盟，但却毫无顾忌地检举了自己此前所犯下的诸多过错。在现实生活中，我曾经和摩利斯的律师团队进行过交涉，虽然这个案子到现在仍然没有被法院判决，但摩利斯的律师却告诉了我许多他生活当中的小事情。坦白说，我对摩利斯的事迹都烂熟于心。我甚至根本没有必要去询问他的律师，诸如他的母亲是一个怎样的女人？他的祖父母或者是叔叔都是些什么样的人？在那个时候，我所需要了解的就是融入到他所犯的罪行中去，领教一下他曾经的生活。你只需要开始感受这种生活就好，但这并不意味着你必须要按照他的生活方式来过日子。在你充分了解了他之后，法兰·摩利斯的形象就会慢慢入驻你的内心深处。不管怎么说，我认为这都是一名电影演员必须要去做的事情，这是一种必要的素养。

接下来，我想你应该从监狱这个特殊的环境当中走出来。倘若你来到了一座小岛上度假，你可以把自己想象成是法兰·摩利斯本人，你非常希望在傍晚的时候逃出这座小岛。这座小岛上没有游客，甚至没有除了你之外的第二个人，更不用担心会有百老汇的人了，这里只有单细胞生物。你坐在这座小岛上，感受着它的氛围，你开始思考：天哪，为什么我偏偏要在这个不毛之地上度过一个又一个不眠之夜呢？

保罗：经过了上述的思考之后，我能够清楚感受到法兰·摩利斯的人物形象已经迅速渗透到你的灵魂深处了。

克林特：是的。这些都仅仅只是最基础的调查工作。紧接着，我还需要阅读该片的小说版本，仔细翻看各种不同的版本，将每一版本当中不同的越狱方式记录下来。我甚至还亲自拜访了一位成功从亚卡拉监狱越狱的罪犯，1932 年到 1941 年间，他一直都在亚卡拉监狱服刑。他刚进监狱的时候不过才二十一岁，他告诉了我很多监狱中的人情世故，我真的收获良多。

但是他的讲述却非常笼统。他讲述了自己越狱过程的“三步曲”，第一步、第二步、第三步分别是什么，然后简单描述了一下当时自己的做法，仅此而已。这些叙述都非常概括。

当你还是一名“学徒型”的演员之时，你必须要正视的一点就是——无论你扮演的是何种角色，你的心态应该永远都是一名学徒那样，你一直都要努力学习如何成为一名优秀的演员，你必须要汲取各种表演方面的知识。从长远来看，在你日后的表演生涯当中，你一定会学有所用的：你会尝试用一种“分析式”的眼光去思考你所扮演的角色。就拿《逃出亚卡拉》这部电影来举例说明，你会开始进行思考，如今法兰·摩利斯的身份已经转变成了一名囚犯，他的心里会怎么想呢？如果是我的话，我的心理活动又会是怎样的呢？当他刑满之后，他又会去哪里呢？经历了一场“头脑风暴”之后，你会在你的头脑当中为摩利斯本人构建出一个社会生活的大背景。因此，当你在表演的时候达到了一种“自我分析”的境界之时，那么在你日后的表演生涯当中，“自我分析”就会成为一种惯性。就好像从你踏入到监狱中的那一刻起，你马上就能够进入到角色中去了。

保罗：你觉得自己像法兰·摩利斯吗？

克林特：任何一个人都不可能完全像自己所扮演的那个角色。在这部影片当中，我所扮演的法兰·摩利斯一角，他本人并没有我高挑。在他越狱的时候，他应该比我的实际年龄还要小一些。他是一个非常阳光的男人，五官清秀、棱角分明，他深邃的双眸足以把你“电晕”。

保罗：在拍摄影片《逃出亚卡拉》期间，你是否曾经让杰克·拉兰内帮你检查过越狱的路线呢？

克林特：我曾经让他去检测过亚卡拉监狱的所在地阿尔卡特拉斯岛附近海域的水位、流量以及涨潮情况。我曾经询问过他，在他看来，最佳的越狱路线应该是怎样的。杰克·拉兰内本人就拥有一次成功的越狱经验。[①]

保罗：那么，你所得出的结论就是，在影片《逃出亚卡拉》当中，法兰·摩利斯和他的两名狱友最终并没有成功越狱吗？

克林特：杰克·拉兰内认为，他们并未越狱成功。但我个人倒是认为他们成功了——我想说的是，我并不认为他们逃出亚卡拉监狱就是成功的。但是我认为，角色本身是成功的、独一无二的，而且我深深地融入到了角色当中。你也许会思考这样一个问题：倘若他们真的越狱成功了，他们是否就会收获另外一种人生呢？也许将来的某一天，你很可能会收到一封从乌拉圭寄来的信。

保罗：我认为，你决定出演《逃出亚卡拉》这部影片绝非偶然。与影片《春花秋月未了情》类似，在这部影片当中你并没有动作戏或者出演一

---

① 1955 年，四十一岁的健身专家杰克·拉兰内曾经戴着手铐，从阿尔卡特拉斯岛一路游到了渔人码头而成功逃离亚卡拉监狱。随后，在 1974 年的时候，六十岁的拉兰内又一次成功越狱。这次越狱之时，他仍然戴着手铐，但他竟然拉来了一艘重达一千八百多斤的货船作为逃生工具。

些情色镜头。

克林特：没错，对我而言，出演影片《逃出亚卡拉》是一个绝佳的机会。在我看来，这部影片并非类似于《永不低头》那种商业电影。但我认为，如果这部影片制作精良的话，那它将会是一部让所有观众都非常满意的作品，票房收益也会相当不错。在影片当中，越狱的段落十分出彩，即使在那种紧迫、揪心的情境之下，影片当中也不乏一些幽默元素出现。我并不认为在一部影片当中植入大口径点44左轮手枪这种商业化镜头十分必要。其实，只有当故事足够精彩之时，这种商业化的镜头才能起到锦上添花的作用。

保罗：坦白说，《逃出亚卡拉》当中的越狱段落十分阴郁，并且令人深思。这些段落非常像罗伯特·布列松拍摄而成的。

克林特：在我看来，这是一个非常值得深思的问题。影片《逃出亚卡拉》当中鲜有动作戏份，即使对于一部动作片而言，你必须要把观众的注意力转移到对角色以及剧情本身的关注上来。无论是一部动作片，抑或是其他类型的电影，每一部影片都应该有一种精神力量，就像著名导演弗兰克·卡普拉在片中所呈现出来的镜头那样。如果一部影片缺少了灵魂，那么，拍电影就变成了一个纯粹的技术活儿。许多商业巨制以及一些镜头感极强的影片，在多年之后并没有被奉为经典，反而被看作是一些纯技术型影片。它们都是一些缺乏灵魂的电影，人们也只是被一时的新鲜感和拍摄技巧蒙蔽住了双眼。

保罗：在《逃离亚卡拉》这部影片当中，你是否亲自操刀对该片进行后期剪辑？

克林特：我并没有大幅度地剪辑该片，只是针对一些细节进行了微调。当时，唐的耳朵患有疾病，并且他将全部的精力都投入到了另外一部影片

影片《逃出亚卡拉》中的越狱段落

的拍摄中去。因此，我不得不承担一小部分的剪辑工作。实际上，唐此前已经完成了该片的粗剪工作。唐对我非常放心，因为我们对影片的理解是同步的。早在正式开拍第一个镜头之前，我们就达成了共识，他根本没有什么担心的必要。

在影片《逃离亚卡拉》拍摄期间，我们唯一一次产生分歧的原因在于，将一些虚假的场景放在真实的镜头中去。在拍摄初期，我一直都在拍摄海岛上的戏份。当然，如果需要的话，我们也会拍摄一些监狱当中的镜头。此时，为了方便拍摄，我们会在海岛上建造一座小型监狱，并且将这座小型监狱也作为影片当中的一个外景地。提起人为地建造监狱这件事情，不得不说，唐在洛杉矶建造了许多小型监狱。

我们在小型监狱的内部也设计了一个走廊，但这个走廊其实只有一个院子那么大，但它却足以占满整个镜头。在拍摄过程当中，一名演员顺势走了上去，仿佛他就置身于一座真实的监狱当中一样。在我看来，构思建造走廊的人一定非常有预见性，实际拍摄出来的镜头效果非常理想，我觉得这个场景相当漂亮。但是，唐却认为我们不能在这里进行拍摄。因此，有一天当我和他一起经过这个走廊的时候，我对他说："唐，我来给你演示一下，其实在这个走廊上进行取景是完全没有问题的。你可以从监视器上面看一下，实际拍摄出来的画面，其空间感还是很强的。你可以采用俯拍的方式，当演员站在走廊上面的时候，从镜头中看到的画面也是他真实地站在走廊的地面上。当然，我们也可以拍摄多个镜头然后进行剪辑，先拍摄一名演员站在走廊上的镜头，然后俯拍整个走廊，最后再将镜头切到那名演员刚刚进入走廊时的情景，我们可以将这几个镜头剪辑在一起。我们完全可以采用俯拍的视角，拍摄走廊的全景画面，将镜头从上至下摇到地面之上。这样一来，我们便不用花费近百万美元去搭建一个类似的场景。"随后，我和唐在那个狭小的空间之内迈着步子计算它的大小，并且讨论了拍摄的可能性和角度问题。突然之间，唐就喜欢上了这个想法。他对我说："很好，我们就这么去做。"多亏了这次分歧，最终的镜头才得以完美地拍摄出来，我们对此并没有任何异议。

另一方面，如果我们一直都仿造场景的话，那么摄像机最终拍摄出来的镜头会非常受限。唐曾经提议过，按照真实的比例仿造一个非常微小的场景，以此来区分实景拍摄，这未尝不是一个正确的决定。假设一个区域有两米宽、三米长，在这个区域内拍摄一些运动镜头就会非常受限。最终，在影片《逃离亚卡拉》的成片当中，摄像师综合了我和唐的想法。

保罗：在我看来，一名导演完全让另外一个人来剪辑他所拍摄的影片是一个非常伟大的决定。

克林特：是的，在唐的心目当中，我绝对是最佳人选。实际上，我总是与唐做着相似的事情——我搜集、整理了他的影评，我将自己刚刚拍摄完成的影片交给了他，并且说道："你觉得这部影片的节奏怎么样？"对于唐来说也是一样的，他曾经问过我："为什么我们将来不能一起合拍一部影片呢？我们可以拍摄一部风格全新的电影。在电影全部拍摄完成之后，我们各自剪辑其中的一部分，然后共同剪辑剩下的部分。我认为，这是一个不错的想法。”不过，虽然我们已经一起合作过多部影片，但是我们从来都没有这样去做。作为一名导演，我与唐的合作也使他拍摄出了许多出类拔萃的影片，而作为一名演员，唐也成就了我成为一名非常多产、卓越的演员。我们每个人都拥有自己本来的一面，但当我们与他人合作之时，我们就会将自己的性格隐藏起来。作为一名导演，我觉得我和唐十分相像。

实际上，我非常欣赏他的表演。我还特意安排他在我执导的影片《迷雾追魂》当中客串了一个小角色，我认为他的演技非常出众。在《逃出亚卡拉》这部影片当中，他同样出演了一个小角色，但是在最终的成片当中，我把他出演的戏份全部剪掉了。其实，我不仅剪掉了他出演的全部戏份，我也剪掉了自己的诸多镜头。在剪辑时，我的内心十分挣扎，但是为了保持影片整体风格的一致性，我被迫剪掉了许多自己颇为满意的镜头。对于这件事情，直到今天我们两个人仍旧耿耿于怀。

保罗：《时代周刊》似乎对《逃出亚卡拉》这部影片进行了高度的评价。我的意思是，《时代周刊》从正面肯定了这部影片。也许《时代周刊》的撰稿人仍旧认为，这部电影并不是一部经典的作品，但是这部影片绝对能够成为在接下来的二十年当中，每一位电影人学习的范本。[①]

克林特：是的，我现在也能够真正理解《时代周刊》对这部电影的评价。当你在读到他写的第一句话之时，你可能会认为《时代周刊》的撰稿人似乎并不怎么喜欢这部电影。但是，当你读完接下来的这句话之后，你会欣喜若狂，我真的不知道他是怎么想的。

---

① 文森特·坎比斯在《时代周刊》上对该片进行了如下评价：唐·希格尔执导的影片《逃出亚卡拉》并不是一部伟大的电影，或者是一部令人难忘的电影。不过，该片当中涉及了大量的法律常识。仅从这一点来看，该片就比同期上映的其他美国电影要好得多。《逃离亚卡拉》所取得的票房收益甚至比伯格曼和费里尼所有电影的票房总和都要多得多。对于片中的表演，他这样评论道：伊斯特伍德先生满足了观众对于角色的所有需求，估计也没有第二位演员能够胜任这一角色了。这是表演吗？我不知道，但是他绝对是当今影坛的领军人物。

保罗：《时代周刊》同《纽约时报》一样，他们通常会大加赞赏一部文化底蕴深厚的影片，而不是赞扬一部以越狱为题材的剧情片。

克林特：大概如此。我曾经读过伯特·雷诺兹所撰写的一篇文章——他人很好，我非常喜欢他，他是我的好朋友。但是，他似乎非常反感那些影评人。很多影评人并没有完完全全去看过一部影片，而其他一些影评人也许看完了整部影片，但他撰写出来的影评可读性却非常差，那些影评未必能够表达出他们真实的观点和情感。对于剩下的影评人来说，他们根本就没有看过那部影片，自然也撰写不出一篇像样的评论文章。这很像一个硬币的两面。对于唐来说，他或许会感到十分困惑。很多影评人都居住在纽约，他们在观看《逃出亚卡拉》这部影片的时候似乎更容易感同身受。唐是一名非常商业化的导演，或许正是因为这样，文森特·坎比斯才并没有从内心深处受到触动。如果换成是我，我想我也能够体会这种感觉。

保罗：《时代周刊》对你参演过的每一部影片当中的表演都做出了非常类似的评价："没有任何人能够把这部影片演得更好了，但是这是在进行表演吗？伊斯特伍德为什么不去好好表演呢？他本人也并不是一名真正来自亚卡拉监狱中的囚犯。"

克林特：在拍摄完成《肮脏的哈里》之后，尤其是当我还在持续拍摄西部片的那段时期，比如我拍摄过很多部莱昂内的电影，在那个时候，我遇到过很多人——那些人当中不仅有专业的影评人，还有许多普通的电影观众。他们会说："天哪，我就知道你会是一名与众不同的演员。"我会反问他们："在你们看来，当我拿着一把大口径点 44 左轮手枪的时候，我所诠释的表演非常棒。"那些精明的媒体朋友，或者是一些受过良好教育的人们都会回答：是的，就是这样的。"我会对他们说道："没错，我只是在完成我的表演罢了。"这其实是趋炎附势的最高境界，因为那些人无一例外地都希望你能够保持那种状态继续表演下去。

保罗：那些人真的非常讨厌。

克林特：没错。当你拿着一把枪对准他的头部，并且说道："嘿，你觉得我的表演怎么样？"这真的是非常滑稽的一幕，因为这就像一个大学生走到了我的面前，同时对我说道："帮我个忙，你只需要告诉我，你是个混蛋就好。"当我转身离开的时候，他突然拦住了我。我问他究竟想要干什么？他只是对我说："我只是喜欢你说自己是混蛋时的样子。"有一次，我碰到了拳王阿里，他朝我走了过来并且对着我说："你只需要告诉我怎么做就好，我只有十分钟的时间逃出这座城市。"我笑着对他说："哈哈，可是我现在并没有随身带着一把大口径点 44 左轮手枪。"

因此，这显然是一种高级的吹嘘方式，也许那些人自己也没有想到他们会这么去做。通过你所扮演的角色，受众认识了你、了解了你，你深深地影响了他们，他们会把你当作电影里面的角色，这对于我而言就是表演的意义之所在。我想，这应该就是康斯坦丁·斯坦尼斯拉夫斯基、迈克尔·契柯夫以及那些古典表演艺术家们毕生所追求的事情吧。他们都试图通过自己的身体力行去影响自己的学生，这应该就是一种表演上的信仰吧。

保罗：很多人应该都是如此。像弗雷德里克·马奇这样的演员，他的表演并没有极强的感染力，原因很可能在于他并没有扮演过"民族英雄"这类角色。

克林特：没错，的确是这样的。如果你从来都没有扮演过"民族英雄"这类角色，比如像杰森·罗巴兹，同时期的其他演员无法与他相提并论，原因恰恰在于他出演过"民族英雄"这类角色，他的演技出众，并且给观众留下了深刻的印象。对于像史蒂夫·麦奎因这样的演员，他们出演"民族英雄"这类角色只是为了能够名留千古。虽然他们都非常敬业，尽力去演好这类角色，但是在扮演这类角色之时，他们都缺乏对角色的深度思考。

保罗：表演确实是一门高于生活的艺术。

克林特：实际上，很多演员都具备足够的能力去胜任他所扮演的角色，但很多时候，那些角色似乎并不能被观众所接受、认同。观众似乎更容易接受伍迪·艾伦，然而他在现实生活当中却不断遭遇各种麻烦。我是唐的忠实影迷，他在《逃出亚卡拉》当中的表现真的很棒，他不仅仅只是表演出了一些外在特征，对于角色的内心戏的把握也十分到位。他是那种在逆境中成长起来的人，他并没有表演出那些高于生活的东西。对于一些有悟性的演员来说，那些高于生活的表演则意味着“更加真实”。对此，我也不是特别清楚。

保罗：我也对此持怀疑的态度。

克林特：毫无疑问，想要获得赞扬是一件非常不容易的事情。

29

或许是因为克林特·伊斯特伍德本人的抵触情绪，又或者是保罗担心这一话题会触及他的道德底线。自始至终，保罗并没有提及克林特·伊斯特伍德与女演员桑德拉·洛克的关系，以及他曾经的两段婚姻。

1953年，克林特·伊斯特伍德与泳装模特玛姬·强森结婚，婚后他们育有一子一女：分别是1968年出生的凯尔·伊斯特伍德和1972年出生的艾莉森·伊斯特伍德。虽然早在1978年的时候，克林特·伊斯特伍德与玛姬·强森就已经宣布离婚，但是直到1984年，两人才正式办理了离婚手续。

保罗：我想你应该明白我的意思，我只是想问一下你关于离婚的事情，或者关于分居这件事情，你有什么想说的吗？

克林特：好吧……我们是合法分居。虽然我与玛姬·强森并未正式办理离婚手续，但是毫无疑问，我们的婚姻已经走到了尽头、名存实亡。在我看来“离婚”与“分居”在本质上是相同的，二者之间的差别取决于你是否愿意通过法律途径来介入到这件事情当中。我必须要澄清一件事情，事实上，我和强森之间就离婚一事并无太大分歧。不过，我们就孩子的抚养权问题查阅了各种各样的政策，最终我们达成了一致。不久之后，我们便正式签署了离婚协议。

保罗：你认为自己与强森离婚是一种必然吗？你之前有没有预想过，也许将来的某一天，你很可能会离婚这件事情？

克林特：我也不知道该怎么来回答你这个问题。如果夫妻双方中的一方发生了婚外情，这很有可能会导致离婚。但是至少到目前为止，似乎并没有人对此提出过异议。

保罗：其实我非常能够理解你，尤其是在圣诞节的时候。因为我自己就曾经经历过分居、离婚，因此

我非常明白，怎么给孩子一个完美的交代其实是非常困难的一件事情。在我离婚的时候，我的儿子才刚刚满三岁。天哪，那真是一段异常艰辛的岁月。

克林特：从理论上来说，的确如此。不过就在去年，我刚刚度过了一个非常愉快的圣诞假期。圣诞节来临的一周之前，我带着孩子们一起去滑雪。圣诞节的那一周，孩子们回到了家里，我便踏上了独自旅行的征程。那个圣诞节，我虽然与孩子们天各一方，但是我们却都度过了一段美好而又难忘的时光。我认为，这个安排十分妥当，孩子们也都非常享受这样的生活。我们从不在孩子面前发生争执，从长远来看，这其实是一种更加良性的关系。

30

就在这次对话的不久之前，拳王阿里在1980年的世界职业拳王争霸赛上惜败于拉里·霍姆斯，最终只获得了该联赛的四连冠。

差不多是在十年前，在1971年的一天早上，保罗在芝加哥的一家酒店门口遇见了当时正在晨跑的拳王阿里。阿里主动走了过来，两个人闲聊了一会儿。事后，保罗开玩笑称：“这场‘会面’其实就是黎明前的两个人，他们坐在台阶上闲聊了一会儿而已。”

保罗：见到你之前，我和弗里茨·朗聊了一会儿，他说你昨天晚上也看了那场比赛的直播。其实，昨晚我也一直试图从电视频道中找到这场比赛的实况转播，但是很遗憾，我最终没能找到直播画面。

克林特：我和弗里茨·朗一起看了那场火药味十足的比赛。

保罗：我已经听说了整场比赛的过程。从感情上讲，很多年以来，我一直都支持拳王阿里。我几乎看过他所有的比赛，我真心希望他能够尽快从失败的阴影当中走出来。

克林特：每个人都会遇到职业生涯的瓶颈期，更何况拳王阿里如今已经三十八岁了。在我看来，瓶颈期并不是一段十分可怕的岁月。你无法忍受在接下来的两年当中无所事事，所以你必须要调整好了自己的心态，并且在接受了三个月的训练之后，你对自己说道：“我想，是时候可以上场比赛了。”只不过，在三十八岁的时候遭遇事业上的瓶颈期，你可能需要一段更长的时间来恢复以往的状态，你需要迎接人生当中一段更为广阔的岁月。对于阿里而言，他需要借助一些器械来恢复自己的体能。当然，如果他现在只有二十五岁，他完全不需要这样去做。阿里年轻的时候，他根本就没有遇到过同级别的竞争对手，那些人根本不能对他构成威胁。阿里有着辉煌的职业生涯，他甚至并不需要高强度的刻苦训练，这一切都源于他是一位天赋秉然的拳击手。坦白说，我并不希望他在接下来的一两年当中仍旧坚持训练。对于他来说，他应该立刻重返拳坛，继续参加拳王争霸赛，在四十岁之前，他应该为自己而战。我认为，这才是他当下最需要去做的事情。当然，我希望他能够重拾信心，重新燃起对比赛的欲望，而不是以临时抱佛脚的心态来参加比赛。

保罗：就在三个月前，他看起来还是那样星光熠熠。那个时候，他为了减肥对自己制定了严格的计划，减肥成功的他看起来与奥逊·威尔斯十分相像。从照片上看，他与十年前并无太大差别。当然，他与“型男”之间还是存在着一段不小的差距。

克林特：就算你没有进行任何运动，也是可以减肥成功的。实际上，很多人都把减肥和运动想当然地联系在了一起，然而这两者之间并不存在必然的联系。等等，你刚才说什么，他现在才二百斤？

保罗：准确来说，是一百九十六斤。

克林特：但是，这并不是重点。人们可能并没有意识到，阿里第一次参加职业拳王争霸赛的时候，他只有二十来岁。此后，他的职业生涯一路辉煌。此前，他在参加职业拳王争霸赛之时，他的体重也曾在一百九十五斤上下浮动。不过随后，他就加入到更高重量级的竞技之中了，因为他不忍心拒绝那些曾经不断对他宣战的对手。因此，你必须要不断突破自己，挑战自己的极限。设想一下，当你在三十八岁的时候去对抗一名二十八岁正值青壮年的热血青年，这本身就是一场生理之战。

保罗：弗里茨·朗曾经说过，这听起来就像阿里现在就要去尝试打败迈克·韦弗一样。

克林特：在我看来，他应该先和韦弗进行交战，然后再与拉里·霍姆斯对打。你要知道，那天有不少人都对阿里下了不小的赌注。

保罗：我认为，阿里参加这次职业拳王争霸赛不仅仅只是为了输赢。我敢肯定他一定是需要钱了，

这也许是一种最坏的设想，但是我真的认为他可能就是因为这个原因才去参加比赛的。天哪，从来都没有人以此为动机来参加比赛的。阿里是一个非常擅于冒险的人，他总是有能力证明自己的所作所为是正确的。

克林特：那场比赛之后，我还以为他会重返拳坛。我非常了解他的感受，我太清楚他的个性了。到目前为止，他的生活非常滋润，他周游了许多国家并且还受到了当地首脑的亲切接待。实际上，他做出了一个非常明智的决定。假如他依旧刻苦训练，然后和韦弗进行交战，他无非只是可能再度成为“拳王”而已。

保罗：我甚至一度怀疑过，也许他真的甘愿当一名失败者。不过我非常确信，在他的内心深处，他仍然渴望着成功。

克林特：我想，我非常能够理解他的心情。也许直到他宣布退役之时，他应该一直都希望自己能够成为史上第一位对黑人拳手保持不败战绩的拳王吧。但是，如今当他重返拳坛之时，他必须要去妥协。不过毫无疑问，他仍然在战斗着。[①]

保罗：就在今天早上，报纸上刊登了一条悲伤的新闻。阿里和史蒂夫·麦奎因占据了报纸的头条位置。

克林特：我还没看过今天早上报纸，但是我从其他途径听说了这两个消息。

保罗：显而易见，史蒂夫·麦奎因被确诊为石棉癌一事属实。此前，他已经住院接受治疗了。医生为他注射了大量抗生素，不过很多医生还是觉得他已经无药可救了。如今，他的病情似乎已经被控制住，并且逐渐好

① 事实上，阿里从未与迈克·韦弗交手过。他的下一场比赛，也就是他人生当中的最后一场比赛，不幸的是，在 1981 年的时候，他输给了特雷沃·伯比克。

转起来。然而就在两个多月以前他刚刚住院的时候，一名医生甚至声称他根本活不过两周的时间。由此看来，医生的话也不全是金玉良言。决定一个人能否活下去的关键因素在于精神力量，药物并非能够百分之百地决定一个人的生与死。

克林特：史蒂夫·麦奎因现在仍然在医院接受治疗吗？他在哪家医院？

保罗：我也不是特别清楚，我只知道他在墨西哥。听说他现在恢复得还不错。

克林特：至少，他在墨西哥可以呼吸到新鲜的空气。如果他在美国接受治疗的话，也许这里的雾霾就足以致他于死地了。①

① 史蒂夫·麦奎因被确诊患有间皮瘤。当时，他已经前往墨西哥接受治疗，并且已经进行了全身化疗。不过遗憾的是，仅仅在一个月之后，他就与世长辞了。

31

克林特：沃伦·泽方现在过得好吗？

保罗：挺好的，他刚从夏威夷度假回来。今年十一月份的时候，他将会发行他的最新专辑。他的身体状况已经逐渐好转起来了。为了保持身体健康，沃伦·泽方已经开始戒酒了。你知道吗？他过去经常酗酒。

克林特：嗯，我知道他过去经常酗酒。我还记得有一次他到我这里，手里拿了一支旧式高脚杯，他坐下之后就一直在喝酒。我们讨论了一些关于电影配乐的事情，很快，他便起身离开了。但是，没过一会儿，他又回来了。那个时候，我刚好有事情离开了。于是，他对着鲍勃·迪伦把自己刚才的观点又重复了一遍，就像他从未来过这里一样。就这样，他把我们之前讨论过的事情全部颠覆了。①

保罗：他曾经试图扮演斯科特·菲茨杰拉德一角，他对这个角色如痴如醉。为此，他专程前往派恩克雷斯特，这是位于圣巴巴拉市的一个毒品集散中心。他整日都待在那里，很显然，他已经渐渐适应了那个地方。为了能够争取到这个角色，他现在正在努力减肥，也许他已经减重三十到三十五斤了。

克林特：这太不可思议了。适当的减重对他的身体健康是很有好处的。

保罗：其实，他已经意识到自己可能将要扮演一个无法完全驾驭的角色。从逻辑上讲，这个角色的最终结局走向了死亡。他必须要把这种感觉淋漓尽致地诠释出来。

克林特：这就是斯科特·菲茨杰拉德一角所遇到的现实问题。坦白说，一个生活在小镇上的年轻人，每天都无所事事地进行音乐创作，这真的非常不现实。当今影坛的知名影星都特别像二十世纪二十年代的歌手，在那个年代，大多数影星每天都开着劳斯莱斯以及帕卡

① 据沃伦·泽方的前妻克里斯托·泽方的回忆，沃伦·泽方曾与伊斯特伍德在1977年的时候见过一面。她说："我知道他们当时正在谈论关于电影配乐的事情，沃伦·泽方对此感到十分兴奋。"

德汽车外出参加各种各样的聚会。你可以观察一下，如今开着劳斯莱斯汽车往返于好莱坞之间的已经变成了那些知名歌手了。演员们则开着自己组装的汽车或者是摩托车穿梭于好莱坞之间。如今的潮流已经发生了巨大的改变，即使是最当红的电影明星，他开的也是那种最常见的车。

保罗：的确是这样的。如果你方便的话，我想邀请沃伦·泽方在距离今天访谈结束前的四十五分钟赶到这里，我们在一起聊聊天就好。此前，我曾经在访问其他艺术家的时候进行过类似的尝试，我认为这种方式十分有效，原因在于沃伦·泽方所提出的问题都是一些非常有内涵的问题，那些提问很多都十分出乎我的意料。他对于你的电影有自己独到的见解，在他的提问当中，总有一两个问题令人感到十分惊喜。我觉得，在你们上一次见面的时候他可能表现得太紧张了，当时他的脑子里面一定是一团糟。

克林特：没问题，你让他过来吧。他是一个很好相处的人，也许他比较腼腆，但是我挺喜欢他的。

没过多久，沃伦·泽方就来到了伊斯特伍德的办公室。三个男人在他的办公室里吃起了芝士汉堡。

克林特：芝士汉堡的味道还不错，量也挺足的。

保罗：当你把自导自演的影片《不法之徒迈·韦尔斯》拿给大卫·格芬看了之后，他真的说了“这个电影真的是太长了”之类的话吗？

克林特：当然没有。如果我没记错的话，我应该从来都没有把这部影片拿给大卫·格芬看过。事实上，在刚刚拍摄完《不法之徒迈·韦尔斯》那段期间，我从未遇到过大卫·格芬，我只记得我把粗剪之后的片段拿给杰里·菲尔丁看过。他对这部影片的评价相当高，并且他很快就喜欢上了这部影片。他沉醉于该片的剧情当中，因此我对他说道：“没有人愿意主动尝试你所做的那些事情，所以我们必须要尽快完成该片的剪辑工作。”

沃伦·泽方：能够亲自执导一部影片确实是一件相当不易的事情。

保罗：我至今都还记得，《不法之徒迈·韦尔斯》是沃伦·泽方在他的录像机中观看的第一部电影。我们一起看了这部影片，并且度过了一段非常开心的时光。

克林特：你们没在电视上看吗？

保罗：没有，我们将影片录了下来，在沃伦·泽方的家中回放了这部影片。

克林特：起初，NBC 想让我们增加二十分钟的时长，将该片的时长变为三个小时。我们接受了这个建议，我认为我对电影时长的把握还是相当准确的，同时我也非常希望尽可能多地把一些制作精良的场景放在这部影片当中。但是，当我们重新剪辑之后，NBC 的工作人员却告诉我们："我们现在希望把这部影片变成一部两个小时的电影。"于是，他们给了我们一个需要删减镜头、场景的清单，我们必须按照这个清单对影片再度修改。那么，我想问的问题就是，在并未破坏影片原有剧情的前提下，你在观看这部影片之时，对于两个小时的电影时长是否感到满意呢？

保罗：我并不希望这部影片的时长仅仅只有两个小时，作为一名观众，我希望看到更多精彩的场景。

克林特：我必须要说，最终我们剪切掉了一些很好的镜头和场景。我很庆幸我是该片最初的粗剪成员之一，对于此前那些电视剪辑版本，我甚至都不能称它们为剪辑，那简直就是在进行"屠杀"。电视台将剪辑完成的《荒野浪子》这部影片的电视版本拿给我看，我看完之后对他们说道："我觉得你们可以不用付钱给那些剪辑师，这甚至还不如我亲自剪辑的质量高，不如你们把钱给我，我亲自操刀剪辑这部影片如何？"电视台的工作人员满脸疑惑地说道："哦，是吗？"我对他说道："电影的灵魂被剪掉了，剧情也被剪得七零八乱，整部影片也就失去了它本来的意义，如同行尸走肉一般。整部电影看起来就是一部废话连篇的影片。”随后，他们说道：“那么，我们还能做些什么呢？”我想了想，对他们说：“我们重新调整一下上映日期吧。”随后，双方不得不做出一定的妥协。出于无奈，我不得不违背我的初衷去处理一些事情，但是在那之后，我再也不会亲自剪辑电视版本的影片了。

关于剪辑的对话还在继续……席间，沃伦·泽方也讲述了当他在创作《烈火中永生》这张现场合辑的过程中是怎样和他的唱片公司来回斡旋的。

沃伦·泽方：我们大概花了三个星期的时间才把所有的元素融合到了一起，然后便确定了所有的细节。随后，唱片公司的一位女员工来到了我的工作室，并且说道：“等一下，我还没有搞清楚你们现在到底在做什么？”我对她说道：“我正在调整一些歌曲。”她马上回应道：“调整？你要知道这是一张现场合辑，你不能随意调整那些歌曲的！”我对她解释道：“亲爱的，你也看到了，我们只是希望在这张现场合辑里面加入一些娱乐性的元素。你明白的，这并不是一张真实的纪录性唱片，这张现场合辑的关键性因素取决于它的娱乐性到底有多强。”我想，大概就是这句话彻底激怒了她。毫无疑问，这张现场合辑确实是对演唱会的真实记录，但是在演唱会中加入一些此前从未演唱过的歌曲纯属无稽之谈。

克林特：坦白说，近些年来，我已经降低了对电影的制作水准。我一度非常热衷于拍摄工作，这种感觉就像你热爱音乐一样。你在某件确定的事情上大费周章，虽然这件事情很难办到，但你最终还是按照自己的意愿做成了。然而，这一切却在突然之间都不复存在了。在拍摄《勇闯雷霆峰》这部影片的过程当中，我曾经在崇山峻岭之中拍摄了五个小时，我们的确拍出了一些非常棒的镜头和场景。但是对于整部影片来说，短短五个小时的拍摄时间显得十分微不足道。

沃伦·泽方：在这部影片当中，你在图腾柱地区也拍摄了相当数量的镜头。你似乎十分忠实于原著进行拍摄。

克林特：我试图按照原著在合适的季节将这些镜头展现出来。

沃伦·泽方：我曾经告诉过保罗我的理念，我认为你应该在电视系列剧《美女与野兽》当中也这么去做的。我想，当他们在拍摄影片《现代启示录》的时候，他们可能不会遵循历史一直待在某个地方进行拍摄的。

克林特：如果他们可以遵循历史，《现代启示录》这部影片也许可以拍摄得更加完美。我记得在影片开拍之时，这个故事似乎还没有结尾。我读过该片的剧本，从剧本当中，你根本无法看出这部影片的影子。因此我推断，这部影片所讲述的故事根源于这个剧本，但是在实际的拍摄过程中，导演又把这个故事拍摄得高于剧本。影片最终采用了一种开放式的结尾，结局本身并不承担任何叙事功能。

保罗：据说，你曾经也是本杰明·韦勒上尉（最终马丁·辛扮演了这个角色）的演员人选之一，这是真的吗？

克林特：是的。当时，片方初步选定了两三位演员来参加这一角色的试镜。

沃伦·泽方：假如你能出演科茨上校一角就好了。[①]

---

① 1979 年，在影片《现代启示录》上映后不久，沃伦·泽方强烈表示出他对影片中将头发剃成光头的马龙·白兰度的诸多不满——马龙·白兰度在影片当中饰演了化身为恶魔的科茨上校一角。沃伦·泽方认为，影片《现代启示录》仿佛利用三个小时的时间讲述了真正的恶魔原来是科茨上校的故事。

克林特：科茨上校这个角色本身就已经非常有意思了。事实上，史蒂夫·麦奎恩曾经打电话给我，片方曾经告诉过他，他们希望可以由麦奎恩来饰演本杰明·韦勒上尉一角。他告诉我：“你很适合出演本杰明·韦勒上尉一角，而我却很喜欢科茨上校这个角色。”由于档期的问题，他希望与他刚刚开拍两周的影片的剧组达成一个协议。原本，他也可以像马龙·白兰度那样与《现代启示录》这部影片的片方先签下出演协议。在我看来，这真的是一桩美事，仅仅两个星期就可以赚到这么多钱，的确十分可观。他对我说“我们为什么不能一起参演这部影片呢？”我是这样回答他的：“我有一个疑惑，本杰明·韦勒上尉一角仅仅在剧本当中出现了不到两周的时间，随后这个角色便消失了，但《现代启示录》这部影片的时间跨度似乎还挺长。”随后，我与弗朗西斯·福特·科波拉进行了交流。当时，我恰好刚刚搬到新家入住，出于一些私人原因，我并不想在国外待两年的时间。科波拉告诉我，当时影片预计的拍摄时间是十六至十八个月。

保罗：弗朗西斯·福特·科波拉的制作公司现在正与维姆·文德斯合作拍摄影片《哈麦特》。

克林特：他们拍摄了《哈姆雷特》这部电影吗？

保罗：不是的，是一部名为《哈麦特》的影片。

克林特：哦，是《哈麦特》呀，就是讲述达希尔·哈米特的那部影片吧。

保罗：他们已经拍摄了百分之九十的戏份了。但奇怪的是，这部影片没有结局，也没有开头。

克林特：这真的是一部非常怪异的电影。

保罗：维姆·文德斯历时两年的时间最终拍摄了这部电影。从开拍到现在，他们一共雇用过十七位编剧，就在不久之前，他们才刚刚解雇了上

一位编剧。该片的制作人之一科波拉告诉过他们：“你们必须要把已经拍摄完成的百分之九十的戏份好好编排、剪辑一下，然后我再看一下应该怎么加上开头和结尾。”

克林特：我觉得你很适合做这件事情。我认为他们采用了一种风险指数非常高的拍摄手法。对我而言，如果你希望在一部影片当中讲述一个笑话，那么你就必须要在影片结束之前构思好这个笑话，并且将它完美地呈现在观众面前。我从来都不会拍摄一部没有结局的影片——虽然我也曾经拍摄过一部类似的影片《乔·基德》。

保罗：最终，该片的编剧之一韦斯特在几个星期之前补拍了影片《哈麦特》的开头和结尾部分，这就是我们现在所看到的那个样子：开场白越多，观众就越感到迷惑，观众在观影的过程中会一直处在一种迷惑的状态之中。

克林特：你现在需要做的就是从业界邀请一位知名的影评人，并且对他说：“您在看完这部影片之后，我希望您能给出一些新的见解。”如果你在一部影片的开场部分设计了大量的开场白，通常来说，那些影评人会非常理性地去研究这些开场白的潜台词，但是观众并不会这么去做，他们看电影只是为了娱乐，而不是去理性地研究它们。

保罗：这就是科波拉现在必须要去解决的问题，因为他在影片《教父2》中也犯下了同样的错误。他不知道应该以一种怎样的方式进行影片的收尾工作。如果你和他共同合作一部影片的话，我想你们至少需要磨合三到四年的时间。

克林特：与影片《不屈不挠》十分类似，山姆·伯顿斯也在《现代启示录》这部影片当中饰演了一名配角。他已经厌恶了扮演这类角色，在拍摄影片《现代启示录》期间，他甚至还成功减重二十七斤。因此，直到现在他仍然觉得自己所饰演的角色与剧情之间十分脱节。

保罗：他跟我讲了许多关于马龙·白兰度的故事，有一次，拍摄现场的两台摄像机同时对着他拍摄了近九十分钟的时间，而马龙·白兰度在这九十分钟里的长篇大论其实可以概括为两句话：“这太恐怖了！这真的是太恐怖了！”在我看来，这句话同时也适用于该片的编剧约瑟夫·康德拉。

克林特：他甚至都没有在拍摄期间吃一块黄油面包吗？或者是让女孩在他屁股上放三根手指？[①]

沃伦·泽方：他应该在这个地方有一个单独的镜头，对吗？在“柬埔寨最后的探戈”这部影片当中，哈哈。

克林特：然后，他们很可能会想出一个完美的结局。

保罗：这个比喻真的堪称一绝。我喜欢这样讲：无须借用任何双关语，我们应该本能地在影片当中讲好一个笑话。

克林特：你试图让某个人进行过这样的尝试吗？你开始讲一个笑话，讲到一半的时候你突然忘记了这个笑话最后到底讲的是什么？此时此刻，坐在那里听你讲笑话的每一个人都对此感到十分抓狂。

沃伦·泽方：凡是艺术界或者是娱乐圈的人都应该能够理解到底什么才是真正的笑话。当他们想知道我是如何进行创作的，我想我只能用下面这句话来回答他们。有人说：“你为什么不这样来进行创作，这真的很搞笑。”在我看来，如果这样进行创作的话，就像是在刻意编造一个笑话一样。当然，我自己也无法理解为什么我会把这件事情理解为一个笑话。

---

① 伊斯特伍德引用了马龙·白兰度在拍摄由贝纳多·贝托鲁奇执导的影片《巴黎最后的探戈》中最为臭名昭著的场景之一，在那部影片当中，马龙·白兰度曾经用黄油当作润滑剂。著名影评人宝琳·凯尔曾经在《纽约客》上赞扬影片《巴黎最后的探戈》“改变了艺术的表现形式”。

克林特：我想你现在应该明白了何为笑话，何为同情，何为悲悯了吧。

沃伦·泽方：没错，真正的笑话源于对话的字里行间。

克林特：如今，很多人甚至早已忘记了娱乐的价值。如果一个人称另一个人为艺术家，通常"艺术家"一词就已经在他的脑海中形成了某种刻板成见。他们很可能会这样来理解"艺术家"一词：当他们身处一座沙漠孤岛之时，他们周围只有皮划艇和船桨，"艺术家"们很有可能利用这两样工具就已经驰骋在沙漠之中了。这可以被称之为艺术，同样这也是一种娱乐。

保罗：接下来，我想告诉你的事情与影片《不法之徒迈·韦尔斯》有关。一家业内知名公司曾经在年末进行过一项调查，他们采访了大量知名人士，并且对每个人都问道"在你的心目当中，二十世纪七十年代最卓越的电影是哪一部"？有一个人认为你自导自演的影片《不法之徒迈·韦尔斯》堪称二十世纪七十年代的最佳影片，那个人就是艾比·霍夫曼。①

克林特：人们在评价这部电影之时，经常将其与政府、战争等一系列毫不相干的东西联系在一起。

保罗：艾比·霍夫曼对该片的评价并没有夹杂任何政治性的观点。在我看来，影片《不法之徒迈·韦尔斯》是当之无愧的二十世纪七十年代的最佳影片之一。艾比·霍夫曼曾经列举过一个自己心目当中"二十世纪

---

① 1980年，《狂欢年代》杂志刊登了一篇由"芝加哥七君子"之一的杰里·鲁宾采访艾比·霍夫曼的文章。鲁宾告诉了仍然逍遥法外的霍夫曼："天网恢恢，疏而不漏，即使你现在仍然逍遥法外，但终有一天你也难逃法律的制裁。"霍夫曼回应道："我觉得我已经难逃法律的制裁了。我的邻居是一名非常强悍的女子，我非常希望自己能像克林特·伊斯特伍德所执导的影片《不法之徒迈·韦尔斯》中那样去做。在那部影片当中，主人公韦尔斯是一名内战当中的叛兵，他被一支地方武装势力追杀着，但是他最后却在深山峡谷中定居了下来，当地居民保护了他。当那支地方武装势力追赶到深山峡谷之时，当地居民告诉他们韦尔斯向另外一个方向逃走了。"

七十年代的最佳影片榜单”，我认为这部影片理应在这个榜单之中。

克林特：艾比·霍夫曼是一名个人主义者，这部电影理应出现在他心目当中的榜单之上。很多人并没有将《不法之徒迈·韦尔斯》这部影片列在他们心目当中的最佳榜单之上，原因在于他们要先看一下这部影片有没有出现在其他人的榜单上面。就像小学生一样，他们在填写自己的答案之前总是先要看一下别人的答案。很多人在面对这样的事情时，都会这么去做。

沃伦·泽方：这种现象似乎还挺有趣的，我现在也打算按照这种逻辑来尝试一下。我想保罗能够明白的，在古典音乐或者是现代音乐的测试当中，如果有人得了 A，那么这一定就是最佳答案了。据我观察，现在大概没有孩子会对古典音乐感兴趣了。只有那些对此感兴趣的学生才会选这门课，除此之外在课堂上并没有任何旁听的学生。因此我觉得，当我是一个孩子的时候，唯一一件让我无所畏惧的事情就是艺术。因为如果这里有纯粹的艺术，我是说如果，那这绝对是一件非常享受的事情。于是，我得出了这样一个结论：想要娱乐大众，首先自己必须要搞清楚什么才是艺术。

克林特：究竟什么才是艺术，我认为这是一件值得坐下来好好商榷的事情。你必须要对艺术保有敬畏之心，不应该局限在感性的认识之上，更应当升华到理性认识的层面之上。艺术应该有不同的分类，每种艺术都存在着不同的特点。在我看来，你是正确的。

保罗：从你在接受大卫·席安在 HBO 的访谈节目中，我得出了一个经典的结论：“如果一个男孩即将与自己喜欢的女孩合作一部电影的话，那么你首先要带他们去某个地方旅行一下。”

克林特：我认为这是正确的。你可以翻看一下今天的报纸，或者是任何一天的报纸——“通货膨胀、经济走向”“世界真奇妙”“战争”“伊拉克、伊朗、阿富汗、苏联”……版面上大都被这样的标题所占据了。当你翻看完整张报纸之后，你会发自内心感叹道，难道就没有任何事件能够增长我的见识吗？如果你去影院观看了一部战争题材的影片，你希望看到的绝不仅仅只是伊拉克人民或者是苏联人民是怎样进行战争的。

如果你带着这个男孩和女孩一起去旅行，并且他们都非常享受这次旅行。他们在工作之余也可以出去走一走，有说有笑，他们一起喝酒、谈论电影、聊一些其他的事情。如果你想拍好这部电影，你必须要让他们感觉到自己是在度假，而不仅仅只是专注于演技本身。当他们只关心演技的时候，他们反而会表现得很差。

这个道理也同样适用于音乐圈。你将某张专辑和你生活当中的某段记忆联系在了一起。可以这样说，每一张专辑，无论是纳京高抑或是沃伦·泽方，还是其他音乐人的专辑，你经常会把他们的专辑与你生命当中的某段记忆联系在一起，无论那段记忆与一次运动会有关还是与一场音乐会有关。

就在昨晚，我遇到了梅尔·托美，他问我："你最近怎么样？"不过遗憾的是，我们的谈话仅此而已，我们只是相互问候了一下。他的歌曲*Blue Moon*仍然回荡在我的脑海之中。我陷入了回忆之中，所有的事情瞬间像电影胶片一般浮现在我的脑海之中。我怀念起我们一起在西雅图、华盛顿打拼过的那段峥嵘岁月，我至今仍然能够清晰地记起每一件事情，仿佛一切都发生在二十分钟之前。我想，我现在要开始回忆一下我们之间的往事了。

沃伦·泽方：我似乎从来都没有进行过这样的尝试。

保罗：你刚才提起过，约翰·韦恩曾经与你合作过一部影片。这是真的吗？

克林特：当我们第一次见面的时候，他就说道："孩子，我们应该一起合作一部影片。"我说："好啊，我很期待我们的合作，这一定非常棒。"事实上，我们从未合作过任何一部电影。起初，曾经担任过影片《大地惊雷》

的环球影片公司的制片人曾经联系过我，他希望我能够扮演格伦·坎贝尔一角，但是这个角色的戏份并不是很多，而且当时我也已经接拍了其他电影。因此，我拒绝了他的邀请。

保罗：坦白说，我不是特别喜欢那部电影。

克林特：我把自己曾经读到过的一个故事推荐给了约翰·韦恩。不过，当时我还没有读完整个故事。这是一个构思巧妙的西方故事。我给他看了这个故事，他似乎并不喜欢它。他反复说道，在这个故事当中并没有展现出西方男人和女人的真实面貌。他们逃离到了一个甚至连我都不知道的地方，我也不太明白他们谈论的内容到底是什么。实际上，我的本意并不是想说这个故事完美诠释出了西方男人和女人的故事，我只是觉得这个故事很有可能会成为一个非常优秀的电影剧本。从某种程度上来说，我真的非常不擅长表达出自己的真实想法。在此之后，我和韦恩之间并没有任何工作上的交集，因为在此后的一段时间里，韦恩的身体一直都不太好。

保罗：或许，他本可以变得更加与众不同的。在我看来，《英雄本色》这部影片就是一个很好的例证，只不过他坚持认为，他不允许自己去做违背他道德底线的事情。[①]

克林特：唐曾告诉过我，在拍摄影片《英雄本色》期间，他希望韦恩可以开枪从背后杀死一个人。但是韦恩却对他说："我不想在他的身后开枪杀死他。"唐继续说道："但是这个人企图杀掉你呀！你为什么不能先杀死他呢？"韦恩与唐总是持有相反的意见和看法。在影片《英雄本色》当中担任摄像师一职的是布鲁斯·瑟提斯，他在这部影片当中拍摄了很多黑暗的场景，以此来为影片营造出一种神秘、悬疑的气氛。在约翰·韦恩

① 1976年，约翰·韦恩在唐·希格尔执导的影片《英雄本色》当中担任男主角，这是韦恩所拍摄过的最后一部电影。

的演员生涯当中，他也合作过非常多的优秀摄像师，这些摄像师很多都变成了好莱坞的“后起之秀”。我本人也曾与布鲁斯·瑟提斯合作过很多次，他的拍摄手法非常独特。不过，韦恩似乎并不认同他的拍摄手法，并且他似乎也不屑于同布鲁斯·瑟提斯进行拍摄方面的交流和沟通。

保罗：虽然，你在观看这部影片的时候仍然能够感觉到，唐·希格尔的创造力被束缚在了这部影片当中。事实上，唐本可以做得更好，但他却没能这样去做。

克林特：我不知道我的这种表述是不是显得不太专业了，不过我觉得唐和韦恩应该能够理解我所说的那些内容。

保罗：如果十年前由你担任了影片《英雄本色》的导演，也就是约翰·韦恩仍旧迷恋电影的时候，这也许会是一件十分有趣的事情。约翰·韦恩的星途十分坎坷，他也是历经艰辛才走到今天的。他曾经模仿过《肮脏的哈里》这部影片当中的表演，不过我认为他的模仿算不上是成功的，他的模仿似乎很尴尬。

克林特：我知道。事实上，我记不清楚是唐还是韦恩了，他们当中有一个人曾经专门为我量身打造了一部电影：*McQ*。不过，我拒绝了这个邀请。

保罗：在看完《英雄本色》这部影片之后，我感到十分烦躁。我认为这是一部暴力感十足的影片。

克林特：我并没有看过该片的原著小说，因此我并不清楚电影当中是否存在暴力的片段。但令我所不能理解的是，在这部影片当中居然出现了这样的镜头：那些从不认为自己有错的强盗们，最终居然被韦恩饰演的角色所杀害。

保罗：根据我的判断，正是韦恩所饰演的角色最终成了这些强盗的枪

决者。因为这样一来，韦恩所饰演的角色便可以在那些强盗死后紧握手枪造成自杀死去的假象了。[①]

克林特：这看起来太离谱了。我的意思是，如果一个疯子，他跑出去并且在高速公路上杀了人，那么究竟会发生什么样的故事呢？

沃伦·泽方：影片当中的恶魔就是癌症。对我而言，如果拍摄一名病人最终成为一个行凶者，这是一个相当色情的故事。在我看来，电视连续剧《维尔比医生》就很色情。这种“色情感”令我感到十分困惑。

① 类似的情节出现在了克林特·伊斯特伍德于 2008 年拍摄的电影《老爷车》当中。

32

保罗：就在不久之前，我还一直在读《纽约邮报》上一篇关于《克林特·伊斯特伍德简直是疯了，他非常痴迷于影片<不屈不挠>》的评论文章。那篇文章中写道：“在拍摄完成影片《不屈不挠》之后，他发誓从现在起只参演那些血腥、暴力的影片”，诸如此类的话。

克林特：我真的不知道该怎么来评价那些记者和编辑。我根本想不通为什么《纽约邮报》对编造这样的谎言会如此执着。

保罗：在我看来，《纽约邮报》凭空编造出这么一段话，以此来吸引读者的眼球，以这种虚假报道的方式为这篇评论文章赚取了足够的话题度。

克林特：的确如此，这段话肯定是他们编造出来的，我从来都没有公开发表过诸如此类的言论。我很享受拍电影的整个过程，我热爱电影事业，在我的电影生涯当中，我从未有过任何遗憾或者是后悔的事情。在我最开始拍摄电影的时候，我并没有刻意把《永不低头》抑或是《肮脏的哈里》拍摄成为一部令人感到厌恶的影片。也许，影片最终呈现出来的效果是观众从未在任何一部影片当中所体验过的一种全新的电影风格以及呈现方式，一些观众无法从内心深处认同这种电影风格和呈现方式。对于我近期所拍摄的那些电影来说，我想我的孩子们会非常喜欢它们，并且我认为他们可以赋予影片新的时代含义。你必须以一种纯感性的方式诠释出影片的内涵，否则的话，你就要采用一种纯理性的方式使观众对电影产生一种共鸣感。假设我现在要拍摄一个汽车广告，我只是命令演员坐在汽车里面进行拍摄，继续以这种传统的方式进行拍摄，这又有什么意义呢？在我看来，《纽约邮报》并不是一张具有高品格的报纸，它的品质是如此低下以至于人们在超市就可以买到这份报纸。近些年来，很多杂志以及其他媒体都发表过许多毫无事实依据的报道，他们歪曲事实、搬弄是非，严重破坏了我个人的媒体形象。[①]

保罗：有消息称，"肮脏的哈里"系列电影的第四部影片马上就要上映了。

克林特：实际上，我们现在还并未讨论过关于是否拍摄"肮脏的哈里"系列影片的第四部电影的相关事宜。报纸上刊登的消息真的是非常可笑：只要有人对新闻自由进行攻击，有一种声音立刻就会出来，"我的天哪，这简直就是在攻击美国《宪法第一修正案》！要知道，公民理所应当地享有知情权！"如今，公众已经知晓这些媒体人都是在胡编乱造。这些媒体人违背了出版的真实性原则，他们必须要对自己写出来的故事和消息承担相应的责任。现在，公众已经开始明白他们所编造出来的故事和消息其实都是骗人的。我和很多人都讨论过这个问题，他们都认为如今报纸上刊登的消息非常低级趣味，那些报纸只配在超市里面售卖。很多人都认为，"其实，我明白那些媒体上的消息都是在骗人的，但是很奇怪，那些消息却十分有趣，我很乐意去买那些报纸"。如果你是这样理解这件事情的话，那么你选择去读报或许还是一件情有可原的事情。可怕的事情在于，媒体仍然认为自己在做着一些合法的事情。

保罗：李伯龄曾经说过："新闻自由只配让那些值得知晓真相的人拥有。"我非常赞同这个观点。

克林特：我认为，大家可能都会赞同一点，那就是媒体人应该基于事实将真相报道出来。黑就是黑，白就是白。但是对于媒体而言，有时候如果不进行炒作，不以某种负面方式提高它的话题度的话，那么关注这件事情的人就会变得非常少。人们既看《泰晤士报》，同时也会去超市买那些八卦小报。这就是纸媒的神奇之所在，因为它们最终都是印刷品，所以人们坚信刊登在上面的消息都是真实存在的。

① 1966年，伊斯特伍德打赢了与八卦小报《国家询问报》的诉讼案，并在同年获赔八十万美元的精神损失费以及诉讼费。在此之前，伊斯特伍德与另一家八卦小报的纠纷案件最终选择了庭外合解的方式，伊斯特伍德并没有公开这家八卦小报所支付给他的赔偿金额。

我并不认为自己疯掉了。事实上，我非常喜欢《不屈不挠》这部影片。很显然，在这个世界上我并没有什么遗憾。这部影片的票房成绩非常理想，但我并不认为我必须要向每个人证明，我最终拍摄出了一部商业大片。实际上，我之所以会去拍摄这部影片完全是出于我自己对电影事业的热爱。

保罗：我重新回放了一下我们之前的谈话内容。你曾经说过这样一句话：“或许一部影片是超越一个时代的，或者是滞后一个时代的，或者这部片根本就没有任何时代感可言。当时我曾经问过你，你对此怎么看，你回答说：“我不知道。”

克林特：没错，时至今日我仍然不明白，谁会知道一部影片的时代意义呢，我真的是这样认为的。当我在二十世纪七十年代初拍摄影片《肮脏的哈里》的时候，我并不清楚这部影片的时代内涵。当我远赴意大利拍摄“镖客三部曲”的时候，我也不清楚那几部影片到底有什么时代意义。我之所以会拍摄那些影片完全是因为在那个时间点，我非常想去做那件事情，然后我就拍摄出了那些作品。当我在拍摄影片《永不低头》的时候，我只是简单地认为，它很有可能会成为一部商业大片。可以这么说，我并没有意识到这部影片在上映之后会如此成功。这部影片的大获成功超出了我的想象。

人们总会被一些字面上的东西所迷惑，他们并不理解事情的本质究竟是什么。然而，当他们弄清楚了整件事情之后，他们又会联想到事情的另一面。有些影评人或许会对你说：“我想让你进行一些新的尝试和突破。”当你努力实现突破之时，他们又会说：“你到底做了些什么？！”当我在拍摄影片《牡丹花下》的时候，一个影评人曾经问过我这样一个问题：“影片《牡丹花下》的失利，是否是你拍摄《肮脏的哈里》以及其他电影的原动力？”我说：“天哪，当然不是这样的。我之所以会拍摄这些影片，仅仅只是因为我非常想这么去做。”对我个人而言，虽然《牡丹花下》并不能称之为一部成功的商业大片，但我并不后悔拍摄了这部电影。不过坦白说，这部影片其实应该像《不屈不挠》一样是一部成功的商业片。

保罗：虽然我不知道影片《不屈不挠》在这里的反响如何，但是在纽约，人们对这部影片的评价都是相当负面的。确切地说，在影片《不屈不挠》上映仅一周之后，一个名叫哈利·胡安的影评人在*Sunday Daily News*上发表了一篇评论文章，他认为："在影片《不屈不挠》当中，水面上的取景完全是死气沉沉的。克林特·伊斯特伍德大势已去，大家都忘了他吧。"随后，我就陷入到了沉思。天哪，如今克林特·伊斯特伍德自导自演的影片《永不低头》在票房上大获成功，但这篇文章却声称伊斯特伍德的演员以及导演生涯已经走到了尽头？

克林特：我十分确信，我的演员以及导演生涯一定比哈利·胡安所说的要长得多，至少，我不会在现在就停滞不前。[①]

保罗：通常来说，大家是不是都非常讨厌那些死于水下的人呢？

克林特：我想我必须要说明的一点就是，美国观众对该片的评价都非常不错。他们认为这个画面是世界上最美的画面之一。在伦敦，我们也收到了相当多的好评。而在法国，主流媒体以及观众甚至称该片是一部美轮美奂的电影。这部影片本身不存在任何问题。

其实，事情是这样的。对于那些喜欢影片《不屈不挠》的观众来说，他们也许并不会在该片首映的时候就去影院排队买票，他们似乎并不愿意在第一时间花钱来观看一部炒作意味浓重的商业大片。当然，在现实生活中存在许多这样的电影，人们会在首映的时候就去影院排队买票观看这部电影，但仅仅在两天之后，这股观影热潮似乎就已经过去了。在我看来，一些真正热爱电影的人并不会这样去做。你也许会在报纸上看到这样一则广告："嘿，我就是非常喜欢这部电影。"但这并不意味着，你一定会在

① 纽约记者哈利·胡安目前就职于一家戏剧杂志 Playbill。

首映当天去影院买票观看这部电影。你甚至会对自己说：“好吧，我下周三再去看它吧。”对于那些生活繁忙的观众来说，他们很可能会在这部电影首映当周就安排了好几件非常重要的事情，而观看这部影片也许仅仅只是其中的一件事情，并且这件事情非常有可能会被推迟到下周进行。对于这部分观众来说，他们也许同时会去影院观看两三部同等重要的影片，又或者他们有自己的其他安排。我觉得我自己就隶属这部分观众。

保罗：无论怎样，在首映的当天也一定会有人对这部电影进行评论的。

克林特：没错。也许你的邻居在看完这部影片之后会对你说：“嘿，我今晚看了《不屈不挠》这部电影。这真的是一部相当精彩的影片呀！”

保罗：虽然影片《不屈不挠》在美国收获了良好的口碑，但是在我看来，该片在美国市场取得的票房成绩的确是一个不小的打击，仅仅获得了一千五百万美元的票房收入。

克林特：任何事情其实都可以和影片的票房联系上的。如果一部高成本、大制作的影片收获了三千万美元的票房，我也许会和其他观众一样，认为这是一部非常糟糕的电影。但是，如果一部影片的成本只有五百万美元，但它却在国内获得了一千五百万美元的票房——当然我只是打个比方，我并不了解具体的情况是怎样的。但假如这部影片在除美国之外的地方也收获了一千万美元的票房，那么这部影片的票房总收入则为两千五百万美元。难道你能说这是一部不卖座的电影吗？

《永不低头》这部电影最终在美国国内收获了五千万美元的票房，这也使该片成为迄今为止华纳兄弟影片公司历史上票房收入第三名的影片。当然，这种幸运的事情并不会经常发生。如果你之前曾经看过克拉克·盖博、加里·库珀以及亨弗莱·鲍嘉主演的影片，你会发现每一部影片的票房成绩都相差甚远。每一部影片都有固定的受众群体，同时也有其高度和寓意。你所感兴趣的那一点并不能概括所有观众的兴趣点。但是我认为，在过去的十年甚至二十年当中，我所看过的黑色电影应该是数一数二的。

保罗：你认为影片《永不低头》也算是一部黑色电影吗？

克林特：是的，这当然是一部黑色电影，影片本身并没有任何问题。如今，反而是一些其他的电影让我们不得不忍受，并且我们甚至花费了一千四百万、一千五百万抑或是一千六百万美元的成本。当你花费巨资拍摄出一部类似于《闪灵》这样的电影之时，你就会开始思考：哦，我们在这里植入了一些镜头，但是我们应该如何让整部电影看起来更符合黑色电影的标准呢？

保罗：我想，这样做也许会存在一定的负面影响。比起顺其自然地令一部影片在观众之间形成良好的口碑，这样做也许会大大缩短影片的上映周期。一些观众很可能还没来得及观看该片，它可能就马上要在影院结束放映了。

克林特：没错。人们或许会去影院买票观看影片《星球大战 2：帝国反击战》这部影片，因为这是《星球大战》的续集，人们对这部电影的期待值相当高。当然，影片《星球大战 2：帝国反击战》本身并没有什么值得过度炫耀的地方，因为它仅仅只是一部票房过千万美元的美国电影。在这个夏天，与《星球大战 2：帝国反击战》同档期上映的几部影片也都非常不错，并且它们也都取得了不俗的票房收入。我的意思是说，对于很多电影来说，也许人们认为它的票房收益相当不错，但其实并不是这样的，因为人们往往忽略了影片的拍摄成本而仅仅只关心影片的票房收入。就拿影片《星球大战 2：帝国反击战》来说，人们可能并不知道这部影片仅拍摄成本已经超过了三千五百万美元。

你也可以拿《现代启示录》这部电影来说明这个问题。该片在纽约地区的票房收入的确不错，在旧金山和其他一些地方的票房收入也非常好。这部影片在美国国内的票房总收入很有可能突破了两千六百万或者是两千七百万美元，这种程度已经相当不错了。但事实上，影片的收益取决于它的成本比。如果一部电影的票房收入超过了三千万美元，我们或许并不能称这部影片是一部票房收入很高的影片。除非你仅仅只花费了五百万或者是六百万美元就制作完成了这部电影，然后你在美国国内却收获了两千六百万美元的票房总收入。

保罗：没错，就是这样的。上帝啊，一部影片仅仅才上映了一周的时间就要盖棺而论，这真的是一件非常荒谬的事情。

克林特：你最近见到过汤姆·艾伦吗？

保罗：没有。不过他最近就影片《不屈不挠》撰写了一篇相当棒的评论文章。

克林特：关于《不屈不挠》这部影片，他其实撰写过两篇评论文章，都非常棒。不过，我根本猜不透他心里面想的究竟是什么，我在想他到底是哪种人呢？

保罗：我曾经在《村声》这本杂志上看到过他撰写的其中一篇评论文章，他写过这样一句话：“是时候该好好审视一下克林特·伊斯特伍德这位演员了，他其实也是当今世界影坛中屈指可数的优秀导演之一。”①

克林特：他所撰写的另一篇文章则概括了我所执导过的其他几部电影，当然这其中也包括了影片《不屈不挠》。他认为，《不屈不挠》这部电影是该季度最出色的影片之一。

保罗：我并没看过他撰写的另外一篇文章。

---

① 汤姆·艾伦的原话是这样的：“如今，是时候应该严肃对待克林特·伊斯特伍德了，不要仅仅只把他当成一个纯粹的天才，还要把他视为当今世界影坛最诚实、最具影响力的独立电影人之一。”

克林特：不久之前，曾经有人问过我："怎么回事？你过去总是去看那些负面新闻，为什么这次却格外留意对你赞不绝口的新闻呢？"在我看来，在新一代的影评人当中，他们当中的很大一部分人都是看着我的电影成长起来的。当他们在读高中的时候，"镖客三部曲"正在热映，那时我的性格并不怪异。但当我开始拍摄一些欧洲电影的时候，一些老一代的影评人比如宝琳·凯尔，在她的笔下，我成了一个脾气古怪的人，她根本不能理解我的表演方式，并且也不认同这种表演风格。而对于新一代的影评人来说，他们已经习惯了我的这种表演风格。

如今，有很多电影团体和电影学校都重新开始关注起电影评论来，他们开始系统地学习"学院派"的电影理论以及分析体系。对于那些老一代的影评人来说，我觉得他们一定是无事可做才会选择去当一名职业影评人的。他们既不会撰写生动有趣的人物故事，又写不出专业的专栏文章。我的一个朋友住在加利福尼亚州的奥克兰，他是一名出版商的儿子。当他开始学习撰写专业影评的时候，学习、模仿一些知名记者的风格成了他影评事业的起点。他们会说："从这些学习、模仿开始，你将会成为一名专业影评人。"

保罗：除了那些在撰写影评之时需要参考图书和戏剧的影评人之外，还有一类影评人他们通常会从纯文学的角度，而不是从视觉感受来进行评论。所以，这类影评人似乎从来都不对任何动作片进行评论。这一类影片人的代表人物就是德怀特·麦克唐纳和斯坦利·考夫曼，还有约翰·西蒙。我想你应该明白的，他们的视角非常纯粹。

克林特：是的。这一类影评人把电影看作是文学的分支，或者是他们视域下的其他东西。

保罗：这正是为什么唐·希格尔和山姆·富勒被埋没多年的原因。因为像麦克唐纳或者是考夫曼这类影评人，他们甚至从来都没有认真看过唐

和富勒拍摄的那些电影。

克林特：现在，撰写影评已经变成了一件十分严肃的事情。我认为，老一代的影评人也已经乐于接受将文学视角、原作参考这两种影评方式融合在一起的做法了。

保罗：我也读过 *Post* 的剧本，但是我读到的版本可能并不一定是真实的版本。华纳兄弟影片公司买下了这本小说的电影版权，这部小说讲述了一名癌症患者在临死前的最大愿望就是成为一名乡村歌手。这部小说很有可能会成为你执导的下一部电影作品。

克林特：事实并非如此。华纳兄弟影片公司确实刚刚买下了一本小说的电影版权，但我并不确定这部影片是不是叫做《天涯父子情》。我们的确都读过 Post 的剧本，但我并不知道它究竟会不会成为我的下一部作品。在我看来，它应该不会被翻拍成一部电影的。

保罗：你觉得你会去主演这部影片吗？

克林特：我非常喜欢这个剧本。有时间的话，我希望你也能够读一下它，并且告诉我你怎么想的。

保罗：所以剧本当中的情节就是：那位癌症患者在不久之后就发现自己快要死去了，但是他仍然梦想成为一名乡村歌手？我说的对吗？

克林特：我想，你对情节的理解并不正确。那名癌症患者已经是一名乡村歌手了，他真的非常执着于音乐制作，因此他并没有声名大噪。他是一个非常质朴的人，他对于自己能否大红大紫并没有那么强烈的欲望。在他临死之前，他以侄子的视角描写了自己给周围每一个人所带来的影响。为了使你能够更好地理解这个剧本，我决定让你看一下它的副本。

保罗：对于你执导的下一部作品，你现在有任何想法吗？

克林特：还没有。我们现在准备了三套方案，圣诞节之后我就会做出最终的决定。这件事情并不能成为“滑雪季”的干扰性因素。

保罗：我知道你一直都在寻找恐怖片的剧本，你找到了吗？

克林特：截止到目前，我还没有找到理想当中的恐怖片剧本。我读了你推荐给我的那个剧本，我虽然非常喜欢那个故事，但是我并不知道应该怎么将它拍摄出来。

保罗：我也不知道那个剧本能否被拍摄成一部电影。我只是喜欢剧本当中的一些元素：一名白人男子定居在了一个美国南部的黑暗城市当中。这种感觉非常棒，它有着属于自己的野性气息。

克林特：是的，这种感觉挺棒的。至少，我在阅读这个剧本的时候还是非常喜欢这些元素的。你读过《火狐》这本书吗？

保罗：没有，但是我听说过这本书。这是一本侦探小说吗？

克林特：不是的。算了，我还是先不告诉你这是一本什么样的书了。

保罗：是的，你可以不用现在告诉我的。

克林特：我的意思是，我现在还不想为这本书进行任何宣传。我现在十分低调，因此我几乎并未收到过任何出演邀请，但是我却非常愿意听一下你对于这本书的评价，因为这本书真的独具魅力。这本书与希区柯克的风格类似，但又不完全一样。《火狐》这本书虚构了大量的故事情节：苏联人在二十年前就已经制造出了一架飞机，但当时我们还并未掌握这项技术。那是一架战斗机，当它在高空飞行之时，飞行速度为九千六百五十六千米每小时。我们可以通过雷达对它进行监测，同时在机上也配备了最先进的武器装备系统，并且我们可以人为地去操作、控制那些武器装备系统。这架飞机问世之后，美国十分担忧自己的处境。于是，英美利益集团希望能够培养出一名飞行员来暗中学习这些技术。但不幸的是，这名飞行员的人品似乎有一些问题，英美当局并不完全信任他，于是，他们就把这名飞行员派去参加了其他任务。

一旦你拿起这本书，你就很难再放下了。很多时候，你都需要去反复猜测书中的情节，整件事情十分诡异：那名飞行员是怎样非法入境到苏联的？为什么英美当局会怀疑他的人品，在他的身上，究竟发生了一些什么样的事情？我认为，如果可以将这本书拍摄成为一部电影，那么这将会是一部非常优秀的悬疑片，因为原书当中就已经存在非常多的假定性猜测了。

33

保罗：你曾经并不打算拍摄《鬼马金刚独臂拳》（1980）这部影片的，但是考虑到该片的剧本真的非常棒，最终你还是决定主演这部影片。

克林特：该片的原始剧本当中存在各种各样有趣的情节点，但是在拍摄的时候，我们还是对剧情进行了微调。我们试图在成片当中为观众讲述一个结构完整、情节生动、有趣的故事。

保罗：这个剧本是华纳兄弟影片公司交给你的吗？公司把剧本交给了你，你在看完剧本之后就喜欢上了这个故事，是这样的吗？

克林特：不是这样的，这个剧本并不是华纳兄弟影片公司提供给我的。当时，我的经纪人莱尼·赫希曼同时也在为威廉·莫里斯进行工作，他打电话告诉我，他希望我能够和一位名叫斯坦福·舍曼的编剧见一面。就这样，我约见了斯坦福·舍曼。在和他聊过之后，我觉得自己挺欣赏他的。无论对于电影，还是对于他所撰写的那个剧本，他都有自己独到的见解和想法。同时，我非常欣赏他做事的方式。看上去，他对原始剧本当中的内容以及幽默感把握得都非常好。接下来，他告诉我他希望对原始剧本进行二度创作。紧接着，他把桌面上的磁带排成了一排。就在他做这个动作的时候，我对他说："好的，就这样做！"随后，我们对影片的剧本达成了一致，他起草了合同，我们一起在上面签了字。他是一位非常不可思议的编剧，签订完合同的一周之后，他只撰写了八十页左右的剧本，然而仅仅就在第二周的周末，他就开始对剧本进行收尾的工作了。

保罗：斯坦福·舍曼干脆利落的行事风格真的非常像你。

克林特：我只是将剧本录了下来，每当我阅读之前，我总是对自己说："这个剧本一定很棒。"

保罗：如果是我的话，我想我会把剧本当中的文字刻在石头上的，哈哈。

克林特：在每一遍阅读的时候，我都会产生一种喜悦之情，我真的非常喜欢这个故事。在我看来，斯坦福·舍曼所做的就是将诸多情节组合在一起，并且你可以任意拆分、组合它们。最终，我们按照自己的想法对剧本当中的情节进行了修改。

保罗：在斯坦福·舍曼二度创作的剧本当中，你最不满意的地方是什么？

克林特：斯坦福·舍曼整合了我们的意见二度创作了剧本，整个故事构思非常巧妙，我唯一不太满意的地方就在于故事的结局。一个权贵之人，在《破坏者》以及《蓬门今始为君开》这类影片当中必然会出现在打斗场面以及突发场景之中。因此，我认为我们应该遵循这个原则对人物进行情境设置，与原始剧本相比，这一版的剧本添加了许多打斗的场面。

当我告诉华纳兄弟影片公司的高层们，我们打算在剧本中加入一些打斗场面之时，他们欣喜若狂。他们并不知道，其实这个灵感仅仅在刚才的一瞬间才在我的脑海中闪现出来，我告诉了他们，然后他们告诉我这个想法非常好。

保罗：影片《鬼马金刚独臂拳》的导演是谁？

克林特：最终，布迪·范·霍姆执导了这部影片。此前，他曾经为我工作过。你之所以没能见到他，是因为他并没有参与影片《不屈不挠》的拍摄工作。他曾经客串过多部影片，并且总是以一个乡下老头的形象与观众见面。

保罗：影片《鬼马金刚独臂拳》是他导演的第一部电影吗？

克林特：是的。他的性格温和，他拍出来的东西很有条理性。我真的很钦佩他的自控能力。我认为自己根本不需要去看监视器当中的画面，也完全不必担心片场的突发状况以及影片的拍摄进度等问题。这种感觉

《鬼马金刚独臂拳》电影剧照

真的非常棒。上述这些评价完全是我经过认真思考之后所做出来的理性判断。在影片上映后重新审视这部电影之时，我认为这是一部绝佳的商业大片。

保罗：影片当中最终只拍摄了一只大猩猩的画面，你们在拍摄的时候，是否同时拍摄了多只大猩猩的画面，然后挑选了最好的一组画面放在成片当中呢？

克林特：没有，即使是在拍摄期间，我们也只拍摄了一只大猩猩的画面。

保罗：还是拍摄了马尼斯的画面吗？或者，又换了一只大猩猩吗？

克林特：没错，我们最终选择了另外一只大猩猩进行拍摄。马尼斯长大了许多，如今，他的体型差不多是之前的两倍大。于是，我们不得不重新选择了一只与马尼斯此前体型相当的大猩猩进行拍摄。

保罗：我丝毫没有意识到它已经长得这么大了。它现在是不是已经变成了一只“庞然大物”了呀。

克林特：它的体重居然有三百二十斤左右。它的体型真的非常巨大。

保罗：《鬼马金刚独臂拳》拍摄完成之后，你有见过马尼斯吗？

克林特：没有，但是我曾经见到过它的驯养员鲍比·博罗希尼和他的妻子琼。他们告诉我，现在没有人会邀请马尼斯上镜，所以他们只能让它不断繁殖、生育。可怜的老马尼斯就像退休了一样，他们俨然已经把它当成了“雄性繁殖者”。

保罗：你是否会让一只动物在拍摄期间去尝试任何事情？

克林特：不，我不会那样做的。坦白说，如果可以那样做的话，问题反而简单了许多。驯养员只要教会大猩猩在剧本中需要表演出来的内容即可。但是，有一件事情你是无法做到的——你无法坐下来与大猩猩进行交流。大猩猩就像一个小孩，而你需要做的便是用木头点着火，用火光照亮石头，给予它自由，让它第一次感到自己拥有了自主权。

34

克林特：你最近有没有关注影坛的最新动向？

保罗：没有，我最近并未过多关注影坛。我倒是经常看电视，因此我会格外留心电视行业的发展情况以及最新动向。

克林特：我昨天去查克·绍德莱斯（《洛杉矶时报》的美术编辑）那里待了一会儿。我们讨论的话题都与时下最新的电影有关，但是我并没有看过它们，因此我感到十分尴尬。实际上，我非常想去看《特技替身》和《威利和菲尔》这两部电影。不过，这个夏天我都一直在忙工作上的事情，我并没有足够多的时间可以去影院观看一场电影。我也非常喜欢影片《威利和菲尔》的导演兼编剧保罗·马祖斯基，他并不会在影片中刻意塑造一个硬汉形象，通常他都会以一种简约的叙事方式来讲述整部影片的剧情。大概因为他之前也是一名演员，因此他会在自己执导的影片中刻意回避一些技巧性极强的表演方式。

保罗：现在，我们还是来聊一聊《现代启示录》这部电影吧，我已经是第六次观看这部影片了。

克林特：这部电影其实是一部剧情片。

保罗：我真的非常喜欢这部影片，我从未观看过一部影片多达六次的时间。在我的心目当中，能够与这部影片相提并论的也只有《第三类接触》和《空前绝后满天飞》了，我暂时只能想到这两部电影。

克林特：你刚刚所说的这些电影，我甚至连一部都没有看过。天哪，我究竟是有多“老土”！

保罗：你看过史蒂文·斯皮尔伯格导演的影片吗？

克林特：我认为《大白鲨》是一部精彩绝伦的影片。据我所知，他在拍摄影片《大白鲨》期间，天气状况一直都非常糟糕。与拍摄相关的所有因素似乎一直都令他感到十分困扰。

《现代启示录》电影剧照

保罗：据我推断，在拍摄期间，斯皮尔伯格一定遭受过鲨鱼所带来的一系列麻烦。

克林特：不过，我最喜欢的一部电影却是《飞轮喋血》。我在一个专业的放映室而非一个商业电影院里观看了这部影片。斯皮尔伯格并没有花费过高的成本，但却拍出了一部又一部令人拍手叫绝的电影。他非常敬业，也非常具有创造力。在影片《飞轮喋血》当中，许多动作戏以及场面的设计都十分引人入胜，这部影片非常刺激。我很喜欢这种刺激感十足的电影。比如，在影片中将一名卡车司机设定为一位大反派，这是一个非常有创意的设计。从 1941 年到现在，我从未在其他影片当中看到过类似的设计。

保罗：对于这部影片而言，我曾经听到过一些不太好的评价。我听到过这样一种说法，有人认为这部影片与影片《动物屋》的风格十分相似。据说，影片《动物屋》的制作成本竟然高达四千万美元。

克林特：《动物屋》这部影片的实际制作成本花费了三千五百万美元，这绝对堪称是一部大制作了。当你发现，一部电影的票房收入为三千万美元的时候，你不禁会感叹道，这是一部多么棒的电影呀！但实际上，这部影片仅制作成本这一项费用就高达八百万或者是九百万美元。

保罗：一直以来，究竟是什么样的因素致使你所拍摄的影片都能够进入全美票房总收入的前二十名，有时候甚至会是前十名？

克林特：拍电影是一项高风险系数的事业，好比说："看，这部影片很有可能会成为'十大经典电影'之一。"那么，真正的问题在于：假设你花费四千万美元拍摄出了一部电影，但影片在上映之后，它并没有被主流媒体以及观众评为最佳影片，那么毫无疑问，你失败了，因为四千万美元的制作成本确实是一笔不小的投入。

电影就是这样。大多数时候，你可以对一部电影抱有很大的希望，你甚至可以投入大量的金钱在其中，为此你也想出了很多创意。但当你在真正拍摄的时候，你可能就会懒洋洋地靠在椅子上去指挥拍摄，你并不会在片场与演员、摄像、灯光师等剧组成员进行一系列的交流和探讨，你的态度发生了极大转变。那些习惯于拍摄小成本电影的导演们，如今也加入到了拍摄“大电影”的队伍中来，斯坦利·库布里克就是他们当中最典型的代表人物。起初，他总是拍摄一些类似于《杀手》一样的小成本影片。但是，即使他在拍摄完成影片《发条橙》之后，他仍然能在有限的预算当中拍摄出一部质量上乘的影片。

或许，最稳妥的方式应该是这样的：当你还没有能力去独自执导一部电影的时候，你可以从拍摄小成本电影起家，慢慢磨炼自己并且丰富自己的经历。当你所拍摄的影片达到了一定的艺术水准之后，你就可以开始思考去拍摄一些大制作电影了。

保罗：在库布里克执导的影片当中，主演们经常会说一些美国谚语，影片《闪灵》就是如此。不过，我不太明白他为什么会以这样的一种方式来拍摄电影？

克林特：我从来都没有见过这么多优秀的演员汇聚在一部影片当中，他们的演技都非常精湛。你曾经看过那么多部电影，如果演员们的年事已高，他们通常会显得十分顽固、呆板。我认为，演员们很可能也是被电影业给击垮了。

保罗：很显然，他所拍的每一部电影与近期上映的那八十部电影区别并不是很大。不过，他执导的影片在所有八十部影片当中很有可能是最糟糕的一部。

克林特：在我看来，他的收入算是目前业界的一个平均值。也许他一直都想表明，自己正是依靠拍电影来赚钱的。

保罗：为什么拍摄一部恐怖片并不是一件十分困难的事情呢？

克林特：这是一个非常好的问题。几天以前我还在开玩笑，因为库布里克在电影海报上写下了这样一句话："现代恐怖片巨作。"这张海报问世之后，甚至连一些在业界工作的实习生都说："斯坦利·库布里克，你还是应该好好斟酌一下这句话。或许，你应该在影片上映之后，让影评人来进行这样的评价。现在说这些话显然为时过早。"然而，即使这种做法违背了常理，库布里克最终还是按照自己的意愿制作完成了这张海报。换句话说，当我们在制作影片《鬼马金刚独臂拳》的海报之时，我们甚至可以在海报上印上这样一句话："这是一部'现代喜剧和冒险剧的杰作'。"

保罗：我和杰·考克斯一起在纽约看了《闪灵》这部电影。我们在影院中遇见了马尔科姆·麦克道威尔和玛丽·斯汀伯根。我相当好奇马尔科姆·麦克道威尔是如何看待这部影片的，因为他曾经主演了库布里克所执导的影片《发条橙》。不过，在影片仅仅开演了半个小时之后，我就已经暗自在心中祈祷希望这部影片能够快点结束。过了一会儿，我问了一下麦克道威尔，他现在是什么感觉？他说，这是他这辈子看过的最糟糕的一部影片。没有人知道接下来的故事情节会是怎样的，因为根本没有人在全神贯注地观看这部电影。我当时就在想："这部电影真的就这么糟糕吗？"

克林特：我曾经作为首映嘉宾在华纳兄弟影片公司内部的影院里观看了这部电影。在我看来，这部影片当中本该惊悚、恐怖的场景并未被真正拍摄出来。不过，如果一位毫无任何经验的导演在看完该片之后，他的第一反应应该是他很想把影院马上炸掉吧。但事实上，库布里克所拍摄的影片都拥有一种别样的魔力，一种不一样的气场，就连影评人也对他非常友善。我想，那位年轻导演未必能够体会到这些。

保罗：坦白说，那位年轻导演应该预想过这些。很多人都将《闪灵》评价为一部"超越了恐怖片极限"的影片。我认为，库布里克的本意只是

想拍摄一部恐怖片，但很可惜，他没能成功。

克林特：没错，库布里克的确是惨败呀！最好的例证就是这部影片当中并没有出现太多的惊悚、悬疑或者是令观众感到恐怖的镜头。

保罗：这部影片当中的场景设置，尤其是“了望宾馆”的建造，真的是一笔巨大的开销呀！

克林特：非常具有讽刺意味的是，三十年前我们本可以去俄勒冈州胡德山附近的 Timberline Lodge 进行免费拍摄，因为这种地方原本是免费对外开放的。或者，你也可以租下某个摄影棚，在棚内搭建出一座小型宾馆也是可以的。但是毫无疑问，为影片“量身定制”一座宾馆显然更加令人感到兴奋。

保罗：影片《闪灵》的演员阵容十分强大，强强联手的演员设置无疑吸引了大量的眼球。这真的是一部“内心戏”，在整部影片当中，完全没有男女之间的情感纠葛，剧中人物只是花了一个半小时的时间在阳台上徘徊不定。

克林特：实际上，阳台是一个非常棒的场景，你可以把摄像机架在阳台的四个角上，这样拍摄出来的画面会非常开阔。我想，如果你能够亲临拍摄现场的话，你一定会爱上摄影的。年轻一代的导演非常注重取景。但如果你是一位经验丰富的导演，你逐渐也会意识到，其实观众并不会特别在意取景。当你和普通观众谈论起这个镜头当中的取景有多好的时候，他们通常并不能够完全理解你的意思，普通观众只会明白一个镜头当中所表达出的情感。他们通常会被影片当中特定的时间、镜头切换方式以及脚步声所吸引。因此在很多时候，一个导演很可能会爱上自己所拍摄的电影，我觉得有时候我就是如此。

《闪灵》电影剧照

保罗：在我看来，这就是库布里克目前所遇到的问题。看起来，他没能有效地与演员以及观众之间形成良好的沟通和互动。没有人十分享受《闪灵》这部影片。但是，库布里克本人所担心的问题则是“那个橙子的影子，从镜头右侧的顶端来看，它有七厘米吗？从画面当中看，这个橙子的影子精准吗？”

克林特：摄像师已经被库布里克叫到英国去了，那些摄像师大约会在英国停留十天左右的时间。库布里克只是让他们拍摄一些室内场景，拍摄演员们坐在宾馆里或者是围成一圈时的场景。我想你应该明白的，这样做无疑会花费大量的金钱。库布里克本人并不愿意公映《闪灵》这部影片，原因就在于他要想让观众充分理解并且喜欢上这部电影，他就必须把双线叙事有机结合起来。

保罗：库布里克似乎并没有活在真实的世界当中。

克林特：没错，我也是这样认为的，他真的不像在现实中生存的人类。库布里克生活在他自己设置的层层“围墙”之中，他从来不在城市中走动，也非常害怕坐飞机。他从来都不出远门，也不去任何地方旅行，他甚至根本不愿意把自己暴露在现实世界当中。他根本不知道，当今世界的变化是如此之大。

保罗：所以，库布里克只是坐在那里，独自解决着这些根本就不存在的问题。当然，除了他自己之外，其他人根本不屑于解决这些问题。所有的人似乎都不认为他是一个伟大的电影技术人员。当然在我看来，《闪灵》这部电影真的拍摄得相当糟糕。

克林特：没错，确实如此。

保罗：影片当中的那个镜头，就是男主角杰克·尼科尔森最后被冻死

的镜头，这是从《最后的捕猎》这部影片当中获得的灵感吗？

克林特：《闪灵》这部影片应该是在八周以内拍摄而成的。除了跟拍杰克·尼科尔森儿子时的画面有一定的拍摄难度，这部影片当中所有的场景设计都非常简单。我甚至一度怀疑过，如果现在有人回头去看《杀手》这部影片的话，也许他们会意识到这部影片其实拍摄得相当不错。

保罗：我并不赞同你的看法。在我看来，不用说普通的电影观众了，就连库布里克本人甚至都觉得他搞砸了《杀手》这部影片。

克林特：在库布里克的心里，《杀手》这部影片也许是一部烂片。现如今，他显然可以做得更好。前几天有人曾经问过我："如果你现在将拥有一次机会可以重新翻拍你的导演处女作《迷雾追魂》，你会这么去做吗？"我告诉他："如果现在我再来拍摄这部影片的话，我可能会进行更多的尝试，但我不能保证它一定可以超越我此前所拍摄的那一版本。说不定我很可能会搞砸了这部影片。"

保罗：我认为你可以拍摄得更好。不过，重新翻拍一部电影是一件非常困难的事情，影片当中也许存在着一些不足，但是我们再也无法再现原版当中的闪光点了。所以，你还是不要翻拍了。

克林特：我觉得我可以在一些细节方面投入更多的精力。比起过去，现在的我显然更加老练一些了，我会用另外一种心态来拍摄一部影片。

保罗：最近，我找到了一些我在十五年前创作的作品。虽然，如今的我已经成了一名成熟的作家，但是你可以从那些早期的作品当中看到一个最真实的我，当时我的写作风格趋向于小清新，而现在我已经写不出来那种感觉了。

克林特：也许吧，也许每个人在刚刚入行的时候，身上都会蕴藏着一种特殊的能量。

保罗：我已经不再是当年的我了，但是我现在却很喜欢当年的那个我。在我看来，我当年写的东西都很不错。如今，我已经无法再去写我自己的故事了，时过境迁早已物是人非了。

克林特：你的创作视角挺独特的。当然，你对于电影的敏锐程度也相当高，视角也总是别具一格。

保罗：我还记得我们曾经一起谈论过《死亡漩涡》这部影片。在这之前，我也在某个地方与其他人谈论过这部影片，但是我记不清楚我到底是跟谁进行讨论的了。如今，有人打算重新翻拍这部电影。

克林特：我认为这是一个非常棒的想法，翻拍可以让《死亡漩涡》这部影片重新回归到大众的视线范围之内，并且这也可以被当作是影片本身的一次重生。不过，翻拍显然会存在一定的问题，这部影片的争议原本就非常大，翻拍一定会再次引起大量热议的。就我个人而言，我非常喜欢《死亡漩涡》这部电影。如果你可以翻拍一部这样的电影的话，你就已经被光环所笼罩了。

保罗：假设库布里克重新翻拍了《杀手》这部电影，我敢打赌他将会花费两千五百万美元来进行拍摄。我敢保证他一定会这么做的。

克林特：要知道，胜利的喜悦摧毁了很多人。我并不知道该怎么来解释这句话，我只是认为，可能你在品尝过成功的滋味之后你就会变得飘飘欲仙了。

保罗：我想我可以想象得到，当人们经历了一次巨大的挫折之后，他们就会变得更加坚韧，就像你一样。我并不是想说，你在一夜成名之后会变得有什么不同，而是你很可能会在一夜成名之后产生一些不一样的想法。

克林特：也许吧。正是人生当中所有的挫折才塑造出了一个完整的你。如今，很多人正在品尝艰辛的滋味，于是他们发誓要让自己变得更加完美，又或者他们仅仅是抱着那种“出来混，早晚有一天是要还的”想法生活下去。但是毫无疑问，这些人都从挫折当中得到了宝贵的经验和教训，同时也锻炼了自己的能力。

保罗：我最近看过的另外一部电影是布莱恩德·德·帕尔玛导演的《剃刀边缘》，不过我并不认为这是一部非常优秀的作品。偷盗和效忠是有本质上的区别的。在这方面，影片《惊魂记》显然表现得更好。

克林特：如果你试图分析《惊魂记》这部影片的话，在我看来，其实没有一种家用电器可以把一个活人分成两半。就像现在很多人都在尝试利用各种各样的现代技术来超越这部影片所打造的恐怖效果一样，你甚至可以获得最好的假肢。看起来，这就像是一群真正精通电影的人，他们会把电影中的一些特技和惊悚场景原封不动地暴露出来。

保罗：在影片《惊魂记》当中，我认为只有两个比较惊悚的镜头：一个镜头是珍妮特·金所扮演的女主角在浴室当中被杀害的镜头，还有一个镜头则是马丁·鲍尔萨姆上楼梯时候的镜头。

克林特：没错，影片《惊魂记》当中并没有太多惊悚的镜头。但是截至到目前，《惊魂记》绝对可以被称之为一部成功的恐怖片了。毕竟，在影片当中我们还是可以看到一些惊悚的画面，同时导演也把所有的相关情节都剪辑在了一起。不过，我并没有看过你刚才提到过的那部电影。

保罗：《剃刀边缘》这部电影真的是以一种无厘头的方式在暴露性感，在整部影片当中，每隔十分钟就会出现一个十分香艳的镜头，并且还都是实景拍摄的。这部影片拍得如此机械化，并且如此冷艳。

影片《惊魂记》当中女主角遇害时的镜头

影片《惊魂记》当中马丁·鲍尔萨姆上楼梯时的镜头

克林特：看来，你的确是十分关注这部影片呀！很多人并不会过分关注一部影片的故事性。我之所以选择拍摄《迷雾追魂》，恰恰就在于它的故事性。这就引出了一个问题，在观影过程当中，应该怎样去引导观众关注影片的故事性呢？对于《迷雾追魂》这部电影来说，男主角虽然已经有了女朋友，但他仍然与一位电台女听众发生了一夜情，如果镜头总是在男主角与这两名女孩的相处中来回切换的话，那么整部影片一定能够营造出一种神秘感。虽然影片《惊魂记》在当时已经可以算得上是一部非常智慧的电影了，但如果你现在随便去问一个人，这部电影究竟讲了些什么，他/她可能很难回答出来这个问题。在我看来，影片当中的故事情节与那些震撼人心的场景是紧密相连的。

保罗：实际上，影片《迷雾追魂》并没有像《惊魂记》一样那么血腥。

克林特：是吗？影片《迷雾追魂》当中有非常多的血腥场面。观影结束后，一些观众仍旧惊魂未定。其实，在拍摄期间我从来都没有使用过任何器材去刻意弄伤演员的肢体，或者向观众耍一些类似的花招。

保罗：观众似乎对这些更感兴趣。

克林特：我们希望在这部影片当中呈现出来的效果是没有人愿意去刻意伤害一个人，这也正是这部影片为什么如此震撼人心的原因之所在。如果你并不介意一些特效画面的话，你安静地坐在座位上静观其变就好，影片当中还是存在相当多的故事性画面的。

保罗：说到这里，布莱恩德·德·帕尔玛就对影片《剃刀边缘》的剧情感到十分无力。人们在看完整部影片之后，似乎并未意识到那两个任务是在梦中出现的。布莱恩德·德·帕尔玛只是运用了一种倒叙的手法讲述了整个故事，但是这种手法似乎显得非常“廉价”：让一个人做梦，因为你只需要让一个人做梦就好。

克林特：在这部影片当中，甚至还出现了对女性的暴力和犯罪问题，并且还伴有集会和武装等问题，这些画面都非常暴力、血腥。天哪，我已经被主流媒体和大众控诉拍摄了太多的暴力和血腥镜头了。但是在那部影片当中，他所拍摄出来的暴力镜头和血腥画面相当之多，但是他却并未遭到任何的指责和批评。

保罗：事实上，杰对他非常熟悉，我还见过他几次呢。

克林特：我和杰·考克斯一起见过他。我非常喜欢他，他本人非常和善。

保罗：我看过几部布莱恩德·德·帕尔玛所执导的电影，我最喜欢《迷情记》。虽然很多人并不喜欢这部影片，但这并不能影响它成为我的真爱。在我看来，《愤怒》并不是一部优秀的作品。

克林特：我没有看过《愤怒》这部电，是由柯克·道格拉斯主演的那部影片吗？

保罗：是的，这部电影的风格与《神秘眼》非常相似。

克林特：曾经有人把影片《神秘眼》的剧本交给了我，他们邀请我导演并主演这部影片。那个时候，芭芭拉·史翠珊还在挑选她要出演哪个角色呢。这部影片讲述了一个模特透过一个杀手的眼睛，看到了一场凶杀案的故事。

保罗：这个镜头在银幕上一闪而过，因此你可以在脑海中一遍又一遍地再次想象这个镜头，因此这部电影比希区柯克所拍摄的《惊魂记》要好得多。

克林特：你看过《普通人》这部电影吗？

保罗：没有。至少在纽约，大家现在都排队买票去影院观看这部电影。

这部影片就像是新一年当中的《克莱默夫妇》。当然，还有伍迪·艾伦的最新作品《星尘往事》，也有不少纽约人前去影院观看。在纽约，伍迪·艾伦仿佛就是巴斯特·基顿、查理·卓别林、费里尼以及英格玛·伯格曼的化身，虽然我这样形容似乎有一些夸大其词。我并不知道他在其他地方的评价是怎样的，但是在纽约，他就是完美的代言人。

克林特：他最大的成就莫过于曾经凭借一部成本只有一千八百万美元的电影赢得过奥斯卡金像奖吧。从某种意义上来说，他真的没有那么神通广大，但是每当你一想到他能够拍摄出一部如此伟大、优秀的影片之后，你或许一下子就会改变你的想法。

保罗：你说的是《安妮·霍尔》这部电影吧？这部电影的大获成功在于黛安·基顿的精彩表演。我本人并不喜欢伍迪·艾伦。

克林特：不过，我非常喜欢《安妮·霍尔》这部电影。

保罗：我也非常喜欢这部影片。这部电影非常暖心，影片当中仿佛真的有一种精神汇聚在其中，这是他仅有的一部温馨题材的电影。我并不关注他所拍摄的《曼哈顿》这类题材的影片。在我看来，如果一个导演已经拍摄完成了七八部电影，那么他的功力一定要比伍迪·艾伦深厚。

克林特：你口中的这名经验丰富的导演究竟是谁？

保罗：当然是你了。

克林特：哦，原来是这样呀。不过与从前相比，伍迪·艾伦的导演风格变化非常之大。

保罗：他和知名编剧尼尔·西蒙一样，都是那种虚伪的知识分子。我不知道该怎么来形容他们，我唯一可以确定的是，我自己并不是那种人。

35

保罗：《辣手神探追魂枪》这部影片的诉讼案件最终解决了吗？

克林特：我大概是一个非常称职的目击证人吧，现在我们已经顺利解决了这起诉讼案件。

保罗：你从最开始就牵涉到了这桩案件当中了吗？

克林特：当我们正在筹拍影片《辣手神探追魂枪》的时候，我就很喜欢这部影片的片名。我和亨弗莱·鲍嘉一起观看了 1951 年的同名电影。那部影片的导演马丁·瑞金曾经担任过影片《烈女镖客》的制片人，不过遗憾的是，他现在已经去世了。《辣手神探追魂枪》的出品方其实是华纳兄弟影片公司，更确切地说，它的出品人应该是亨弗莱·鲍嘉。因此，我们买下了那部同名电影的冠名权，并且最终确定了该片的片名，然后我们便马不停蹄地开始了拍摄的工作。

一位居住在纽约城外的小伙子安德鲁·苏格执笔撰写了一系列名为《辣手神探追魂枪》的同名丛书。在影片《辣手神探追魂枪》公映后不久，他就起诉了我们，他认为我们的电影盗用了他的丛书名，并且一度影响到了这一系列丛书的销售情况。保险公司已经对这件事进行过几次调解，我也找到了他，并且告诉他："你根本得不到任何赔偿。如果你总是让保险公司进行调解的话，某些人会非常讨厌你，然后他们会用一些'特殊'的手段来对付你，最终你会被他们活生生地'吞掉'。在我看来，你根本就不该起诉我们，你也不可能打赢这场官司。"我根本想不明白为什么总是有人会起诉你已经付钱买下的冠名权，有时候，他们甚至还会要求我们对他们进行赔偿：真可笑，我们买下了冠名权，《辣手神探追魂枪》是我们的作品，片名也是我们事先确定好的，华纳兄弟影片公司也完全支持我们的做法。你知道的，这么做根本毫无道德感可言，总是有人企图从中获利。这种情况甚至也发生在了影片《逃出亚卡拉》的拍摄过程当中。

因为这起诉讼案件，我们不得

不暂时离开片场，我必须准确地告诉法官整件事情的来龙去脉。在法庭上，法官针对影片的片名使用权问了我一个开放式的问题，这个问题恰恰也是我想让他问我的一个问题。我是这样回答的："我并不知道安德鲁·苏格尔执笔撰写了一系列名为《辣手神探追魂枪》的同名丛书，马丁·瑞金早在 1951 年就导演了那部同名电影，说不定这个小伙子在写作之时也深受那部同名电影的影响呢。我想说的就是，这种假设的确存在一定的可能性，难道不是这样的吗？"法官回答道："没错，是这样的，但我们也只是对此表示怀疑。"我随后说道："当然，因为我们尚未找到足够的证据，因此我们只能对此表示怀疑。"法官随后也表示，他的确拥有足够的时间可以这样去做，"没错，这个假设还挺有道理的。所以，为什么一个冠名权需要重复购买呢？"

保罗：那个时候，他的名字还叫做安德瑞安·苏格尔吗？你知道吗，他过去曾经……

克林特：没错，我了解他的过去，我知道他就是安德鲁·苏格尔，虽然他后来改了名字。关于他改名字的这件事情，我认为这当中很可能存在着某种隐情。在案发之后，安德鲁·苏格尔便改名为安德瑞安·苏格尔了。

保罗：根据我的经验，审判机关很可能会无意识地反对安德鲁·苏格尔改名字这件事。这当中很可能存在着一些隐情。

克林特：是的。不过我依旧认为，法官最后的判决才是最具有说服力的。

保罗：你可以忽略掉他改名字这件事情。

克林特：我也想忘记这件事情，不过这真的很难做到。

保罗：所以，你一直都叫他"安德鲁"而不是"安德瑞安"吗？

克林特：实际上，我一直尊称他为“先生”。

保罗：苏格尔先生吗？

克林特：没错，起诉书上就是这样写的。不过，我从来都没有见过“苏格尔先生”。

保罗：他没有出庭吗？

克林特：没有。

保罗：我曾经在一家唱片公司工作过，我还记得一些制作人会承诺一位歌手，将亲手把他打造成为“明日之星”。不过，假如这位歌手并未大红大紫成为一位知名歌手之时，他们就会对簿公堂。

克林特：可恶，我绝对不能重演二十年前的悲剧。

保罗：不过，不可思议的事情还是发生了，他们竟然真的对簿公堂了。那桩诉讼案似乎持续了很长一段时间，我曾经工作过的那家唱片公司最终差不多花费了几千美元的律师费才平息了这场官司。

我从未与律师打过交道，在这方面，我似乎没有任何经验。

克林特：在我看来，最重要的一点就是律师费要足够低廉。这是一个相当必要的条件，原因在于——玩忽职守的情况在法庭上屡见不鲜。很多律师从法学院毕业之后就无所事事，他们不是在无聊地与一辆救护车赛跑，就是希望自己能够开一家更好的律师事务所。在他们当中，那些不够优秀的律师就会变得更加势力、更加爱财。有人指出，在接下来的二十年当中，加利福尼亚州每一百个人当中就会有一个人最终成为一名律师。我并不是在反对或者歧视律师这个行业，我本人也总是在和律师打交道。不过，我认为似乎所有的事情都变得更加复杂化了，因为律师总是朝着对自己有利的一面来进行辩护，他们似乎并未找到更加简单、有效的解决办法。

保罗：当我在法院办理离婚案件之时，所有的事情都与金钱相关，全然没有对人的关怀之情。

克林特：没错，就是这样的。也许大多数将要离婚的夫妻都会面临这个问题，好在这并不是一个不可调和的矛盾。但是仔细想一想，似乎正是那些所谓的“合法规定”让婚姻走向了更深的深渊，当事人甚至也会面临无法自己进行选择的情况。律师总是会告诉妻子：“你看，实际上你理应获得比你丈夫多于三倍的财产。”但这个时候，丈夫的律师马上就会说：“我告诉你，她根本不配得到你一半的财产。”这样一来，事情就陷入了僵局。

几天前我还在报纸上读到过这样一则消息，诺曼·梅勒说他打算写一本名为《你永远也不可能了解一个女人，直到你在法庭上见到她》的书。在我看来，这本书纯粹就是一个男人的愤怒。要知道，他本人也经历过多次失败的婚姻。

保罗：他是全美最一流的作家之一。然而，他却并未“坐拥金山”。他赚到的钱都用于支付孩子的赡养费了。①

克林特：这就是他最后的下场。他沉醉于在一些文件上签署自己的名字，一纸结婚证当然也是一份合法的文件。如果你对签名非常执着的话，那么你很可能会以签名的方式来结束这件事情。我们都是非常疯狂的人，但是我们必须要学会面对现实。当然，这只是离婚案件当中存在的一小部分事情。

---

① 保罗仍然对诺曼·梅勒在 1991 年撰写的小说耿耿于怀，他与作曲家莱昂纳德·科恩曾经讨论过梅勒所撰写的作品：“他并不惧怕向读者展现出他愚蠢的一面，这真的是一个非常棒的品质。他真的每次都会令自己的家庭最终支离破碎。其实，我觉得有时候他也挺大智若愚的，虽然他看起来傻傻的，但是他会勇于承担由家庭的支离破碎所带来的一系列后果以及风险，我也一样。”

保罗：在我父亲去世之后，律师并不能决定他个人财产的分配情况。事实上，原本我父亲心目当中的继承人，最终却并未分到很多财产。

克林特：当今的美国社会充斥着一股愤世嫉俗之感。我觉得，我们谈论的所有事情，包括那些合法的事情，甚至还有“水门事件”和越南战争，这些都发生在二十世纪六十年代和七十年代。在我看来，这种愤世嫉俗之感在几年前达到了最高峰，如今可能稍微平息了一些。我们生活在一个毫无信仰的时代。

正是基于这样一种社会现状，我最终决定拍摄了《不屈不挠》这部影片。在这部影片当中，一个毫无天赋但异常努力的人，他的前途非常黯淡内心却十分渴望着成功，我们将他设定为一个道德至上的人，一个拥有高尚信仰的人。与此同时，影片当中还存在这样一种人，他们相信孩子应该在早餐时吃燕麦片，他们从小就被灌输了这样一种观点“按照你父母的要求去做，他们比你知道的多得多，比你更有经验，不要撒谎，临睡前一定要祈祷……”

36

保罗：人们并不一定只是一名观众，他很可能也会是一名监督者。有些时候，他们或许会去批评媒体，并且试图扭转舆论的导向。他们总是在不停地观察着那些艺术家，或者格外注意那些在当时被拍手称赞的那群人。有时候，他们的看法或许会是正确的，但有时候也很有可能会是错误的。最后，这些人在一个月的时间之内制作出了六部恐怖片，并且他们期待其中的一部能够取得不错的票房成绩。与此同时，他们也对电影配乐抱有非常高的期望。谢天谢地，主流媒体和观众总是在无意间忽视了这群人。对于主流媒体和观众来说，约翰·福德、霍华德·霍克斯还有希区柯克才是真正令人期待的主流导演。你明白我的意思吗？事实上，在二十世纪五十年代末之前，从来没有一位影评人严肃地讨论过他们的电影。

克林特：没错，那些专业的影评人未必都会拥有先见之明。

保罗：总会有一些影评人大肆赞扬着最近的天才先锋派导演们，然而这些天才的先锋派导演们也未必个个都拍摄出了优秀的作品，但是毫无疑问，他们的肚子里是有“墨水”的。

克林特：的确如此。

保罗：在我看来，影评人未必都会在最初的时候就去认可那些主流艺术家，这是一件十分常见的事情。在我的眼中，你就是一名主流艺术家。

克林特：看起来，他们似乎并不喜欢希区柯克、约翰·福德或者是霍华德·霍克斯这类导演。有些导演也许刚刚入行后不久就拍摄出了一部相当优秀的作品，但是他们在大红之后所拍摄的那些电影质量又如何呢？但像希区柯克、约翰·福德或者是霍华德·霍克斯这类导演，他们属于“后来居上型”。他们通常并不会“横空出世”，但他们却凭借着自己踏实稳健的步伐，一步一个脚印地在观众心里留下了深刻的印象，让观众以及主流媒体慢慢注意到他们，并且喜欢上他们。因此，就像我之前所说的那样，影评人未必总是会拥有先见之明。明白了这些之后你会开始思考，其实生活当中的惊喜无处不在。回首前些年的奥斯卡金像奖获奖影片，让我们一起回到二十世纪三十年代第一届奥斯卡颁奖典礼的时候：无论是对于一位导演抑或是一名演员来说，在那个年代获过奖的人们在那之后甚至没有再获得过任何奖项。就像你说的那样，他们已经被淹没在了当今影坛之中，他们的时代已经过去了。在当时也许有人会认为，上帝呀，这位影坛新秀真的是太完美了。如今，这位影坛新秀却再也无法回到过去的那段岁月中去了。

保罗：如今的摇滚乐坛风生水起，新面孔也非常多。但无论摇滚乐坛发生什么样的变化，你只需要告诉他们："看，如果这些歌坛新人打扮得十分普通，并且在一支非常普通的乐队之中，这样反而会更有趣一些。"其实，很多事情都是这样的。

克林特：通常来说，一个混迹在普通乐队的歌手会对音乐更加感兴趣，他也会对作曲、表演以及后期的音乐编排更加感兴趣。因此，这些人比那些打扮怪异身穿猩猩服、海豚服的歌手更加有趣。当然，一些专业的音乐人也对音乐非常感兴趣，甚至也对摇滚乐非常感兴趣。但是，为什么很多时候普通的音乐人反而会更出挑一些呢？原因就在于，他们可能仅仅只是一个音乐人，他们只是想把自己的音乐做得更好，他们只是希望自己能够唱出更加动听的歌曲，仅此而已。他们并不是在夸张地炫耀、卖弄自己。

保罗：但是媒体依旧会夸张那些耸人听闻的部分。

克林特：是的，媒体总是非常情绪化。在电影当中也是一样的，很多导演都会努力去打造一个构思巧妙的故事情节，因为他们不希望观众在观影之时，会受到其他方面的吸引而分散他们的注意力。对于另外一些导演来说，他们会将注意力聚焦在镜头的拍摄上面，他们想借此来吸引观众的注意力，因此他们很可能会说："嘿，看这个，这个人还真是做了一件非常有趣的事情。”而另外一些导演则会说：“我想让影片当中的所有镜头看起来都非常赏心悦目，并且我会让大家都觉得这是一部很好的电影。”

保罗：绝大多数的经典美国电影并不是那些在二十世纪四十年代备受影评人追捧的电影。恰恰是亨弗莱·鲍嘉、詹姆斯·贾克内所拍摄的影片成了好莱坞电影的经典之作。

克林特：没错，事实就是如此。如果你现在回过头去重新翻看那些电影讯息，你会发现，并不是所有的人都会选择去影院观看这部电影的。你会发现，其实很多经典的好电影并不是在它们上映之初就已经风靡影坛了，它们会随着时间的推移而慢慢变成经典。就像《迷雾追魂》这部影片，甚至是在影片上映后的第十个年头，它才开始慢慢进入一些影评人的视线。这些影评人曾经撰写过很多长篇大论的评论文章，但很可能大家并没有全部看过这些影评。他们从来都不会说：“我曾经严厉地批判过这部影片，但是现在我却改变了我的看法。”他们自己甚至都没有意识到，自己已经进入到了轮回当中。

保罗：著名影评人詹姆斯·艾吉在他的回忆录当中写道，其实许多电影都是非常优秀的作品。关于影片《夜长梦多》，他只撰写了一段话来评价这部电影，这部电影就像是一杯烟熏鸡尾酒。而对于那些并未上映很久的社会性影片，他甚至写下了十八页的评论。

克林特：是的。不过，如今已经没有人会去关注这些细节了。在当时，即使是一部结构松散的影片也未必会受到大众的关注，没有人认为那样的电影会是经典的好莱坞作品。你还记得约翰·休斯顿执导的电影《打击恶魔》吗？在那部影片当中，每个角色都十分鲜明、活跃，他们只专注于自己的事业以及生活。这是一部结构异常散漫的影片，即使在影片的后半段，故事情节也毫无任何进展，剧情也只是跟着感觉向前推进，并且它似乎并无结局。在当时，每个人都认为这部电影十分怪异，因为它的结构过于松散了。

保罗：坦白说，我认为很多人并不知道影片《卡萨布兰卡》的结局是什么。

克林特：是的，在当时大家对这个问题都感到十分困惑。现在回想起来，似乎根本就没有人会喜欢这部影片的剧情。

保罗：起初，影片《卡萨布兰卡》的选角定位于一些性格古怪、经历奇特的演员，比如他们曾经希望由罗纳德·威尔逊·里根以及克劳黛·考尔白来分别担当影片的男、女主角。不过在我看来，这种选角标准似乎毫无依据可言。

克林特：在每一部电影当中，甚至是每一部经典电影当中，从选角到对拍摄地的选择，抑或是与拍摄相关的其他事情，最终总是会有一两个关键性因素在成片当中显得十分脱节，并没有起到它们原有的作用。

保罗：达斯汀·霍夫曼在山姆·帕金帕执导的影片《稻草狗》当中的表现就是一个非常典型的例子。在这部影片当中，达斯汀·霍夫曼根本就不知道应该如何来扮演男主人公一角。

克林特：很多人都批评影片《现代启示录》没有对生活进行加工和提炼，整部影片当中也没有体现出那些“高于生活”的部分，这一点在男主人公的身上表现得尤其明显。美军情报官韦勒上尉原本是一个非常圆滑的人，但很多人都批评他在影片中表现出了过多的神秘感，我在读了那些批评文章之后却认为饰演该角色的马丁·辛并没有表演出韦勒上尉身上的坚韧和顽强，他反而演出了一些其他的东西。不过，他的表演仍旧可圈可点。

保罗：在看完影片《手指》之后，我觉得我被宝琳·凯尔所撰写的影评深深地欺骗了。

克林特：你确定这部电影的名字叫做《手指》吗？

保罗：没错，确实是《手指》这部影片。

克林特：宝琳·凯尔的评论甚至可以让一些导演在接下来的几年都处在失业的状态之中。

保罗：《手指》这部影片的导演是詹姆斯·托贝克。托贝克曾与詹姆斯·凯恩共同执笔撰写了影片《赌徒》的剧本。詹姆斯·托贝克曾经模仿过诺曼·梅勒的写作风格撰写过几本书。最开始的时候，托贝克只是詹姆斯·凯恩的助理编剧之一。在宝琳·凯尔的评论当中，最初的三千字只是一些人为性的描述，而真正具有评论价值的部分则出现在最后的一万三千字或者一万四千字当中。

克林特：哈哈，我想在那篇评论当中，她对交稿时间的抱怨一定比对电影本身的评论要多得多。

保罗：那篇评论真的太长了，毫无章法可言。

克林特：呵呵，她本人可能就是一个毫无逻辑的人，说不定她也是一个十分拖沓的人。

保罗：我在阅读那篇评论的时候，二十分钟之后我仍然无法相信，上帝呀，这是按照正常的逻辑顺序写出来的东西吗？宝琳·凯尔不至于会如此差劲吧？不过，那篇评论真的非常差劲。四十分钟之后，我实在不愿意读下去了，我只好出去散步转换一下糟糕的心情。

克林特：在我看来，那篇文章并不能被称之为一篇专业的影评。令人震惊的是，人们十分支持她在那篇文章中所表达出来的观点。她真的是“祸害”了纽约的大多数电影观众，而她的忠实粉丝竟然也是一些小众影评的撰写人。

或许，她真的拥有一些天赋呢？！这真的是一件十分讽刺的事情。宝琳·凯尔总是撰写一些措辞严厉并且完全没有立足点的评论，以此来制造话题点，吸引读者的注意力，这就是她的生存之道。[①]

① 桑德拉·洛克在她所撰写的《真善美》一书中曾经描写过宝琳·凯尔与克林特·伊斯特伍德之间的爱恨情仇。她认为，伊斯特伍德在相当长的一段时间里曾经饱受宝琳·凯尔对其负面评论的困扰，她在书中写下了这样一句话："宝琳·凯尔已经把伊斯特伍德逼疯了。"在宝琳·凯尔撰写了影片《辣手神探追魂枪》的影评之后，伊斯特伍德去看了心理医生，并且试图从心理医生那里分析宝琳·凯尔在影评当中的观点。最后，心理医生得出的结论是，宝琳·凯尔已经深深地被伊斯特伍德的魅力所吸引，但她根本不可能得到他，所以她因爱生恨而写出了许多负面性的评论文章。然而，这对于伊斯特伍德本人来说简直就是一场噩梦。伊斯特伍德曾经告诉过他的朋友，宝琳·凯尔最近打电话给他道歉，同时她在电话中说道："对于那些负面的评论，我很抱歉，嗯，我想你明白我的意思的。"但是，伊斯特伍德随后告诉过我，在这通电话之后，宝琳·凯尔确实没有再联系过他。因此，在伊斯特伍德看来，这一切不过都是她臆想出来的。

37

1962年，为了进一步扩大自己在电视荧幕上的曝光度和知名度，伊斯特伍德录了一张名为《皮鞭就是克林特·伊斯特伍德最喜爱的牛仔歌曲》的唱片。在这张专辑当中，他演唱了西部片《不要困住我》以及 Tumbling Tumbleweeds 和 Mexicali Rose 当中的电影插曲。

克林特：*Cameo-Parkway Records* 唱片公司的高层希望打造一张西部风的唱片。这张唱片不是乡村音乐的风格，而是那种老式西部牛仔音乐的风格。坦白说，我个人并不是特别喜欢这种音乐风格。

保罗：你的意思是，那种音乐风格就像是电影《荡寇志》当中的背景音乐吗？

克林特：是的，类似于《圣安东尼奥玫瑰》之类的经典老歌。

保罗：这张唱片是你在拍摄电视系列剧《皮鞭》期间录制的吗？

克林特：是的。这张唱片仅仅是把几首西部片当中的经典插曲集合在了一起。我们在制作这张唱片的时候，并没有邀请一些专业的作曲家、作词家为这张唱片量身打造几首西部歌曲。这张唱片的制作人曾经在斯坦·肯顿的乐队担当贝斯手一职。他是一位非常优秀的贝斯手，而我本人也是斯坦·肯顿的铁杆粉丝。哈哈，其实每个人都会拥有属于自己最独特的一面。

保罗：呵呵，不过在我看来，斯坦·肯顿似乎并不会经常演奏《圣安东尼奥玫瑰》之类的歌曲。

克林特：没错，这完全就是在浪费时间。我已经记不清楚了，*Cameo-Parkway Records* 唱片公司在制作完成这张唱片之后是否还依然能够正常运转。我曾经录制过许多张唱片，然而却从来都没有公开发行过，没有人会知道这些唱片的存在，因为这些唱片都被公司雪藏了。在田纳西州的纳什维尔市，我曾经在那里创作过几首单曲。一家名为 *Certron* 的唱片公司找到了我，他们希望与我谈论一下制作、发行唱片的事宜。随后，我专程赶往他们的总部与他们进行会谈。就在我刚下飞机的时候，有人告诉我，这家公司的负责人在我飞往这里的途中刚刚被公司解雇了。因此我不得不按照合同继续在这里进行录音工作，但当时我们并不知道这家公司已经倒闭了。所以，从来都没有人听过这些单曲，公司的人也不知道这些录完音的母带究竟放在了哪里。

保罗：我还记得，在二十世纪七十年代当我还在水星公司工作的时候，一位知名影星曾经找到了我，他问我是否可以为他制作一张唱片。坦白说，我从来都没有担任过一张唱片的制作人。在我看来，这一邀请会让我盲目地认为自己算是电影界的知名人士了，不过我心里很清楚，专门为某一知名影星打造一张音乐专辑并不是一件必要的事情，除非在你看来，这张唱片一定会大红大紫。

克林特：很多时候，唱片公司会为一些电视演员量身定制一张音乐专辑，以此来提高他/她的身价。当他们在电视荧幕当中看到一些演员时，他们会在心里进行判断，啊，也许他/她在将来的电视荧幕上会大有作为的，这绝对是一支潜力股。但遗憾的是，他们并没有什么直接的机会去联系这些演员。你可能会通过一个节目主持人联系到他们，然后你会对他们说，我看了你在那部电视剧当中的表现，相当惊艳，我们想为你量身打造一张音乐专辑，你觉得怎么样？从一定程度上来说，如果演员本身并不是那么喜欢他们所制作出来的音乐，那么即使他是美国总统，那些唱片公司的制作人也不太愿意专门为他/她发行一张唱片的。

保罗：桑德拉·洛克告诉过我，相比于其他演员来说，你的表现足以令那些音乐人大吃一惊。

克林特：确实是这样的，我本身就非常喜欢音乐。

保罗：据说，你曾经还是一名专业的音乐人。

克林特：实际上，称我为一名专业的音乐人真的不太恰当。我只是在很小的时候就接触到了音乐。

大概我对音乐缺乏足够的兴趣，又或者我缺乏一定的音乐天赋，我后来并没有在音乐这条道路上坚持下来。我很佩服那些在音乐道路上坚持到底并且有所建树的专业音乐人。

保罗：你所谓的“音乐”主要是指钢琴吗？

克林特：是的。不过我现在已经不怎么演奏钢琴了。①

保罗：关于“专业音乐人”的称呼，我想这可能出自《花花公子》杂志对你的一篇专访文章。不过我还记得，在那篇文章当中，你好像说过你曾经接受过专业的音乐训练。

克林特：我曾经就读于一所专业的音乐院校，不过我后来退学了。我年轻的时候曾经在奥克兰的一家酒吧里面当过驻唱歌手，不过我仅仅把它当成一种谋生的手段，虽然我并未赚到很多钱。

保罗：你唱歌怎么样，好听吗？

克林特：我主要负责演奏部分。那段时间，我真的不太敢放声高歌。

保罗：你能为我演奏一曲影片《迷雾追魂》当中的主题曲吗？

克林特：哈哈，我可从来都没有说过我会弹奏这首乐曲呀！

保罗：就在刚才你还说道，自己并不是特别喜欢乡村音乐。

克林特：过去，我认为自己不能够很好地理解古典乡村音乐所表达出来的内容和感情，比如我根本无法理解鲍勃·威尔士所演唱的那些歌曲。

---

① 多年之后，伊斯特伍德会为他自己执导的影片亲自配乐，比如《神秘河》（2003）、《百万美元宝贝》（2004，他也因此获得格莱美奖的提名）、《父亲的旗帜》（2006年）、《换子疑云》（2008）以及《从今以后》（2010）。除此之外，他在2007年也曾为詹姆斯·C.斯特劳斯导演的影片《幸福已逝》进行配乐工作。

之所以会出现这样的情况，或许是因为我并不想让自己成为像鲍勃·威尔士那样的人。但是现在，我很中意于肯尼·罗杰斯这类音乐人，当然还有曾经在影片《永不低头》担任过配乐工作的艾迪·罗比特。如今的乡村音乐广受好评，群众基础非常广泛，类型也多种多样。

保罗：你好像说过，你更加喜欢黑人音乐和爵士乐。

克林特：我成长于一个几乎被黑人音乐所包围的地区。在过去，我经常会去听一些爵士乐，以及一些节奏感强烈的蓝调音乐。但是最近，我更喜欢乡村音乐。过去的流行乐坛似乎被弗兰克·辛纳屈、埃塔·詹姆丝以及比利·艾克斯汀还有弗兰基·莱恩所垄断了。毫无疑问，他们都以一种节奏感很强的旋律为大众讲述着一些简单、动人的故事。对于乡村歌手来说，他们似乎很难被大众所理解和认同，他们更像是流行乐坛的弦外之音。通常来说，流行音乐更偏向重金属音乐，并且更加注意音效。

保罗：确实是这样的。

克林特：除此之外，当今流行歌曲中的歌词都不如以前那般意味深长了。

保罗：我想这还是要依据具体的歌曲来进行讨论吧。伊斯特伍德，我很想为你量身制作一张音乐专辑，一张纯正的摇滚乐专辑。这样一来，你就无须总是通过广播来收听这些歌曲了。

克林特：我能理解你的这种想法。虽然我的爱好十分之广，但是很长一段时间以来，我真的非常讨厌摇滚乐。

保罗：当今的流行音乐已经并非只风靡在广播节目中了。在时下最热门的广播节目当中，你很可能并未听到那些十分有趣的音乐人的作品，你甚至也听不到那些最一流以及最具潜力音乐人的作品，你所听到的更多歌

曲都是一些纯商业化的作品。

克林特：你送我的那张布鲁斯·斯普林斯汀的唱片真的是太棒了。这张唱片中的歌曲真的非常棒，在我看来，你已经被广播节目禁锢了你的思想。从本质上来说，你只需要将那些“学院派”的东西和流行音乐完美地融合在一起即可。

保罗：但是这样做并没有什么挑战性。摇滚乐一度代表了一种时代的更迭和个人主义，但如今它却正在背道而驰，摇滚乐已经变得非常商业化了。一位歌手模仿另一位歌手，直到下一位歌手继续模仿下去。

克林特：对于电影来说也是一样的。比如，某位导演拍出了一部口碑以及票房成绩都非常好的电影，于是一时间所有的导演似乎都开始说：“我也要拍摄一部类似这样的电影，我们再拍出十部类似这样的电影出来。”

保罗：你看过摇滚乐的音乐录影带吗？

克林特：当然看过。一些摇滚乐的音乐录影带拍摄得非常富有想象力。

保罗：天哪，在大多数的情况下，那些音乐录影带对我而言就像是一种自我陶醉。那些制作团队真的非常棒，很多导演甚至也在先锋派导演的课堂上获得过 A 的成绩，他们甚至会在短短三分钟之内就改变了整个世界。

克林特：没错，我也赞同你的观点。如你所说，那些导演经常会说：“看，这支著名的摇滚乐队雇用了我，我马上就要为他们拍摄音乐录影带了。”

保罗：你知道那些知名音乐录影带导演一天可以赚多少钱吗？我来告诉你，他们可以在三分钟的时间里赚到一百万美元。

克林特：天哪，这是真的吗？

保罗：当然，并非所有的音乐录影带导演都会赚到这么多钱，只有那些非常知名的导演才会在三分钟之内就赚到一百万美元。也有一些音乐录影带导演在三分钟的时间里，只能赚到五十万美元。

克林特：就在几天之前，我才刚刚看过了赫比·汉考的音乐录影带。在一首歌曲的音乐录影带当中，只有机器人和木乃伊，并没有人类的存在，这真是异想天开。

保罗：我个人不太喜欢那种类型的音乐录影带。如今流行乐坛的更新速度越来越快，也越来越浮躁，很多音乐录影带的画面都非常优美，但歌曲本身的意义却未必能够很好地体现出来。对于那些最一流的音乐录影带来说，画面通常都十分朴素，镜头也并未过度切换，这样一来，歌曲的感觉便自然而然地流露出来了。

克林特：快速剪辑、优美的画面已经成了流行音乐音乐录影带的代名词了，也许那些导演是在刻意营造这种风格。在他们看来，流行音乐的音乐录影带就应该是这样的。也许，他们仅仅就是想在音乐录影带中传达出一种幽默感。

保罗：呵呵，对于这一点，我比你更加悲观。在我看来，那些音乐录影带根本就没有任何框架而言，那些导演的脑子里也并没有什么非常棒的想法。大概是我研究了太多年的电影，以至于我现在已经受不了那些品质低廉的音乐录影带了。

克林特：在我看来，你只是刚好将音乐录影带与电影进行了对比。如果今后你并不拿它们与电影进行对比，而是将它们作为一个单独的个体来进行欣赏，也许这样做可以缓解一下你愤怒的心情。如果是我的话，我一定不会拿它们与电影进行比较的。

保罗：很多人都在尝试把音乐录影带拍摄成为一部微电影。这是时下最新的潮流，在三分钟的时间里将所有的东西都展现出来。要知道，三分钟的时间怎么能够容纳下一部电影两个小时所表达出来的内容与情感呢。这纯属无稽之谈！

克林特：好吧，在你看来似乎任何事情都是无稽之谈。不过，我们还是应该看到，人们是可以自由地创造出来一些东西的。

38

保罗：你在同一时间段之内拍摄了两部影片。据我推断，影片《火狐》（1982）一定不是一部非常长的电影。

克林特：这部电影确实没有多长，但是在拍摄一些视觉性较强的镜头时，你真的能够体会到拍摄过程就好像拔牙那样痛苦、煎熬。我想你能够体会到这种感觉的，对我而言，这真的是一个非常艰巨的任务。如果我拥有一个极度自由的灵魂，我想我很可能会花费五千五百万美元来拍摄一部电影。我并不想去拍摄一部视觉效果非常震撼的影片，这也就是为什么影片《天涯父子情》（1982）会如此有趣的原因。因为这部电影并没有过度打造震撼人心的视觉效果，我们把主要精力都放在了该片的剧情之上。

保罗：我真的觉得《天涯父子情》这部电影很棒。

克林特：这部电影的拍摄过程非常有趣。即使是在三十年后的某一天，我相信仍然会有人说，嘿，我们一起去看一下《天涯父子情》这部影片吧！

保罗：嗯，会的，我觉得一定会有人这么去做的。在你第一次读到这部影片的原著小说之时，你的脑海当中就已经决定由凯尔·伊斯特伍德来担当该片的主演了吗？①

克林特：这是绝对不可能的，因为当我第一次读这本书的时候，他才只有十二岁，这本书是写给那些十四岁左右的孩子看的。随后，我曾经问过桑德拉·洛克："你认为他能够胜任这个角色吗？"在我问桑德拉·洛克这个问题的时候，他已经长到十四岁了。她说："我觉得他可以出演这个角色。"就是这样，我们一起拍摄出了这部影片。

保罗：你有想过如果他在拍摄

---

① 凯尔·伊斯特伍德经常在父亲克林特·伊斯特伍德的一些早期作品中抛头露面，他曾经在影片《不法之徒迈·韦尔斯》以及《不屈不挠》当中客串过一些名不见经传的小角色。他的妹妹艾莉森·伊斯特伍德也在影片《不屈不挠》当中扮演了一名孤儿。

期间的表现并不是十分完美，你会怎么办呢？

克林特：没错，我的确考虑过这个问题。如果真的发生了这种情况，我并不会去教导他应该怎样演好这个角色，我会让他自己去领悟应该怎样来完成角色在整部影片当中的表演。

保罗：在这部影片的拍摄期间，他有失误过吗？

克林特：在我看来，正是那些失误最终使他尽快成长起来。

保罗：没错，是这样的！他似乎在表演方面非常有天分。他从来都没有过于夸张地进行表演，他总是做得恰到好处，他非常可爱。

克林特：对于一个孩子来说，能够演出这种效果其实是一件相当困难的事情。很多童星都有着非常可爱的一面，我从来都不会去规定他们应该以一种怎样的标准去演戏。你应该找到他/她身上的闪光点，然后让他们自由发挥即可。如果他们去了一些专业的表演院校进行学习的话，我反而觉得这会束缚他们的表演。

保罗：他们太自信了，就像自己已经从影六十年了，他们认为自己就像埃诺尔·考沃德那样的顶级影星一样。

克林特：没错，就是这样的。孩子们都是非常天真的。他们表演得很自然，如果你让他们保持这种良好的情绪和状态，他们也能将大人们出演的那些情节自然而然地表演出来。通常情况下，如果你去上过一个专业的表演课程的话，你会发现所有的演员似乎都在地上玩那种即兴记忆的游戏。对于孩子们来说，这些则是他们的“家常便饭”。前几天，艾莉森就进行了一次无实物表演，她表演了自己在吃一个虚构汉堡时的情景。我悄悄地在旁边观察她的一举一动，我并不想让她知道我在刻意观察她的表演。在表演期间，她一直都在说那个汉堡有多么好吃。我觉得，这种表演大概会

Cet enfant deviendra adulte.
Cet homme deviendra légende.
CLINT EASTWOOD
et KYLE EASTWOOD dans
HONKYTONK MAN
CLINT EASTWOOD et KYLE EASTWOOD dans HONKYTONK MAN
producteur exécutif FRITZ MANES scénario de CLANCY CARLILE, tiré de son roman
produit et réalisé par CLINT EASTWOOD
TECHNICOLOR

《天涯父子情》电影海报

出现在三十年前的电影当中。这种老套的表演方式真的非常愚蠢。

在我的印象当中，一些专业的表演课程会教你一些技巧性的动作，比如教你如何玩转一把椅子或者是玩转一只茶壶，他们也会教你倒立，甚至还会教你做一些疯狂的事情。不过，这种教学方式很有趣，老师们会教你怎样让自己放松下来。他们会让你深呼吸，通过调整自己而达到自我放松。又或者，他们也会让你把注意力集中在一些有趣的事情上面，就像一个孩子那样。一个孩子可以坐在那里随意玩耍，他们可以把自己想象成任何他们希望的东西，因为孩子天生就是非常棒的演员。从我们开始成长的那一刻起，我们就已经开始让所有的习惯和问题都在不知不觉当中暴露了出来。因此，我们会有意识地去区分我们想做哪些事情以及我们不想做的事情是什么。正是出于这种原因，我们就再也无法本能地进行表演了。作为一名成人演员，你只需要把这些压抑的情绪全部都释放出来，让自己重新回到儿童时期，按照孩子的逻辑进行思考，成为你想要成为的那个人。就像布柯·比利所说的那样——你要成为你想要成为的那个人。

这也就是为什么表演对于我来说，并不仅仅只是一个智力上的演出。虽然很多演员都试图以一种非常明显的方式来进行表演，并且试图利用自己的思维去控制它。但实际上，表演当中的情绪表达应该是正常的情感流露。对于一些小演员来说，最好的训练方式就是让他们像成年人一样，互相之间进行自如的交流，让他们以自己的方式进行表演，让他们自己去习惯这个社会。通过游戏的方式，以及与他们进行智力对话的方式来引导他们进行表演。如果你强行希望他们演出某种效果，他们就会表现得非常被动。

保罗：影片《天涯父子情》当中的音乐非常不错。片尾的配乐以及整部影片当中的两段主旋律都非常棒。在影片的结尾部分，当黑人演员在你的坟前歌唱之时，我本来非常担心这一场景的音乐设计。我原本预计他会唱一支长调，但没想到他的嗓音如此悠远。

克林特：他平时在教堂做礼拜的时候，可能也是这么唱的。

保罗：《天涯父子情》是一部高成本的影片吗？

克林特：这个问题似乎又回到之前那个十分有负罪感的问题上来了：你应该如何打动观众冰冷的心？他们很有可能为了观看一部电影而排了非常久的队。然后你对他们说："你们选择来影院观看这部电影是一个非常正确的选择，但是这部影片很有可能与你的设想完全不一致，它很有可能无法达到你的心理预期。"但是，你该怎样去面对那些没有看过这部影片的观众呢？他们不会去观看一部动作片。你也许会告诉他们，他们也许会喜欢这种类型的电影，因为该片并没有进行大规模的宣传和营销。不过，我认为自己并不会真的这么去做。我只是想深入地去了解一件事情，我的电影也不可能和那些宣传所声称的那样毫无差别。当然，我也并不希望观众每次都要排队才能观看到我所拍摄的那些电影。我只是希望，我所拍摄的电影能够在某个国家引起绝大多数观众的共鸣。

保罗：你的这种想法其实并不能够保证一部电影得以安全、顺利地进行放映。

克林特：我毕生的事业就是要尽量让自己去尝试更多疯狂的事情。自从我萌生了去意大利或者是西班牙拍摄一部西部片的想法之后，我认为自己根本就没有停止前进的理由。至少，我已经表达出了我的事业心。

实际上，影片《天涯父子情》拍摄起来十分容易，拍摄成本也不太高。这个成本甚至还包括了该片在无线电视网中播放时的效益成本，以及一些其他方面的费用。从整体上来看，这部电影的成本并不高。有时候，你真的非常幸运，你可以越过这道坎。很多人都预测在该片当中，陪伴在大猩猩身边的那个人不会离开。但大多数时候，现实并非如此，你必须要在你的生命当中不断前行。

39

1982年，克林特·伊斯特伍德捐赠了三万美元给詹姆士·波·格利兹，他曾经是越南战争中美国陆军特种部队“绿色贝雷帽”的一名上校。格利兹曾经计划过一次突袭老挝的军事行动，以此来拯救那些被关押在当地监狱中的美军士兵。

保罗：哎，我想是时候该问你一些关于波·格利兹的事情了。你有兴趣说一下这件事情吗？还是不太愿意提起这件事呢？

克林特：我想说的是，虽然很多人在回答这一问题时都在媒体面前保持了沉默。在这些沉默的人当中，有很大一部分都是曾经参与过越南战争的美军士兵，有一些人甚至还是他的手下。我相信，任何参加过越南战争的人，或者是任何希望找到那些在那场战争中失踪的人，他们的内心都是无比正直的。他们只是想尽自己的一点绵薄之力而已。

保罗：当然，他们也的确这么去做了。

克林特：一些人认为，东南亚一带确实还存在一些滞留的老兵，这一设想甚至还有一些证据支撑。但接下来发生的事情却是组织内部的相互斗争，有些人并非真正想去做这件事情，他只是被上级派到老挝去参加此次军事行动。我知道，在这件事情上面，我们一直都以一种低姿态的方式来进行处理。媒体也曾经问过我对这件事情的看法，对此我并不想发表任何意见。你是第一个可以让我公开谈论起这件事情的人。如今，我并没有一个专业的经纪人来为我专门处理媒体的相关事宜，我每年的宣传活动也不多，一直以来我都相当低调。我并不想成为媒体关注的焦点，我在看到一些媒体所写的评论文章之时都会感到非常尴尬。在我看来，和媒体打交道是一件非常没有意义的事情。媒体确实有一些非常负责任的人，但是这样的媒体真的是太少了，绝大多数的媒体真的都非常糟糕。他们所撰写的那些关于我的评论文章，仅仅只是为了增加他们的发行量而已。我还记得我曾经在一个杂志上看到过一个二战时期的古老谚语——藏不住话的人就会“沉船”。在我看来，那些媒体似乎都是一条船上的人，对于那些八卦小报来说，他们是否会“沉船”，完全取决于他们自己的态度。

保罗：一些媒体总是喜欢哗众取宠，当他们在谈论起这件事情的时候，你真的仿佛就像“战场枭雄伊斯特伍德”一样。

克林特：哈哈，我没打算朝那个方向发展。

保罗：我只是随口一说，但的确有一些媒体是这么来形容你的。

克林特：无论是对于波·格利兹抑或是对于我个人而言，我认为我们必须要为此尽一些自己的微薄之力。我曾经告诉过他：“只要我一想到在地球的另一端还有一群被关押着的美国老兵，我几乎每晚都会失眠。我并不知道他们参加越南战争是否都是自愿的，也许他们是被国家派去那里的。但是无论出于什么样的原因，他们最终都参加了越南战争，并且他们至今仍然以一名囚犯的身份被关押在那里。一想到这些，我根本无法入睡。事情就是这样的。”我为这些美国老兵付出了很多心血，也为他们做了很多事情。不过不幸的是，根本没有人支持我这么去做。

保罗：波·格利兹以及像他一样的人都会支持你的。

克林特：实际上，他们在接受媒体访问之前，几乎从未与我进行过商议。

保罗：在我看来，他们更像是军事冒险家。说不定，他们也在等待着东南亚地区会出现他们自己的“波·格利兹”，他们似乎已经看到了军事冒险家的出现。

克林特：我也无法回答你这一切到底是不是真实的。这个世界上存在着很多具有争议性的话题。对于那些藏不住话的人来说，如果他们在地球的另一端，如果他们生活在柬埔寨或者是老挝这样的国家，他们或许并没有错。

保罗：也许你刚才所讲述的故事并非都被报道了出来。但是在那次袭击发生之前，一些事情的确被一些无良的媒体报道了出来。

克林特：我知道这件事情的，但是我并不知道究竟是谁做了这样的事情。最开始的时候，他们在曼谷报道了这件事情，他们甚至对波·格利兹的计划了如指掌。对于媒体人来说，他们的天职就是要将秘密公之于众。我并不是说他们不爱国，他们的职业就不具备保密性质，必要的时候，他们甚至会出卖受众。一旦你得知了当事人的藏身地点，你便可以与他进行沟通、联系了。我不明白为什么有人愿意在媒体面前讲述这些事情，要知道，媒体的报道以及评论已经涉及事件当中的某些人了。

保罗：威廉·夏特纳吗？

克林特：我从来都没有面对媒体针对这一事件公开发表过看法，我现在也并不想去讨论这件事情。我只是以一种心理学的观点来看待整件事情，在我看来，主动在媒体面前谈论起这件事情真的毫无益处。如果再继续这样下去，媒体再继续评论下去，事情会适得其反的。

保罗：你认为自己已经足够强大到可以号召里根总统去说服那些国会议员去搜寻那些老兵的去处吗？[1] **这仅仅只是我的一点猜想而已，我并不知道这到底是真是假。**

克林特：怎么可能，根本就没有这回事。

---

① 伊斯特伍德和里根在从政之前都曾经是一名电影演员，并且他们都曾在知名电影中担当主角（伊斯特伍德曾主演过影片《永不低头》和《鬼马金刚独臂拳》，而里根则主演了影片《君子红颜》）。伊斯特伍德曾在 1981 年和 1984 年的总统大选当中两度支持里根当选美国总统一职。1986 年，他本人也成功当选卡梅尔市市长一职。

保罗：这不是真的吗？

克林特：对我而言，即使这一切都是真的，我也不会让任何媒体知道这件事情的。即使是任何可以推动事件发展的事情，也不应该由我来担任这一事件的“新闻发言人”。我只能说，最初的时候，政府的确忽略了东南亚一带仍然存在着大批美国老兵这一事实。我能说的事实就只有这么多了，其他的事情还需要进一步研究和确认。不过现在看来，政府似乎并未忽略过东南亚一带依然遗留大量美国老兵这一问题。事情变得越来越有趣了。

保罗：据一些媒体报道，你并未以捐赠的方式来资助他们，这是真的吗？

克林特：当然不是，我从来都没有这样做过。

保罗：媒体的原话是说，你以“买断银幕播放权”的方式来为他们筹集资金。

克林特：这一定是威廉·夏特纳说的。很显然，他一定正在购买所谓的“银幕播放权”或者是诸如类似的东西。[①] 我什么都没有做。事实上，关于这件事情，我想说的是：“我根本不想要什么银幕播放权，我对此根本不感兴趣。”我不知道我这么说是不是会令他大失所望。不过，在我脑海当中也存在另外一种想法：“在我看来，他似乎并不关心我所拍摄的任何一部电影，但他却格外留意我对于该事件所进行的一系列调查工作。不过很显然，这两件事之间并不存在任何联系。如果在二十年之后，当他谈论起自己曾经做过一些什么的时候，哈哈……不过现在，我并不想谈论这件事情。”

保罗：也许我可以想象出你和媒体之间究竟发生过一些什么事情。你看，

① 威廉·夏特纳最终以一万美元的价钱买断了波·格利兹事件的讲述权。

差不多每隔五分钟，你的电话就会响起来。

克林特：事实就是如此。《华盛顿邮报》《泰晤士报》以及任何你可以叫得上名字的报纸，现在都在报道发生在地球另一端的事情。虽然，我们离那里非常遥远。媒体人真的非常聪明，他们很善于去挖掘一些细节。当你要去做一件事情的时候，你真的要格外小心。如今，媒体对这件事情的关注程度已经超出了政府对此事的关注度。对于美国政府来说，他们原本是可以控制这些报道的，但是他们无法控制人们在看到这些报道之后内心的真实感受。比如，他们无法控制人们对于祖国的感情是怎样的。我真的感到十分愤怒，媒体错误地引导了大众，不过幸好，他们没有带给大众错误的希望。否则，后果将不堪设想。

40

就在以下这段访谈开始的前一个晚上，克林特·伊斯特伍德邀请唐·希格尔和保罗·尼尔森参加了影片《拨云见日》的首映仪式，这部影片是“肮脏的哈里”系列电影的第四部影片。在这部影片当中，卡拉汗警探遇见了一位性侵案件的受害者珍妮弗（桑德拉·洛克饰演），如今的她正在计划谋杀十年前曾经凌辱过她以及妹妹伊丽莎白的恶霸。她的妹妹伊丽莎白在被恶霸凌辱之后，整个人都变得神经兮兮起来。

在影片的开头部分，卡拉汗在一个咖啡馆遇到了一群强盗，他告诉他们：“你们逃不掉了，我并不打算让你们从这里出去。”其中的一个强盗问道：“你说我们逃不掉了，你指的究竟是谁？到底谁逃不掉了？”随后，卡拉汗拿起他的左轮手枪对那些强盗说道：“我想你们应该知道的，你们逃不掉了，我会在这里与你们同归于尽。”（当保罗和伊斯特伍德谈论起这段剧情之时，伊斯特伍德告诉他，最初剧本当中并没有这场戏，这场戏只是他在片场的即兴表演而已）。最终，强盗一个不剩的全部被警方所抓获。卡拉汗也说出了那句电影当中的经典台词：“放马过来吧，看我怎么收拾你！”

保罗：根据我的判断，你接下来非常有可能会告诉我，1983年你在拍摄影片《拨云见日》的时候，你已经预见到了剧本当中存在的一些问题了。你可以告诉我你是怎么发现这些问题的吗？最终你又是怎样去解决这些问题呢？

克林特：这部影片的剧本的确缺乏严密的逻辑结构，不过这也真的只是凑巧而已。实际上，我本来想把这部影片拍摄成另外一种风格的。影片《拨云见日》的剧本容量真的非常少，剧本当中只有一些简单的场景和空洞的对白。一个女人与一群警察之间所发生的故事，在我看来，这个故事并不足以引起观众的共鸣。我告诉桑德拉·洛克我想邀请她来一起拍摄这部电影，我认为她的加入一定会为影片带来一股新的活力。随后，我们便打算重新改写这个剧本。

在随后的一段时间，我约见了几位青年编剧，其中就包括来自费城的年轻小伙约瑟夫·C. 史延森。与他见面之后，我有一种强烈的预感，我认为他也许能够帮助我达成某种愿望。于是，我对他说道："你愿意来尝试一下这份工作吗？或许，你可以试着帮我完成这部影片的剧本改写工作。"随后，我告诉了他我的构思以及想法，而事实上，他恰好也是"肮脏的哈里"系列电影的忠实影迷，由他来改写这个剧本真的是一个不错的选择，这对于他来说简直就是驾轻就熟。

经过他的改写之后，这部影片中终于可以看出一丝"肮脏的哈里"系列电影的影子，在他完成了六成以上的剧本改写工作之后，他把剧本拿给我看，并且对我说道："其实这并不是我理想中的剧本效果。"我看了他所改写的这版剧本，真的非常棒。因此我鼓励他说："没关系，就继续这么写下去吧，你给这部影片插上了不一样的翅膀。不过，要记住继续保持这种写作风格。"随后，他按照我的思路继续改写完成了整个剧本。弗里茨·曼尼和我看完他所改写的最终版剧本之后说道："我们必须马上找到他。"我们很快就骑上摩托车出发去找他了。我们根本无法抑制住内心的喜悦，在看完他所改写的剧本之后，我们都感觉到自己仿佛又看了一遍《肮脏的哈里》。要知道，这才是真正的西部片。

保罗：虽然我并不清楚这其中的细节，但是我真的由衷地为你感到开心。米卡尔·吉尔莫曾经问过我关于这部影片的事情，我对他说："我只能笼统地告诉你我的想法，因为这部影片真的非常值得一看，你必须要去亲自看一下这部电影，然后你才能感受到它对你的冲击。在看完这部电影之后，你差不多要用四个小时的时间才能完全消化影片当中的剧情，因此我不会提前剧透给你任何剧情。你最好也不要提前去看关于这部影片的任

《拨云见日》电影剧照

何影评，你只需要直接去影院观看这部影片就好了。我相信，你一定会如痴如醉的。” [1]

克林特：我认为你还是事先看一下这部影片的影评比较好，这样你在观看电影之时或许能够更好地理解影片当中的一些剧情。你会明白我们为什么要来这样设计整个剧情的发生以及发展，并且你也能够明白很多引申之义。

保罗：在这部影片当中，为什么卡拉汗警探给唐纳利打了那么多通电话呢？

科林特：其实，在约瑟夫·C. 史延森进行剧本改写的时候，我曾经告诉过他："不要把这个角色等同于前几部影片当中的卡拉汗警探。"因为我并不想再继续像这个系列的前几部影片那样，在拍摄之时把摄影棚搞得鸡犬不宁。因此，在正式开拍之前我就决定了，在这部影片当中，卡拉汗警探只负责执行任务，而真正知道内幕的人则是唐纳利。就在影片试映的

---

① 根据作家米卡尔·吉尔莫的回忆："当他在为克林特·伊斯特伍德撰写剧本的时候，伊斯特伍德曾经在他家住过一周之久。在那段时间里，他们整晚都待在一起并且看了很多经典的老电影。"

时候，我还对他们说：“你们就把唐纳利也当作卡拉汗警探吧。”

保罗：这部电影里面似乎还可以看到一些《迷雾追魂》的影子。我们来聊一聊《迷雾追魂》和《迷魂记》这两部影片吧。

克林特：在过去的几年当中我一直都有一个想法，我或许应该去圣克鲁斯镇拍摄“肮脏的哈里”系列电影，我甚至一度想过要在那里拍摄影片《拨云见日》。那里既有旧金山的感觉，又有北卡罗来纳州的风情。不过有一点，它与旧金山的不同之处在于，它并非是一个国际化的大都市。

保罗：你曾经说过，你希望这部影片能够呈现出一种特殊的视觉效果以及完全不同于这个系列前几部影片那样的导演风格。那么，你希望以一种怎样的方式来达到这种效果呢？

克林特：我只是希望在这部影片当中，镜头剪辑的节奏可以更快一些。

保罗：是呀，影片整体的节奏感影响了你对它的直观感受。我觉得在《拨云见日》这部影片当中，全片的节奏感非常快。在整部影片当中，你都保持着这种快速剪辑的镜头运动方式。在我看来，这部影片当中的很多情节都已经深深地打上了“肮脏的哈里”系列电影的烙印。在影片《拨云见日》当中，镜头一直都在不停地进行着转换，它的运动速度太快了，甚至有一种生活已经被它吞噬的感觉。影片当中的次要部分被主要部分所吞噬，节奏感相当快。

克林特：我很理解这种感觉，就好像一个人从山上滚下来的时候，你会马上避开他。

保罗：这部影片的节奏感真的是太快了，同时影片当中还包含了大量的暴力镜头，将那么多角色和故事情节串联起来也绝非是一件易事。天哪，我根本无法想象，我认为拍摄这部影片的过程就像是一场噩梦。据我所知，

唐·希格尔将这部影片比喻成一部“板上钉钉的暴力片”。在我看来，这部影片比单纯的暴力电影要更加恐怖一些。这是现代都市人的一场噩梦，在你出门的时候，居然有六个人守候在你的家门口企图把你杀死。虽然，这听起来似乎是一个十分冒险的故事，但是这部影片绝对可以称得上是一部史诗级别的暴力影片了。

克林特：这部影片的确拍出了我想要的效果。我并不希望这部影片仍然与“肮脏的哈里”系列电影的前几部影片那样保持相同的风格。我并不希望人们在看完这部影片之后认为“肮脏的哈里”系列电影又回归大银幕了，然后继续老生常谈着以往讨论过的一些话题。对于我来说，这是一部全新的电影。我总是在想，这个系列的每一部影片其实都是相互独立的，每一部电影之间其实都是有区别的，这几部电影之间并没有什么可比性。对于《拨云见日》这部影片来说，在影片的开头部分，也许你已经看到了恶霸的作案方式了，但是随着剧情的发展，你最终会慢慢明白为什么珍妮弗（桑德拉·洛克所饰演的角色）会计划杀死他。于是，你会在你脑海之中一点一滴地将所有情节都联系在一起。在此之前，也许你会认为她是一个精神分裂的人，抑或是一个双重人格的人。一分钟以前她很可能还是一个非常漂亮的女孩，而在下一分钟，她可能在一瞬间就变成了一个人人都敬而远之的人。她的人生，她的梦想，她所有的一切都被那件犹如“噩梦”一般的事情打乱了。她仿佛是一个反面角色，但是在这部影片当中，她最终并未成为一个真正的反面角色。从某种程度上来说，她甚至有一些自虐的性格特征。而卡拉汗则是一个出师不利的警察，每当他想成就一番事业之时，总会有一些困难或者一些纷繁复杂的事情将他绊住。随后，他们二人不期而遇……

保罗：唐·希格尔曾经告诉过我，他发现这部影片中存在着不少令人费解的镜头。在我看来这种困惑感就像是：当我正在思索着一件事情为什么会发生的时候，事情突然迎刃而解了。这看起来相当令人费解。

克林特：我并不赞同他说的这一点。我可以负责任地告诉你，如果每一位观众都带着一股兴奋感去观看这部电影的话，他们会把这部电影当中出现过的每一个镜头都深深地牢记在脑海里。对于这些观众来说，他们在观看其他电影的时候也一定会是相同的表现。[1] 尽管如此，唐仍旧非常喜欢这部影片的节奏感。

保罗：没错，他的确很喜欢这种快节奏的剪辑风格。我认为唐似乎并不是十分理解这部影片的结局，为什么卡拉汗警探最终会放走珍妮弗呢？

克林特：在我看来，每个人对这部影片的结局都有着不同的看法和认识。有些观众可能十分喜欢这个结局，而有些观众则非常讨厌这个结局。如果你并不喜欢这部电影的结局的话，你可以期待我的下一部作品。或者，你也可以选择去街角对面的剧场看一场话剧。

保罗：假如由我来扮演影片《拨云见日》当中的恶霸一角，我想我很可能会干扰到唐·希格尔在观看这部影片时的内心感受。事实上，珍妮弗最终杀死了四个人，她并不觉得自己有什么地方做错了。而她所杀死的这四个人，恰恰都是一些十恶不赦的人。

克林特：在“肮脏的哈里”系列电影的第一部影片中，卡拉汗警探其实可以不必杀死那些银行抢劫犯，毕竟他们只是拿走了一些现金而已。在这件事情上，你可以按照自己的价值观进行评判。实际上，你完全可以按照自己的价值判断来对影片《拨云见日》进行解读。

保罗：我个人并不欣赏一部电影中所传达出来的那种高高在上的感情。西德尼·吕美特的电影总是在影片的结尾处才告诉你答案，而在影片的开头以及中段部分，他会把所有的剧情以及线索都罗列出来。你明白的，其实我

---

① 当我和唐·希格尔探讨这个问题的时候，他已经七十一岁高龄了。当时的他正在经历一场漫长的官司。

们是无法对一个事件下定论的，你不能将每一件事都与道德感联系起来。

克林特：在我看来，我认为人们在观看过一部影片之后应该对某些事件有所思考。我非常享受那种能够激起人们思考的感觉。假如人们在离开电影院之后，他们还在热烈讨论着："你觉得男主角会放走女主角吗？"或者是"你觉得男主角会逮捕女主角吗？"等一系列的问题，这真的是太棒了。至少，这部影片已经引起了 观众的关注，大家可以畅所欲言。

保罗：在影片《拨云见日》当中，卡拉汗最终对珍妮弗提起公诉了吗？

克林特：坦白说，我也不知道应该如何回答这个问题。但不可否认的是，这的确是一个很好的问题。我也不知道他究竟会不会把她移交给检察机关，我真的不知道一旦珍妮弗真的受到审判的话，她将会接受怎样的处罚。

保罗：但是，卡拉汗确实没有对她提起公诉。当他放走珍妮弗的时候，或多或少都采用了影片 *Don't Turn 'em Loose* 当中的处理方式。

克林特：确实如此。除此之外，因为我本人并未生活在纽约，所有我并不知道那些惯犯通常活跃在哪个街区里面。影片《拨云见日》讲述的是一个典型环境下的典型故事，通常来说，如果珍妮弗最终入狱的话，她一定声称自己患有精神疾病，然后她就会从一名主犯变为一名从犯。没有人可以提前预知最后的审判结果是怎样的。但事实上，卡拉汗对她心里打的"如意算盘"一清二楚。毫无疑问，每一位观众也都非常清楚她的把戏，但是这种手段一定是行不通的。

自从影片《荒野浪子》播出之后我就收获了一大批影迷，有一位影迷曾经告诉过我："难道你不觉得应该把与卡拉汗相关的所有情节都描述得更加细致一些？我们并没有真正看懂这部电影。我马马虎虎地看完了整部影片，然而我的女朋友和我对该片的看法却天差地别。"我回答道："这种感觉挺好的，其实你们两个人的想法都是正确的。我很欣慰你们能够花时间来思考这些问题。”

保罗：通常来说，当一部电影在结尾的时候给观众留下了一个道德层面上的问题之时，影片当中或许并没有出现过多震撼人心的镜头画面。对于一个道德问题来说，它往往存在正反两个方面，而从某种程度上来说，它们各有可取之处，并不存在绝对的对与错。

克林特：是的。每个人都有他们自己的立场和态度，他们的立场其实不一定要与另外一个人相同，他们也无须和角色的立场相同。让我们来讨论这样一个问题：在影片当中，一个恶霸做了一些自认为完全正确的事情。对于监狱当中的每一个犯人来说，他们都认为自己是无罪的，自己是被冤枉的。一个囚犯或许会说：“见鬼，我真的只是因为破产了才不得已抢劫了那家商店。”这个时候，另外一名罪犯也许会说：“我之所以选择杀死那个人，原因就在于他阻碍了我的发财之路。”这样一来，你甚至可以将世界上的任何一件事情都合理化。每一个被关押在监狱当中的人，他们都或多或少地存在着一些偏激的情绪。比如，为什么他们会被判有罪？为什么他们会被判入狱？

保罗：在我看来，卡拉汗应该让珍妮弗接受法庭的审判，而不应该放走珍妮弗。当然，这部影片的结尾的确存在着很多道德方面的争议。

克林特：实际上，卡拉汗并没有严格执行法律程序。不过，正是由于卡拉汗放弃上诉，珍妮弗才最终得以被判无罪。你可以观察一下，法官在宣判珍妮弗被无罪释放之时卡拉汗的面部表情。我相信，他的面部表情传达出了某些内在情绪——在他的一生当中，他似乎经历了太多的坎坷。此时的他仿佛在告诉观众：“其实我也不知道我的选择究竟是不是正确的。但是事已至此，我只能说，我真的很喜欢她，我必须与她站在同一条战线上。对我而言，审判并不仅仅只是从法律的角度来进行审理的。”

保罗：我觉得这样的想法真的让整个故事都变得模棱两可起来。那么，这到底还算是“真正的审判”吗？

克林特：我们可以从两个方面来看待这个问题。一方面来说，卡拉汗非常同情珍妮弗的遭遇。珍妮弗告诉了卡拉汗关于自己被强奸的事情，同时也告诉了他自己的妹妹伊丽莎白在被凌辱之后精神失常的事情。难道被强奸的妇女最后只能选择默默离开、忍气吞声吗？这难道就是所谓的“真正的审判”吗？另一方面来说，卡拉汗在得知了这些之后，他就殴打了那个恶霸，而那个恶霸恰恰是他最好的朋友之一。在观看这部电影的时候，似乎每一位观众都忘记了这个细节。他自己对这件事情的解释就是：“我真的很想把他的头拧下来。”她从来都没有对任何人说起过这段往事，但是这次她却说道：“即使我死了，他也会强奸我的尸体。”但是卡拉汗却对她说道：“如果你觉得他还能站起来撒尿的话，那么你等着，我先让你看看我是怎么在这里撒尿的！”事已至此,这一案件的侦查也就告一段落了。然而，卡拉汗真的就在那里撒尿了，我们甚至连声音都录了下来。在剪辑这一段落的时候，我们称这种声音为“释放之音”。在对这段情节进行配乐的时候，我告诉作曲家罗拉·西夫林，我想要在影片当中添加这种音乐效果，他最终选用了空竹和长号来合成这一声音。他做得非常棒！

保罗：对于卡拉汗来说，有一场发生在基泽体育场的戏：他的身上突然显现出来一种兽性。他像动物一样爬上了栏杆，并且在一个笼子里面追赶着一个名叫安迪·罗宾逊的杀人犯。

克林特：是的。卡拉汗的确跑到了笼子当中，并且最终抓获了那名杀人犯。一个女孩被埋在了那里，卡拉汗希望可以尽快破案抓到凶手。那个杀人犯就藏在基泽体育场里面，除了走向那个笼子，他根本无处可逃。关于这一场戏，大家的评论也都集中在：“卡拉汗最终救出了那个女孩了吗？”人们似乎早已忘记了卡拉汗在此时的愤怒之情。

保罗：我非常喜欢这种评论方式，这并不是一个非黑即白的评论。当卡拉汗拽住了杀人犯安迪·罗宾逊的大腿准备开枪之时，在我看来，这个结局也会带给你同样的感受：他们只是在大雾中相互追赶着、厮杀着，观众根本看不清楚他们的身影。我想，这样一种结局必然会引起大家的非议。

克林特：是的，不过我可不在乎这些。我想我可以承受更多的非议。

保罗：他们很可能会再次对你进行言论攻击。他们很可能会说："卡拉汗或许根本就不是一个虚构的角色，他就是克林特·伊斯特伍德。"

克林特：哈哈，随他们去吧。我的脸皮可是相当厚的。我希望有人可以发表出比这更加言辞犀利的评论出来。

保罗：很多人发表的评论都十分犀利。不过我十分确定，宝琳·凯尔一定不会这么做的。

克林特：其实，我们从来都不知道其他人是怎么思考这个问题的。你刚才说，人们对电影的理解并不在一个层面上，影评人也许并不喜欢这部电影，就像你刚才所说的那样，影片《拨云见日》在结尾方面确实引发了一些道德方面的争议，同时也激发了人们无限的想象力。我们来理性地思考一下，这部电影是否真的有趣，富有娱乐性，并且引发出了一系列的争议呢？如果你希望获得影评人的好评，那么你就要和你的这些影评人"好朋友"一起出去喝一杯鸡尾酒了。当然，这也许会使你的影片收获好评，不过我本人并不怎么喜欢利用这种方式来获得良好的口碑。不过，我并不认为这部影片会引发一系列的社会争议，你所担心的事情根本就不会发生。

保罗：你本人是怎么看待这部电影的结局的？卡拉汗和珍妮弗还会在一起吗？

克林特：我不知道。我根本没有考虑过这个问题。对于我来说，我只是以这种方式来对影片进行收尾的工作。但是观众会根据他们自己的意愿，认为他们两个最终还是会在一起的。

保罗：在唐看来，这是一个喜忧参半的结局。

克林特：有些观众甚至希望在影片结尾的地方，卡拉汗把自己的手搭在珍妮弗的肩膀上，并且对她说道："事情会好起来的，我想让你搬到我位于旧金山的公寓里去住。"或者，他们希望卡拉汗这样说道："你现在终于如愿以偿了。"他们甚至还希望卡拉汗对珍妮弗说："太棒了，我真的非常喜欢你现在的样子，哈哈，要不我们还是先去咖啡馆一起喝一杯咖啡吧。"观众真的幻想出了许多种版本。

我还记得就在几年以前，在影片《不法之徒迈·韦尔斯》的结尾之处，剪辑师费里斯·韦伯斯特想让我拍摄一个关于那个女孩的全景镜头，这样观众就可以知道其实韦尔斯一直都开着车尾随在她的身后。我对他说："不可能，我不会这样去做的。"他继续说道："我们过去经常这么做的。"我说："我根本不关心你们过去是怎么做的。在我看来，观众只希望在镜头当中看到韦尔斯。即使他并未出现在这个镜头当中，观众也希望在下一个镜头当中看到他。"我要让韦尔斯回到他的家乡去，而不是待在这里，这就是这部影片最终的结局。

对于《荒野浪子》这部影片来说也是一样的：在观众看来，男主角如同原著当中描写的一样，他就是一个恶魔。但无论你怎样向观众解释他其实并不是一个恶魔，他们都只会相信自己的判断。这种现象非常有趣。

让我们回到影片《拨云见日》的结尾之处，如你所说，珍妮弗最终应该以一个全新的面貌出现在卡拉汗的面前。但是，至于他们二人之间究竟还会不会发生一些什么事情，这取决于观众自己的想象。

保罗：在唐看来，他们一定会在一起的。不过我却觉得这似乎不太可能。

克林特：你看，他真的是一个非常感性的人。哈哈，我真的很高兴他现在还是这么感性。

保罗：我认为影片当中的这个镜头非常棒！当珍妮弗对卡拉汗说："卡拉汗，你今天晚上想一个人待在这里吗？噢，我只是想告诉你，我不想一个人待在这里。"这个场景很好地展现出了男、女主人公的孤独感，同时这也与"肮脏的哈里"系列电影相呼应。对于卡拉汗来说，他之所以会感到非常孤独，原因在于他觉得自己无事可做，他也不知道自己要做些什么事情。自从他的妻子死后，他就觉得这个世界上只剩下他自己一个人了。

克林特：其实你也可以这样来理解，卡拉汗也是在为他的妻子工作。

保罗：毫无疑问，那是一个非常奇怪的夜晚。珍妮弗曾经经历过强奸事件，无论是对于珍妮弗还是对于卡拉汗来说，这都是一件非常现实的事情。即使是在多年之后，他们仍然深爱着对方，这件事情也依然无法在他们的内心平息。

克林特：我并不想让这部电影在突然之间就演变成了一部浪漫主义作品。比如，画面当中突然出现了珍妮弗和卡拉汗在黄昏下牵手的画面，这看起来相当奇怪。我并没有为他们专门安排一场十分暧昧的戏，但是我为他们设计了在海边拥抱的浪漫戏份。在我看来，这些足矣。

保罗：在这方面，我觉得你做得非常不错。他们只是在海边相拥，并没有进一步发展下去。

克林特：在影片结束之后，也许大部分观众都会认为，他们之间或许会有一些浪漫的举动，故事可能还会继续下去。但是，或许一个真正经历过强奸事件的受害者会认为：他们可能只是相拥在一起。不过，你依然可以把结局想象成多种版本。

保罗：为什么你不亲自执导《紧急搜捕令》和《辣手神探追魂枪》这

两部影片呢？有什么特殊的原因吗？

克林特：我只是觉得在那个时候我需要邀请另外一些人来导演这些影片。虽然我很喜欢这两部影片的剧本，但是我并不是特别愿意去亲自执导它们。在我看来，当时的时机还并未成熟，我认为现在才是亲自执导一部电影的最佳时机，我很想为“肮脏的哈里”系列电影的最后一部影片画上一个完美的句号。[①] 截止到目前，“肮脏的哈里”系列电影已经问世了三部影片，我曾经担任过演员、制片人以及剪辑人员，却唯独没能亲自执导这些影片，在我看来，这是一件十分有趣的事情。实际上，我非常喜欢这些剧本当中的一些故事情节，这种喜爱之情远远超过我对于其他影片的热爱。因此，出于对剧本的热爱，我最终决定自导自演了《荒野浪子》这部影片。在我看来，是时候该自己亲自执导一部西部片了。

保罗：你刚才提到过的所有影片我全部都看过。对于我来说，《紧急搜捕令》这部影片的关键性因素恰恰就是它与“肮脏的哈里”系列电影当中杀手之间的区别，这其中就包括对死亡的不同诠释以及对英雄主义的不同理解。在“肮脏的哈里”系列电影当中，你永远都不会让卡拉汗处在中立的位置上，因为你试图将他塑造成为一个真正的英雄人物。即使在这些人的眼界进一步提高之后，卡拉汗依然也会为了成为一名英雄而时刻准备着。

克林特：卡拉汗曾经说过这样一句话：“可笑，我从来都没想过这会是一场游戏。”对于他而言，这根本就不是一场游戏。否则他就会变得更像一名警察，他很有可能会成为一名警官或者获得更高的官职，而不是像现在这般依旧只是一名基层干警。

---

① 最终，影片《拨云见日》并没有成为“肮脏的哈里”系列电影的完结篇。“肮脏的哈里”系列电影的第五部作品——《虎探追魂》于 1988 年上映。该片由布迪·范·霍姆出任导演一职。

保罗：在“肮脏的哈里”系列电影当中，卡拉汗并不是一个十分追逐于权势的人物。他只是在处理着一个又一个的案件，并且对此感到十分抓狂。

克林特：这就是卡拉汗这一角色的成熟之处。从“肮脏的哈里”系列电影的第一部影片到现在已经过去了十三年，我们非常希望卡拉汗这一人物也能够日趋成熟起来。无论好与坏，他的人生总还是要继续下去的。他依旧忙于处理自己所负责的案件，竭尽所能地去侦破这些案件。如果这些案件一度陷入了僵局，他会亲自去寻找线索，推动案件的进一步发展。

在这个世界上，野心本身并没有什么错误。这很好，但问题是你并不能总是去思考你为什么会拥有野心。对于那些想在仕途上获得领导地位的人，或者对于那些总想决定他人命运的人来说——为什么这些人愿意去成为总统呢？难道这样他们就可以告诉其他人他们究竟做了些什么事情吗？他们真的是在做善事吗？还是在他们看来，这就是他们的责任，因为他们自认为自己有能力让整个社会变得更加和谐？抑或是他们只是喜欢权力呢？在我看来，他们也许只是喜欢权力而已，他们非常享受当权者的感觉。那么，这些人的动机到底是什么呢？[①]

保罗：你曾经告诉过唐，你非常希望能够让女人们到影院来观看这部电影。

克林特：当然，我非常希望她们愿意来观看这部电影，我甚至希望所有的人都可以来影院观看这部电影。对于我来说，一个女人历经磨难并且一度遭到过侮辱，即使她的妹妹已经精神错乱，她也依然要继续生活下去，过好每一天的日子。

我个人并不认为，在我们所生活的时代，妇女的权利得到了更大的保障。

---

① 伊斯特伍德曾经在 1986 的时候成功当选卡梅尔市市长一职。但是没过多久，他就卸任了。原因在于卡梅尔市市政府否决了他想要建造一栋两层建筑的决议，因为这并不符合卡梅尔市当年的市政计划，同时这栋建筑的风格与卡梅尔市的城市设计风格并不一致。

我也不知道该怎么来说，可能是我想错了吧。

近几年，关于如何加强和保障妇女的权益以及如何安慰那些遭遇过强奸事件的妇女仍然是社会和媒体所关注的焦点问题。警方一度认为，妇女可以通过正当防卫的手段来阻止那些强奸事件的发生。不过，这显然有些勉为其难。实际上，截止到目前，我们并未出台任何政策以及举措来保护妇女免遭强奸。

保罗：这部电影其实也在提醒着人们，如果有人真的经历了类似的事情，她真的需要好几年的时间才能从阴影里走出来。

克林特：这也就是为什么你会在这部影片当中格外好奇人与人之间的相互关系是怎样的。影片当中所出现过的一个场景或许可以很好地回答你这个问题，就是你刚才提到过的那个场景——两个孤独的人的那个场景。我并不想把这个场景诠释成“那是一个非常迷人的傍晚”或者诸如此类的表达。

保罗：对于你而言，影片《拨云见日》与《肮脏的哈里》这两部电影相似吗？你认为《拨云见日》到底是一部娱乐大众的电影呢，还是一部包含着政治寓言的电影呢？

克林特：我从来都不会把一部电影与政治联系起来，我本人也并不是政界要员。我所拍摄过的那些影片，它们可以统称为“故事片”，那些影片和希区柯克拍摄过的电影并无本质区别。在《拨云见日》这部影片当中，我也许探讨了一些社会热点话题，同时也讨论着一些徘徊在法律边缘地带的事情，但是我想强调的是，首先，这部电影是一部关于女人的电影。珍妮弗历经磨难，整部影片从头到尾都在讲述这些故事。

保罗：你可能真的把一些具有争议性的事件与影片当中的某些剧情联系在一起了。在这部影片当中，似乎表现出了一种反对性侵的意味。

克林特：没错，我确实将一些非常具有争议的社会性话题与影片当中的剧情联系在了一起。我希望，大众可以透过这部电影，来正视和面对那些人尽皆知并且富有争议性同时我们又在刻意忽略的问题。据说，在洛杉矶三成以上的女性在六十五岁之前都曾经面临过性侵事件。

保罗：这真的是太可怕了。

克林特：是啊，当你看到三成以上这一比例的时候，你无法不感到恐惧。你明白的，开车逃逸违背了加利福尼亚州的法律。即使有人向你走过来打算施暴，你也不能进行正当防卫，除非你更换了自己的驾照，否则你将无法保护自己的人身安全。即使在一个小镇上，警察也承认总是接到女性在车里遭遇袭击的案件。一名警察曾经告诉我，这名女性一直都在向前跑，她希望能够找到一个警察局，然后告诉那些警察自己总是会遭到那帮混蛋的攻击。当她勇敢地站出来，并且问他们为什么要砸她的车的时候，他们就会对她施暴。

也许随着法律的进步，这一切将会有所转机。不过，这也不一定。当他们试图修改加利福尼亚保护携带枪支的法律的时候，议会投票的结果却是四比一，议会并不同意法律修改携带枪支的有关规定。

保罗：在你看来，法律如果限制对枪支携带的规定，这会起到一定的作用吗？

克林特：这其实一点帮助都没有。这一规定反而很可能会让一些女性将自己家中的枪支收起来，但这并不会让所有的人都把枪支收起来。

保罗：没错，事实确实如此！

克林特：正是由于所有元素的叠加，才使得整个故事看起来更具逻辑性。其实，影片《拨云见日》的故事情节非常普通，这绝对是一个老生常谈的故事。我甚至可以这样说，我认为这部影片为我们大家讲述了一个复仇的故事，并且采用了人类历史上最原始的一种复仇方式。

保罗：在影片的后半段曾经出现过这样一幕——珍妮弗问卡拉汗："你不同意我这样做吗？"卡拉汗说："是的，因为这违反了法律。"虽然卡拉汗嘴上这样说，但是他最终还是改变了自己的决定。

克林特：没错，卡拉汗的确改变了自己的初衷。

克林特：唐后来曾经对我说，"我很奇怪，居然有人在离开旧金山之后会被杀掉。"对于一部犯罪片来说，这可能是我所看过的最为暴力的一部影片了。

克林特：与影片《万圣节》相比，《拨云见日》显然并不是一部暴力电影。在《万圣节》这部影片当中，一个人将木棍塞进了另一个人的耳朵里。但这部影片绝对是一部简单、粗暴的影片。

保罗：这部影片当中的暴力是真实的、清晰的，而不是色情的、毁灭性的。就像在《十三号星期五》这部影片当中，让七名初出茅庐的演员来演绎不同的罪恶感和暴力感，我认为这并不是一个完美的表现手法。这也许只是为了提高影片的票房成绩而采取的手段。当然，我的意思并不是说，多赚一些钱这件事情本身有什么不对的地方。

克林特：是的。在影片《拨云见日》当中，我们试图以一种中立的立场而并非让演员一直都在到处杀人放火。在我看来，这类杀人放火的影片最多只能撑过第一个星期。

除了这部电影当中的暴力场面，我们还希望这部电影可以传达出一些正能量——人们能够战胜自我。为此，我们特地设计了一些非常老套的环节：杀掉贺拉斯。我们只拍摄了演员拿起刀时的画面，随后我们拍摄了贺拉斯的特写镜头，让观众看到贺拉斯其实已经死去了。我们并没有向观众展示演员拿刀割喉的画面。

保罗：这的确是一个非常具有视觉冲击力的镜头。这部影片已经拍摄得非常气势恢宏了，它已然变成了一部暴力电影了。实际上，我知道很多人都会这么评价这部电影，不过随他们去吧。

克林特：的确会有一部分观众对这部影片指指点点的。不过，我已经无所谓了，随他们去吧。我只是希望大多数的观众都会喜欢这部影片，我也希望观众在看完这部影片之后会有一个非常不一样的感觉。但是毫无疑问，即使是在一百个人当中也总是会有一个人说："天哪，我真的是看不下去了。"或者他会说："这就是一部纯粹的商业片。"坦白说，我根本不在乎影片的票房收入，因为我相信，电影本身就会"说话"。我从来都不以赚钱为首要目的，我从来都没有拍摄过一部纯商业化的电影，我只是因为喜欢这部电影才想去把它拍摄出来的。幸运的是，这些电影的票房收入似乎都挺不错的。但是在我看来，我不会在影片当中出现这样的镜头：展示一个残忍而又血腥的割喉画面，以此来达到高强度的视觉冲击力。我想我是不会这样去做的，即使这些镜头堪称"赚钱利器"，我也依然会保持我的电影品格。

保罗：这部影片当中又重新出现了《火狐》中曾经用过的那把手枪。为什么会采用这种做法呢？

克林特：那是一把大口径点 44 左轮手枪。

保罗：史密斯·威森左轮手枪吗？

克林特：不是的，这不是史密斯·威森左轮手枪。这把手枪是加利福尼亚州南部的阿卡迪亚机器和工具公司生产的，但是现在已经停产了。十

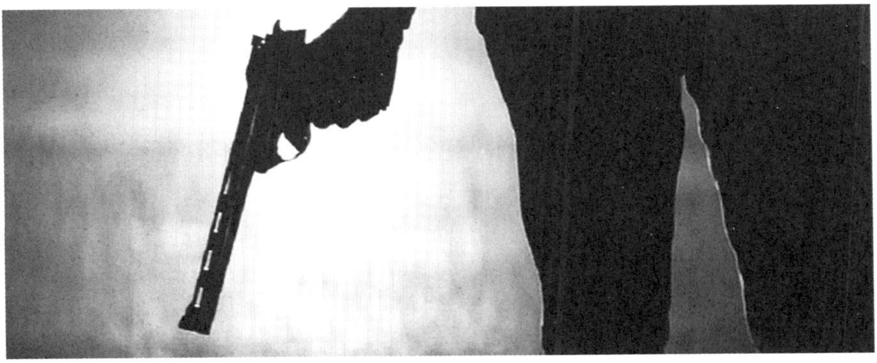

影片《拨云见日》当中的大口径点 44 左轮手枪

年前，这家公司曾经大规模生产过这种手枪，但是却没人购买。如今，突然有人大量收购这种手枪，这种手枪又开始流行了起来。于是，这家公司又重新开始恢复生产。不过这家公司的负责人哈利·桑福德曾经告诉过我，生产这种手枪的成本非常高昂。

保罗：这把手枪的优点是什么呢？它的出枪速度更快吗？

克林特：没错，这把手枪的出枪速度非常之快，拉枪栓的力度也很大。它采用了马格努姆子弹，射程更远。

保罗：哇，这把手枪真的很棒！

克林特：这把手枪可能是我所见过的性能最为出众的一把手枪了。几年前，莫特·萨尔曾经问过我是否了解一些关于自动手枪的常识，我对他说："对不起，我并不了解。"他告诉我："我给你带了一个礼物。"于是，他送给了我一把自动手枪。随后，我们讨论并制作了影片《肮脏的哈里》当中出现过的所有枪战画面。我们只是讨论关于手枪的使用问题，但却从来都没有讨论过影片的剧情设置。

保罗：截止到目前，如果让你对你所执导的所有影片进行排序的话，

这个排名会是怎样的呢？就拿影片《不法之徒迈·韦尔斯》和《不屈不挠》来举例说明一下吧。

克林特：我无法对它们进行排序，因为我对我所拍摄的每一部影片都相当喜欢。也许一年之后我很可能会说："我喜欢这部影片，但是我非常讨厌那一部电影。"在我看来，这些影片都非常类似。实际上，自从那年夏天拍摄完影片《拨云见日》之后，我就一直沉浸在其中。

保罗：五年以后或者是六年以后你还会看这些电影吗？

克林特：是的，我仍然会去重温这些影片的，它们真的非常有趣。我甚至会反思一下，为什么我在当时要拍摄一部那样的电影？

保罗：你刚才说过，卡拉汗在"肮脏的哈里"系列电影当中日渐成熟起来。那么，你在扮演这一角色的时候，你采用的表演方式在这几部影片当中都是完全一样的吗？你会根据剧情以及角色的变化而对表演方式进行调整吗？

克林特：变化不大。当卡拉汗日渐成熟之时，我本人也在不断成长、成熟起来。卡拉汗依然努力奋斗在一线，仍然与像布里格斯（布拉福德·迪尔曼饰演）一样的歹徒进行着殊死搏斗。他仍旧十分讨厌警察身上的浮躁风气，以及一些死板的规定。否则，他很可能就像我们之前所讨论过的那样，他会成为一名官员，至少他可以成为一名上尉。但是，他并没有这么去做。因为这就是他——一个自省的人，他一直都在努力着、拼搏着。

41

克林特：你觉不觉得《史密斯·维森与我》这个名字听起来很像一首乡村歌曲的名字吗？

保罗：哈哈，这听起来很像沃伦·泽方演唱的歌曲。

克林特：是呀，真的很像沃伦·泽方所演唱的歌曲。

保罗：他现在应该很恨我吧。我并不认为他现在仍然总是在酗酒，但是戒酒对他而言是一件十分困难的事情。

克林特：噢，真的吗？他最近怎么样？我已经很久都没有听到过关于他的消息了。

保罗：他非常讨厌我，但是原因却很荒谬。我曾经撰写过一篇非常消极的乐评文章，在那篇文章当中我言辞激烈地批判了他的一个好朋友。我想，每一个看过那篇文章的读者应该都会感到十分沮丧。他曾经告诉过我："你明白吗，那只是你本人的看法！"然而这么些年过去了，他突然告诉我他因为那件事而对我怀恨在心，这真的非常可笑。

克林特：就只是因为那篇乐评文章吗？

保罗：是啊。

克林特：可能他只是不想承认，他也曾经遇到过类似的问题。

保罗：他甚至拒绝接听我的电话。坦白说，我觉得他真的很孤独，我很怕再这么下去他会精神分裂。不过，无论我怎么联系他，他都无动于衷，我根本无法联系上他。至少有十五次的时间，我都试图主动去接近他，希望缓和彼此之间的矛盾。但是他依旧我行我素，根本不理睬我，我能做的也只有这些了。对于我们之间的关系而言，主动权完全掌握在他的手中。

沃伦·泽方于2003年逝世。与史蒂夫·麦奎恩一样，他也死于间皮瘤（一种常见的石棉癌之一）。保罗曾经在报纸上读到过他与伊斯特伍德同泽方在 1980 年见面时的会谈记录。在泽方被确诊为间皮瘤之后，他主动表达出了想要修复与保罗之间关系的意愿，但遗憾的是，这两个人后来再也没有进行过任何交流。

42

保罗：我发现你身上有着非常复杂、矛盾的一面。每个人都知道你是一名优秀的电影演员，很少有人知道你同时也是一名导演，更少有人知道你也是一名商人。很显然，你是一名非常成功的商人。

克林特：没错，我的性格就是如此复杂、矛盾。不过，我并不觉得这有什么不好。在我看来，如果你的造诣已经登峰造极，并且你很幸运，在经过了二十年甚至是三十年的打拼之后，你已经达到了事业的巅峰时期，在这个时候，你可以开始尝试转型了。对我而言，我必须要努力成为一名成功的商人，你必须要学会自己为自己制造机会，自己照顾好自己的生活。就像那些屡获殊荣的电影演员，他们早已所向披靡并且获奖无数，同时也赚了非常多钱，然而终究有一天他们也会老去，陷入到无戏可拍的困境当中，就在那个时候，他们会突然发现自己已经没有什么积蓄了。我儿时的偶像是知名拳击手乔·路易斯，我整整喜欢了他十二年。他曾经是那么辉煌，赚了很多钱，但可惜的是，如今的他早已穷困潦倒。你可以从类似这样的事件当中吸取经验和教训，在这一点上，我认为并没有必要去多说些什么，因为同样的经历也很可能会发生在一位演员身上。让我们回到二十世纪五六十年代或者回到七十年代之初的时候，你会发现在那个时期大红大紫赚得满盆金的人，在今天已经有很多人什么都没有了。

我可不希望自己变成那个样子。但是世事难料，我也很有可能会沦落成那个样子的。我本来可以在拍完电视系列剧《皮鞭》之后就结束自己的演员生涯的。也许，《皮鞭》很可能就会成为我的最后一部影视作品了。当然，我也可以选择出演《皮鞭》的续集，但是我并没有那样去做。无论我的演技多么出众，我也不会重复出演那些我曾经演过的角色。我想在将来我也不可能再去主演《黄金三镖客》以及《肮脏的哈里》这种“大起大伏式”的电影了。你能够主演这种类型的电影是一种必然，但这些角色很有可能会影响观众对你的定位，也很有可能会干扰到你所拍摄的其他电影。你必须要好好权衡一下这件事情。

你不能不顾一切地只是往影片当中“砸钱”。你必须要衡量一下这部影片的品质，看一下这部影片是否值得你去投资。无论你拥有一百美元，还是一千美元抑或是一万美元，你都可以选择去拉斯维加斯赌博，但这并不是一种投资。

你甚至可以说：“我将要在南非投资一座矿山。”或者你可以去买一些金银珠宝和奇珍异宝。与此同时，你也可以选择去思考一些事情，比如你也许会问自己：“那些商界精英到底把钱投到哪里去了？”你需要去认真思考一下这件事情。一家汽车公司的总经理很可能从事这份工作已经超过了三十年的时间。但是对于一名演员来说，你只需要努力经营好自己就足够了。当你离开影视行业的时候，你还可以选择加入一些演员协会、导演协会，或者你也可以加入到一些基金计划当中，虽然我自己并不愿意这么去做。

我的父亲曾经做过很多份工作，而我本人则是在经济危机时期成长起来的。在美国经济大萧条的那段时期，我本该坐在教室当中认真读书，但是经济危机打乱了这种常规的生活，我的生活变得异常艰辛。因此，在那个时候我就对自己说，我将来一定要过上富裕的生活。

对于我来说，一名演员最终要做的事情就是：“是时候该退出影视圈了。”詹姆斯·卡格尼选择了淡出演艺圈，加里·格兰特也选择了隐退。加里·格兰特认为自己已经到了一定的年纪，他已经无法适应自己所扮演的角色了，因此他毫不犹豫地选择了离开。

我对导演这份工作非常感兴趣。如果可能的话，在接下来的二十年当中，我也非常希望自己依然能够以导演的身份活跃在影坛。但谁又会知道接下来将会发生什么事情呢？不过我认为自己已经足够幸运了。如果我没有成为一名导演的话，现在的我会做一些什么样的工作呢？如果我只是拍摄了几部影片，但我却没能大红大紫，这又会发生些什么呢？难道我就会立刻退出影视圈不再演戏了吗？我不知道，我只能说我很庆幸这些事情没有发生在自己的身上。

保罗：你去洛杉矶城市学院学习了工商管理的相关课程吗？

克林特：是的，我的确在那里学习了工商管理的相关课程。事实上，当你不知道自己想要做什么，并且你也不能确定自己能够做些什么的时候，很多人都会选择去上这样一门课程。

保罗：从某种程度上来说，我觉得你自省的能力还是挺强的。

克林特：我也是这么认为的。当我年轻的时候，我是那种在聚会当中显得非常笨拙的年轻人。当时的我根本就不懂得什么叫做人情世故——呵呵，事实上当时的我根本什么都不懂。我还记得我在那里遇到了柯纳·王尔德，那是我人生当中认识的第一位电影演员。他坐在角落里，一个人喝着一杯鸡尾酒。我感叹道："原来柯纳·王尔德就是他呀！"我告诉他："有人曾经告诉过我，我也能够成为一名电影演员。"他却对我说道："真的吗？我劝你还是省省吧。"我不明白他为什么会这样说，当时的气氛真的挺尴尬。我只好无奈地回答道："呵呵，可是我并不这样认为。"随后他说道："那么，你永远也不要去演自己不喜欢的那些角色。因为这一切真实地发生在了我的身上，如果你选择出演那些你本来就不喜欢的角色，这就代表着你已经和自己妥协了，随后你将会亲手毁掉你的事业。"我对他所说的这句话印象十分深刻，毕竟他是我人生当中认识的第一位电影演员。几年之后我又看到他主演过的一些影片，我觉得他的话真的堪称至理名言。

保罗：你之所以没有变得堕落下去，原因也就是如此吧。你一直都保持着与观众之间的良好沟通。将一名演员置于死地的原因之一就是他们脱离了现实生活，他们总是过度"包装"自己。我甚至可以想象得到，如果美国总统这样做的后果会是什么。如果他一味逃避现实，只希望听到一些

好话，那么后果真的不堪设想。国家将会变成什么样子呢？

克林特：“水门事件”就是一个很好的例子。理查德·米尔豪斯·尼克松总统在第一任期的时候还挺受民众的支持和爱戴。他一度远赴中国，促成了中美建交。但不久之后，他就陷入到犯罪案件当中，一时间，人们对他的好感度和信任感骤然下降，他甚至沦为一名“罪人”。如果在“水门事件”爆发之时，他能够勇敢地站出来并且销毁那些录音带，同时告诉民众：“对不起，我承认我做错了一些事情，这些事情引发的后果相当严重，我以后不会再犯类似这样的错误了。”如果在第一时间，他是这样处理“水门事件”的话，或许他还能够再次赢得人们的尊重。但是，他并没有选择在第一时间站出来向民众道歉。他被一些人混淆了视听。我相信，任何一任美国总统如果都是这样处理“水门事件”的话，他们一定无法赢得民众的好感。正是因为他每天都和他的幕僚团队在一起，他已经与外界失去了联系，他并不知道人们的真实想法。

你可以观察一下好莱坞的那些执行制片人，除了纽约和洛杉矶之外，他们对外界一无所知。他们坐着头等舱或者私人飞机辗转于两地之间，他们甚至都不知道得梅因、丹佛以及代顿和达拉斯这些城市的存在。他们或许有可能还知道芝加哥、旧金山以及新奥尔良吧。他们几乎从来都不和观众进行交流，他们也不知道观众的想法是什么。

保罗：说起好莱坞，就在几天之前，我还听到过一个非常搞笑的笑话。女演员苏珊·安斯帕克说在好莱坞换灯泡需要两个人：一个人负责把灯泡拧上去，另外一个人负责告诉他怎么拧灯泡。

克林特：哈哈，我很早就知道这个笑话了。虽然我并不抵触好莱坞，但这就是为什么我不想经常待在那个地方的原因。洛杉矶和其他美国城市相比并无任何惊艳之处，我并不是想说“我不愿意待在好莱坞是因为我想去拍摄一部更加真实的电影”，我不是那么自命清高的人。当然，我搬到蒙特雷去住也并不是因为我不想待在洛杉矶。在我看来，我们可以换一种思维来思考这个问题。当我搬到蒙特雷之后，我去电影院看了一场电影。和那些买票的观众一样,我们都付了钱来观看这场电影,如果电影十分有趣，我们一定会笑出来的。但反过来说，如果这部电影十分无聊，影院当中根本没有人会笑。这应该算是一种最基本的常识了。对于我而言，通过这样一种方法，我至少知道了什么才是一部好电影，什么才是一部观众希望看到的电影。比起那些来自洛杉矶以及纽约的好莱坞执行制片人，他们只是会说："哇，这部电影具有强大的视觉冲击力，在我看来，我们必须要去把它拍出来。"这绝对不是一句玩笑话。难道我们拍摄电影只是为了去娱乐大众吗?

43

保罗：很多关于你的书当中都提到过，唐·希格尔曾经认为“你与反面人物的气场非常接近”。你是怎么看待这件事情的？

克林特：我也不知道。在我看来，在过去的几年当中，每个人的心目中都有自己对反面人物的定位。当年世界影坛的电影关键词之一就是——反面人物。我只不过是在一些影片当中塑造了反面人物形象，仅此而已。

保罗：你是怎么看待你所出演的那些反面人物形象的？

克林特：我觉得我演得挺好的。但是，我并不认为自己能够在一部影片当中塑造出一个英雄人物的形象。在过去，好人就是好的，坏人完全坏透了。现在看来，即使是约翰·韦恩出演过的最经典的角色之一——影片《红河》当中的托马斯，他的身上也存在着非常多的缺陷。

保罗：约翰·韦恩总是被观众误认为，他出演了许多性格完全相似的角色。他第一次真正出演反派角色则是在影片《搜索者》当中，不过观众在看到他出现的那一刻时却说道：“啊，就是那个高挑、憨厚的牛仔英雄呀，他总是出演一些正面角色。”在我看来，这样的论断未免过于简单粗暴了。实际上，约翰·韦恩在影片《红河》当中所扮演的角色非常黑暗，但观众却不以为然。在《搜索者》这部电影当中，他同样扮演了一名性格十分黑暗的角色。

克林特：在影片《搜索者》当中，约翰·韦恩扮演了一个身上存在很多缺陷的男人。但是在观众的印象中，他所扮演的角色都是皮肤白皙的正面人物形象。对于他而言，他的成功之处就在于——即使他出演了一个反面人物，人们也并不认为这是一个流氓或者是一个性格有瑕疵的人。

保罗：在你职业生涯后期所拍摄的一些电影当中，你远离了自己先前所成功塑造的“反英雄”式的人物形象。如果你没有转型的话，

一直沿着这条路继续走下去其实是一件相当困难的事情。但如果一个人一直都十分执着地去追求英雄主义，我想他应该也备受煎熬。“英雄主义”的界定其实并不严格。

克林特：《铁手套》与《肮脏的哈里》这两部电影之间的区别非常大。在影片《铁手套》当中，警察班·沙克力最终与警队当中的邪恶分子进行了殊死搏斗，同样的情节也发生在了影片《不屈不挠》当中。当一个人在工作岗位上长期得不到赏识，并且未能完成自己的心愿之时，他很有可能会与他人发生激烈的冲突。但是比利显然不会这么去做，因为他是一个道德至上的人。

保罗：这么说可能过于笼统了。那就是，在你早期所拍摄过的那些电影当中，你经常扮演一名有些神经质的角色。但是，在你自己执导的电影当中，你经常会对自己所扮演的角色进行一些“美化”，并且会围绕角色而展开各种各样的问题。在你看来，这是一种公平的做法吗？

克林特：就算我是为其他导演拍摄电影，电影剧本也是我自己选择的。通常情况下，在通读完剧本之后，我会提出一些自己的意见和看法，与导演、编剧商量之后，我们会对剧本进行微调。我并不知道为什么你会产生这种错觉，或许这可能就是我所扮演的角色留给观众的印象吧。在我看来，出演一个性格复杂、矛盾重重的人物是一件非常具有挑战性的事情。

在《肮脏的哈里》这部电影当中，卡拉汗拥有出众的个人能力。但是从心理学角度来看的话，他存在诸多问题。比如，他总是在不断地质疑自己，为什么他会在这里？为什么他要去做这件事情？人们对卡拉汗这一角色的争议也相当之大。而在我早期所拍摄过的那些西部片当中，尤其是当我在拍摄莱昂内导演的西部片之时，人们对角色并无任何争议。虽然那些角色隐隐中带着一丝忧伤，不过那些忧伤也只是源于人物的社会背景而已。

保罗：在我看来，电视系列剧《皮鞭》对于“反英雄”式人物的处理则显得相当另类。

克林特：没错，确实如此，你说的完全正确。电视系列剧总是企图引导大众的思维，电视系列剧的剧本创作并不仅仅体现着编剧的思想，同时它也包含了制片人的诸多要求。因此，电视系列剧总是给人一种“炮轰”的感觉——为什么会发生这样的事情呢？为什么你要去解释所有的事情呢？为什么不能让观众自己来理解这件事情呢？我相信，那些编剧也非常不情愿这样做。在我看来，《皮鞭》这部电视系列剧已经整整误导了观众长达八年的时间。如果你可以换一种方式，让观众可以进行独立思考，你会发现他们其实非常聪明，并且非常善于发现各种各样的细节，这真的非常令人兴奋。当你觉得他们非常愚蠢的时候，他们往往会突然让你对他们刮目相看。观众就是这样一种神奇的存在。

这么多年来，我一直都非常感激观众的支持与厚爱。如果我并未主演《皮鞭》这部电视系列剧，我可能不会如此深刻地感受到这一点，至少我不会这么快就感受到这一点。

保罗：作为一名电影导演，我认为在你和保罗·马祖斯基的身上都存在这样一种品质——在你们所拍摄的电影当中，都体现出了一种最原始的人性。在影片《春花秋月未了情》《不法之徒迈·韦尔斯》《不屈不挠》以及《鬼马金刚独臂拳》和《血染雪山堡》当中，都体现出了一种质朴的人性。不过，唐·希格尔和莱昂内的电影当中并不存在着这种“人性之美”。我想问你一个问题，从理论上来说，你觉得自己导演的电影有哪些特点？你会对哪些特定的主题十分感兴趣呢？

克林特：我真的不知道该怎么来回答这两个问题。我的回答也许并不会非常客观，我只是希望自己能够客观、真实地回答这个问题。我个人并不赞同那些所谓的编剧理论和导演理论，很多人都在迎合那种概念，但我并不会那样去做。在我看来，最重要的事情就是要把剧组所有的工作人员都带入到一个兴奋的状态之中，充分调动他们的积极性和创造性。

保罗：在我看来，这种做法恰恰表现出了你人性化的一面。从某种程度上来说，这可能就是你的导演风格。

克林特：是的，我经常会全盘推翻一些所谓的编剧理论和导演理论。虽然，我也可以依靠自己的力量来完成整部影片的拍摄工作，但是，拥有一群志同道合的工作伙伴是一件非常幸运的事情。他们会主动清理片场，也会和你分享他们的喜悦。在拍摄过程中，大家各司其职，尽自己最大的可能发挥着自己应有的作用。我希望拍摄出画质流畅的电影，这不仅仅需要投入大量的财力，同时你必须拥有几名积极热情并且非常希望与你并肩作战一起来拍摄这部影片的摄像师。只有这样，你才能够最终在这场"战斗"中取得胜利，虽然拍电影并不是一场真正的战争。

如果你拥有乐观、积极向上的态度，甚至连上帝都会帮助你实现你的愿望。如果你希望事情按照你所设想的方向进行发展的话，你就不该怨天尤人。即使在下雨的时候，你也不要沮丧地说道："天哪，今天居然下雨了，这种天气根本没办法进行拍摄工作。"这曾经真实地发生在我拍摄莱昂内执导的电影期间，有一天突然下起了雨，莱昂内一直都在抱怨这场雨。这时，我走到他的身边对他说道："别担心，事情不会这么一直糟糕下去的，天气马上就会好起来的。明天的天气一定会很好的。即使明天依旧下雨，没有关系，我们可以拍摄一场室内戏。"

第二天，雨真的停了，天气状况非常好。莱昂内十分诧异，并且对我说："天哪，你是对的，今天的天气可真好！"所以，这大概就是"自助者天助"吧！你必须要保持着一个乐观、积极的心态，即使困难来袭，你也不能被轻易吓倒。

保罗：这种积极、乐观的心态就是你最大的优点之一。你的剧组真的相当团结，大家离开了自己的家庭来到了拍摄地，心怀同一个目标努力前进。当然，毫无疑问，这个共同的目标就是拍摄完成一部优质的电影。

克林特：我总是在拍摄期间对他们讲这些话，我总是会鼓励他们。

保罗：假如你的职业生涯到此为止，作为一名导演和一名电影演员，你认为自己拍摄得最开心的一部影片是什么？你可以列举出一两部影片吗？或者，你也可以讲一讲这部影片当中的一两个情节。

克林特：我个人认为，在拍摄影片《不法之徒迈·韦尔斯》《迷雾追魂》以及《荒野浪子》期间，我都非常开心。

保罗：作为一名导演和一名电影演员，你在拍摄影片《不法之徒迈·韦尔斯》期间一直都非常开心吗？

克林特：是的。作为一名导演，我在拍摄影片《不法之徒迈·韦尔斯》期间真的非常开心。但其实在我拍摄我的导演处女作《迷雾追魂》期间，我当时以极低的成本并且在重压之下完成了拍摄，虽然它并没有完全达到放映标准，但对我来说，拍摄这部影片确实是一个不小的挑战。

截止到目前，在我所拍过的所有影片当中，我唯独不太喜欢《乔·基德》这部电影。在拍摄期间，我一度患上了流感，我的状态非常糟糕。因此，这部影片的完成度并不高，影片最终呈现出来的效果也不尽如人意。与此同时，虽然影片《战略大作战》的制作成本非常高昂，但最终的票房收益却相当之差。

保罗：这些影片自从在影院放映之后就再也没有机会出现在观众面前了。如今，根本没有人愿意去拍摄这类影片。

克林特：是的，现在的观众的确不太关注这类电影。不过这些影片如今依然在地铁站里进行销售。谁知道呢，也许那些观众才是正确的吧。从内心来讲，如果有机会的话，我很愿意把这些影片再重新翻拍一次，这一定会非常棒的。

保罗：在我看来，翻拍的版本也许未必能够达到此前影片所表达出来的高度和立意。

克林特：也许吧。

保罗：其实我只是想说，如今已经没有人会用这种写作手法来创作一部小说了。用一种流行于摇滚乐坛的说法就是，回到过去重新开始纯属无稽之谈。当然，对于如今的艺术家而言，他完全可以按照自己的意愿去拍摄他们想要的东西，没有人能够命令他们必须要拍出一部什么样的作品出来。从某种程度上来说，他是绝对自由的。

克林特：是的，我认为我现在就拥有这种绝对的自由。但是在以前，我并不能够完全拥有这种“绝对自由”。

保罗：有没有人曾经告诉过你，你是一个十分健谈的人呢？

克林特：没有，从来都没有人这样评价过我。也许任何人都拥有这个权利，只要他们愿意这么去做。

保罗：你会采纳他人的建议吗？在我看来，似乎没人能够改变你内心的想法。

克林特：如果我真的做错了某件事情，我欢迎任何人来为我指正错误，我会非常尊重他们的意见。至少对于现在来说，没有人跟我坦白过他内心的想法，每当我出现在片场的时候，他们都会说：“这就是他，你只需要坐直好好听他讲话就可以了。”假如我真的说错了什么，我真的非常乐意倾听他人的意见和看法。我只是想说，这就是我的态度。实际上，我本可以不去倾听那些意见的，但我并没有那么去做。我甚至经常对同剧组的同事说道：“在这一点上，我并不赞同你的看法。”每当我在工作的时候，我都会敞开心扉接纳所有的建议，我允许摄像师、调焦师发表任何看法。

他们可以随时告诉我：“嘿，我又发现了一种新的拍摄手法，采用这种拍摄手法无疑可以带来一种全新的视觉效果。”我在看过之后通常会对他们说道：“是呀，这种拍摄手法真的带来了一种焕然一新的视觉效果。”我很愿意这样去做，以此来保持一种客观性。

保罗：我似乎有些明白了，拍摄一部电影最重要是在于团队成员的一致性以及观点的多样性。

克林特：完全正确。我的意思是，其实拍电影是一件十分机动的事情。我甚至可以选择这样一种方式来拍摄一部电影：“你负责布景，你负责影片的拍摄工作，至于这位演员，你只需要说这几句台词就好了……”我完全可以把自己当成一名“舵手”来指挥全剧组的成员，但事实上我并没有这样去做。我并不认为自己是一名总指挥，我会就事论事，理性地思考每一个问题：这部电影的组成元素是什么？我们将这些情节都放在电影当中了吗？片场一共有多少人？为什么这几名演员没有同时到达片场呢？

保罗：虽然你也会表达出自己的观点，但很有可能，剧组的成员并非每一次都会认同你的想法。

克林特：没错，当他们反对我的想法之时，他们会非常明显地表现出来。就拿我和唐·希格尔来说吧。我经常会对唐开玩笑：“唐，我有一个想法，我想这能够提升影片最终的品质。我们换一个拍摄地怎么样？”接着他便会说：“好啊，我们可以尝试一下。不过我们必须要提前到那里，提前完成布景工作。”唐非常喜欢这种轻松愉快的拍摄氛围。从我们合作第一部影片的时候开始，这种愉悦的气氛就一直弥漫在片场，与他在一起拍电影是一件非常有趣的事情。这深深地影响了我。当我成为一名导演之后，我也试着让剧组的同事跟我开玩笑、提建议，我并不希望自己只是坐在那把椅子上观望、指挥。事实上，我从来没有坐在那里超过三次，因为我一直都在片场来回走动着。

保罗：在片场的时候，你通常都会戴着一副单片眼镜，然后嘴里叼着雪茄。

克林特：没错，我就是这样的。我非常喜欢这种方式，这样做能让我在片场感到十分放松。

44

1983 年 10 月，当访谈进入到最后一轮的时候，克林特·伊斯特伍德经常与滚石国际音乐有限公司的高层们见面。

与此同时，正当伊斯特伍德飞往新奥尔良前去拍摄影片《黑色手铐》之时，保罗给了伊斯特伍德一份约一百页的书稿。这些书稿是他和他的好朋友威廉·麦克亚当斯一起撰写的，其内容则与一个电影的专业考试息息相关。

克林特：前几天，桑德拉·洛克和我一起读了那个书稿，内容还挺有趣的。

保罗：但愿如此。当我和威廉·麦克亚当斯一起撰写这些书稿的时候，我们就感觉这是一本非常娱乐化的书。我非常讨厌那些应试书籍，它们通常都是一些毫无意义的图书。在我看来，那些应试书籍必须具备一定的专业性，至少能够让我和杰·考克斯这样的人有兴趣阅读下去，而不仅仅只是让类似于巴斯比·伯克利这样只对音乐感兴趣的导演也喜爱看这本书。

克林特：这本书的内容非常有“含金量”，你们打算出版这本书吗？

保罗：是的，我们正积极地准备着出版此书。我正打算问一下马丁·斯科塞斯，然后再问一下你和桑德拉·洛克，如果你们都非常喜欢这本书的话，能否帮我撰写一篇推荐序或者是简短的几句话呢？当然，如果你们并不想这么做的话，我是不勉强你们的。

克林特：我非常愿意帮你这个忙。

保罗：这其实也是一种变相的营销。我其实不太好意思让你们这么去做，但是我还是觉得这样做有助于提高这本书的销量。[①]

克林特：这本书就只写了这

① 虽然保罗和威廉·麦克亚当斯一直都在关注着这本书的出版情况，不过出版社似乎已经忘记了这本书的存在。十年之后的 1995 年，《701 个有史以来最难解决的电影问题》一书才最终得以出版。

一百来页吗？你们还会去补充一些东西吗？

保罗：全书的内容可不止这一百页，我只是拿了前一百页的书稿先给你看一下。不出意外的话，我们不会再补充任何内容进去了。即使真的需要补充的话，补充的内容也只会占到全书内容的百分之三。

克林特：你什么时候需要我写推荐序，随时联系我就好。

保罗：太棒了，我非常期待你的推荐序。下个月的时候，我们将提前发布这一百页的内容。但如果你能撰写一篇推荐序的话，我想……

克林特：你什么时候需要这篇推荐序呢？

保罗：应该是在十二月一日左右吧。我们原定在明年一月出版这本书。

克林特：明年一月一日就出版吗？

保罗：这只是一个大致的时间点，具体的出版时间我现在也无法回答你。

克林特：也就是说，明年一月一日出版这本书其实只是一个谣言对吧？

保罗：这样吧，为了方便你撰写推荐序，我先给你一份拷贝版本。毫无疑问，出版社会在这一版本的基础之上进行修改的。但是，我现在还并未拿到终稿。

克林特：好的。

保罗：我可以把书稿直接交给朱迪（伊斯特伍德的助理），当你远赴新奥尔良拍摄期间，她可以把书稿寄给你。

克林特：好的，就这么办。

保罗：在我看来，这个方法万无一失。

克林特：我想我们今天的谈话就到这里吧，简短一些也无妨。

保罗随后便关掉了录音笔。在这之后，伊斯特伍德即将返回纽约，那是他最后一次采访伊斯特伍德。那次访谈的效果非常好，谈话过程十分流畅，甚至一度将之前的访谈内容都提高了一个档次。在整个访谈期间，他与伊斯特伍德之间的关系也更加亲密了。

闪回

克林特·伊斯特伍德入住的酒店内

纽约

1979年12月

保罗：如今，詹姆斯·史都华和亨利·方达在角色上都遇到了一点问题。我不知道这是否与他们的年龄有关，在当前的电影宣传当中，他们都一直以配角的身份亮相。

克林特：当你到了一定的年纪之后，有时候你不得不去成为一名配角演员。当一名电影演员到了一定的年纪之后，由于受众群体的日趋年轻化，那些年轻人或许并不认为你能够在一部影片中胜任主角一职，你根本得不到观众的认可。但是，当那些演员已经年过四五旬甚至六旬的时候，观众依然会尊敬那些在一部影片当中扮演领导、父亲这些角色的演员。

保罗：你有没有非常想进行合作的导演？比如特吕弗，他有没有邀请你一起拍摄一部电影呢？或者是斯皮尔伯格，他有邀请过你吗？[①]

克林特：对于我个人而言，我更愿意在他们的影片当中担任编剧一职，而不仅仅只是主演某个角色而已。对于那些优秀的导演来说，写作绝对是他们的“看家本领”之一。当然，编剧只是合作的方式之一。如果特吕弗

---

① 伊斯特伍德从未出演过史蒂文·斯皮尔伯格所执导的电影，但是有时候他们会一起进行工作。斯皮尔伯格曾在伊斯特伍德执导的影片《父辈的旗帜》（2006）和《硫磺岛家书》（2006）中担任监制一职，并且在影片《从今以后》当中担任执行制片人一职。

告诉我，他最近看到了一个非常棒的剧本，并且他认为这个角色非我莫属，我想，我会毫不犹豫地选择出演那个角色的。

保罗：你近期比较喜欢哪位导演呢？

克林特：我一直都在关注近期上映的每一部电影，以及这部电影当中的男演员和女演员。一旦他们拍摄出了一部非常优秀的作品，我想我就是第一个为他们“摇旗呐喊”的人。

保罗：有人曾经告诉过我，鲍勃·埃文斯（派拉蒙影业公司的金牌制作人）正在计划拍摄影片《了不起的盖茨比》。同时，鲍勃·埃文斯似乎十分希望由你来饰演该片的男主人公盖茨比一角。

克林特：虽然这些年来我一直都在和一些专业人士探讨选角的相关事宜，但是，我似乎从来都没有严肃认真地对待过这件事情。要想把菲茨杰拉德的文学作品搬上大银幕绝非一件易事，因为在他所撰写的作品中，时间跨度都非常之大。二三十年甚至四十年的时间跨度，这些很难在大银幕上被精准地表现出来。我认为 1949 年版的影片《了不起的盖茨比》简直就是一部失败之作，艾伦·拉德的表现也十分糟糕。

保罗：我从来都没有看过这部电影。

克林特：当我还是一个孩子的时候，我就已经观看了这部电影。虽然我很喜欢读菲茨杰拉德的原著小说，他的文笔真的很棒，但我并不认为《了不起的盖茨比》可以被搬上大银幕。在我看来，只有那些近期发生的、能够引起观众共鸣的热点事件才适合搬上大银幕。

保罗：如果你能获得出演盖茨比这一角色的机会，很显然，这无疑会提高你的知名度以及演技。

克林特：我并不喜欢这部电影，我也不愿意扮演这个角色。

保罗：你认为如果你成为一名导演之后，在接下来的几年当中你的压力就会有所减轻吗？

克林特：应该可以稍微缓解一下。在我看来，成为一名电影导演是一件非常微妙的事情。你是在执导电影，而不仅仅只是在一部电影中“卖相”。哈哈，其实我也不知道应该怎样来解释这种感觉。不过，你的确是在做着一些非常具体的事情，你甚至已经将你的下半生都奉献给了电影事业。

保罗：你有想过当你有一天不去当一名演员或者无法执导一部电影的时候，你会是什么样子的吗？

克林特：我曾经考虑过这个问题，这一天终将会到来的。如果这一天真的来了，我想我很可能会亲眼目睹这一切的发生，当然这并不意味着我经历了什么失败或是挫折才最终选择了离开——我只是觉得看着这些就已经足矣。我想，我很庆幸自己在年轻的时候可以出演一些具有挑战性的角色，能够活跃在银幕之上为大家带来欢乐。当然，随着年纪的增长，我也不确定自己将来到底还能出演什么样的角色，到底更适合出演一个正面人物还是一个反面人物呢？我无法给出你确切的答案。因此，我个人更倾向于当一名导演，灵活性很大。

保罗：如今，你已经从一名动作影星转型成了一名导演。当然，你通常都会采用自导自演的形式。

克林特：没错，的确是这样的。但正是那十年，当我身为一名演员正风华正茂的时候，那一时期涌现出了一大批耳熟能详的动作明星以及非常经典的动作片——亨弗莱·鲍嘉主演的《非洲女王号》以及由克拉克·盖博主演的影片《一夜风流》，等等。

保罗：是的，还有加里·库珀和约翰·韦恩等人。其实这些演员的性格远比大众所想象的要复杂得多。他们并非在任何时候都热衷于扮演英雄人物。

克林特：纵观近些年来的世界影坛，我非常喜欢类似奥斯卡·威内尔在影片《最后十天》当中所扮演的一名德国纳粹士兵这样的角色，他似乎对任何事情都持有一种怀疑的态度。当我还是个孩子的时候，我就看了《郎心如铁》这部电影。在看完这部影片之后，你会对蒙哥马利·克利夫特所饰演的角色感到相当失望，你会认为他在现实当中也一定是一名犯罪分子，他的演技已经达到了出神入化的地步了。当你看到他出现在银幕之上的时候，你会在心里想，天哪，还有什么是他干不出来的事情呢？在影片《郎心如铁》当中，蒙哥马利·克利夫特所饰演的男主角乔治从乡下来到了城市，打算投靠他的叔叔，他本来与一名工厂女工相恋（谢利·温特斯饰演），但他随后却移情别恋了一名美丽大方的千金小姐。虽然你对这个角色恨之入骨，但是蒙哥马利·克利夫特仍然用他精湛的演技打动了你。

保罗：在这部电影当中，伊丽莎白·泰勒的演技也非常出色。

克林特：是的，她的演技相当精湛。她看起来就像是一个冷面美女。

保罗：你见过克利夫特本人吗？

克林特：没有，我从来都没有见过他。

保罗：你认为在当今的世界影坛，哪位男演员的演技可以和他相提并论呢？

克林特：在我看来，似乎并没有人能够取代克利夫特的地位。我最近并不经常看电影，自然也没有办法进行这种比较。在当今的世界影坛也许会存在一些演技一流的男演员，不过很可惜，我从来都没有看到过他们的精彩表现。

保罗：在蒙特雷地区，你的知名度真的非常高吗？

克林特：是的，当旅游旺季到来之时，经常会有一些人慕名而来。

保罗：你现在还在打理那个农场吗？那真的是一块私有土地吗？

克林特：呵呵，其实我不太想谈论那个农场的事情。

保罗：好的，我尊重你的意见。

克林特：这其实只是一种隐居的方式而已。在田间地头，我会自言自语地说着些什么。有时候在经历了长时间的工作之后，你的精神会变得非常紧张，你会感到非常疲惫，因此，你的内心深处十分渴望能够在此时放松一下，倾听一下自己内心深处的声音。

保罗：有媒体报道，你经常会躲避大众的视线，这是真的吗？

保罗：早年间，我曾经留过胡子，出门的时候我都会戴上眼镜或者帽子什么的。我只是为了让自己显得更加低调一些。

保罗：在我看来，你的这种行为非常容易引起非议，一些观众甚至会觉得你是在“耍大牌”。

克林特：在工作时间，我并非是这个样子的。我只是希望在只属于自己的私人时间能够远离大众的视线。不过，我现在并不是这种状态，因为我还要拍电影，还要和整个剧组的人好好相处。我想我必须要承认一个事实，那就是其实我非常喜欢独处，也很享受独处，我非常渴望个人空间的存在。对于我个人而言，我并不介意自己一个人住在一间偌大的公寓之内，因为我可以做任何我想做的事情。当然，车也是一个非常私密的空间。在我十分疲惫的时候，给我一辆车足以让我摆脱这种情绪。有时候我出去兜风只是为了一个原因——这样一来，我就不用去接任何一通电话了。

保罗：听说你经常去野营？

克林特：也不是经常，我只是在闲暇之时才会去野营。

保罗：杰·考克斯曾经说过，你与一名电影明星的气质相差甚远。你甚至会觉得独处是一件非常享受的事情，因此，他们也并不愿意过多打扰你的生活。

克林特：有时候，一些电影演员外出的时候，后面经常会跟着几名保镖。这常常会引起一些观众的反感。我曾经参加过一些影迷见面会，我并没有带那些所谓的随从人员，我非常积极地去与影迷们进行互动。

当然，有时候我也会一个人坐在酒店里或者出现在某个聚会当中，但这并不能说明我是一个孤独的人，我只是想一个人这样待着。但是很多人都会说："你看，他就是一个十分孤僻的人。那么，你要过来加入我们吗？"其实，这只是表演当中的一部分，我本人并不厌恶这种做法。我认为，表演的关键性因素就在于你对于角色的渴望程度和投入度。因此当我有机会去饰演一个角色之时，我都会尽力去演好这个角色，我不想让自己留下任何遗憾。也许我出演的角色类型十分有限，但是我自己仍旧很享受表演的整个过程。

保罗：你的性格就是这样，这似乎很难改变。

克林特：事实上，我是可以改变的。我也可以按照大众所期望的那样，去做一些所谓的"正确的"事情。在观众的心目当中，我应该是一个十分低调的人。实际上，我并不喜欢在别人面前暴露自己的情绪，我自认为自己是一个相当内敛的人。在我看来，如果我想让别人准确无误地知道我心中的想法，这一定是一件相当困难的事情。

保罗：当很多影迷朝你走来并且希望获得你的亲笔签名之时，我想你的内心一定会感到非常崩溃吧。

克林特：当影迷们在一个十分错误的时间要求我为他们亲笔签名之时，这确实挺让人恼火的。有一次，一个影迷朝我走来并且对我说："伊斯特伍德先生，我的女儿非常喜欢您，您能否帮我的女儿签个名呢？"我回应道："好的，没问题。"于是，我给他签了名。一些人看到之后，他们马上便凑了过来希望得到我的签名，他们这样做只是希望在拿到我的签名之后可以四处去炫耀。因此，我并没有满足他们的要求。当我拒绝为他们签名之时，他们的心情一定相当沮丧。

保罗：当你和你的孩子们一起看电影的时候，你会感到非常孤独吗？

克林特：当我和孩子们一起去隔壁街区的小剧场观看电影之时，我们相处得非常融洽。在我看来，你的情绪完全取决于你周围所处的环境。在有些地方，每个人都非常独立自主，他们总是在各做各的事情。而在另一些地方，人们都非常外向，总是团结在一起做事情。在一些旅游胜地，前来度假的人们都相当外向。而在一些偏远的小镇，你变老的速度会非常快，你似乎能够立刻就融入到那种寂静、安详的生活中去。有时候，当你去一个地方静养之时，你觉得自己的内心很宁静，你非常享受这种感觉。但是突然之间，有一个人认出了你，并且指着你说道："哦，天哪，这不是……是他吗？"坦白说，这真的一件令人非常沮丧的事情。

我永远都无法忘记我在拍摄影片《勇闯雷霆峰》的时候所发生的一系列精彩故事。当我们进入到补拍环节，我们首先来到了纪念碑谷地地区进行拍摄，不过拍摄的最终效果并不理想，因此我们乘坐直升机飞到了山顶。在那里，我们找到了一个名为图腾柱的景点，它大概也就三四米高的样子，中间很细，两端很粗，样子非常奇特。我和乔治·肯尼迪一起在那里拍摄了一些画面。我还清晰地记得，他们先补拍了我一个人的镜头，随后再来拍摄乔治·肯尼迪的镜头。不过因为乔治·肯尼迪患有严重的恐高症，因此他的拍摄进度十分缓慢。在这之后，我们还需要到另外一个地方补拍一些镜头。但是直升机必须要在凌晨赶回去加油了。

因此，直升机不得不提前飞了回去，我们便滞留在了山上。那里真的很安静，方圆一千米之内几乎一个人都没有，只有一些早起的鸟儿翱翔在山谷的上空。当我坐在那里的时候，那种感觉就像是菲尔德·格罗菲在《大峡谷组曲》当中所描写的初升的太阳缓缓升起的感觉。虽然，我只在那里待了十分钟的时间，但是在我看来，此情此景一辈子就算只能遇到这一次也十分值得了。我真的想在那里一直待下去。对我而言，电影当中的任何镜头都比不上那样的镜头，那才是我真正想要的！

电影电视作品年表

这个电影电视作品年表仅仅包含了克林特·伊斯特伍德与保罗·尼尔森访谈时所出现的所有电影，这个数量甚至远没有达到在二十世纪五十年代电视上所出现的那些由伊斯特伍德所拍摄的电影数量的一半。当然在这个列表当中，并没有包括克林特·伊斯特伍德在电视系列剧《皮鞭》中出演过的八季的戏份。仅在保罗访问期间，克林特·伊斯特伍德自己参演或者导演过的电影及电视剧就多达二十六部。

1955

《造物复仇》

导演：杰克·阿诺德

编剧：马丁·伯克利

制作人：威廉姆·阿伦德

制作公司：环球影片公司

主演：约翰·艾加尔、洛丽·纳尔逊、约翰·布罗姆菲尔德、克林特·伊斯特伍德

《狼蛛》

导演：杰克·阿诺德

编剧：马丁·伯克利

制作人：威廉姆·阿伦德

制作公司：环球影片公司

主演：约翰·艾加尔、玛拉·柯黛、里奥·G.卡罗尔、克林特·伊斯特伍德

1958

《拉斐特飞行小队》

导演、制作人：威廉·A. 韦尔曼

编剧：阿尔伯特·西德尼·弗莱施曼、威廉·A. 韦尔曼

制作公司：华纳兄弟影片公司

主演：泰布·亨特、埃奇卡·舒罗、马塞尔·达里奥、克林特·伊斯特伍德

1964

《荒野大镖客》

导演：赛尔乔·莱昂内

编剧：赛尔乔·莱昂内、杜奇奥·泰萨利、维多利亚·A. 卡贝纳塔

制作人：哈利·科伦坡、乔治·帕皮

制作公司：Jolly Film/ 康斯坦丁影业公司 / 西班牙 Ocean 影片公司 / 联美电影公司

主演：克林特·伊斯特伍德、吉昂·马利亚·沃隆特、玛丽安妮·柯奇、何塞·卡罗纳多

1965

《黄昏双镖客》

导演：赛尔乔·莱昂内

编剧：赛尔乔·莱昂内、卢奇亚诺·文森佐夫

制作人：埃尔博托·格里莫迪

制作公司：罗马 PEA 影片公司 / 康斯坦丁影业公司 / 西班牙 S.A. 影片公司 / 联美电影公司

主演：克林特·伊斯特伍德、李·范·克里夫、吉昂·马利亚·沃隆特、克劳斯·金斯基

1966

《黄金三镖客》

导演：赛尔乔·莱昂内

编剧：赛尔乔·莱昂内、卢奇亚诺·文森佐夫

制作人：埃尔博托·格里莫迪

制作公司：罗马 PEA 影片公司 / 联美电影公司

主演：克林特·伊斯特伍德、埃里·瓦拉赫、李·范·克里夫、阿尔多·久弗瑞

1967

《女巫》

导演：维托里奥·德·西卡

编剧：西萨尔·萨瓦提尼、法比奥·卡普里、恩佐·穆兹

制作人：迪诺·德·劳伦提斯

制作公司：德·劳伦提斯制片公司

主演：克林特·伊斯特伍德、阿曼多·博蒂诺、贾尼·哥里

1968

《独行侠歼虎屠龙》

导演：泰德·珀斯特

编剧：莱纳德·弗里曼、梅尔·高德伯格

制作人：莱纳德·弗里曼

制作公司：马尔帕索制片公司 / 联美电影公司

主演：克林特·伊斯特伍德、英格儿·斯蒂文斯、埃德·贝格利、帕特·亨格尔

《独行铁金刚》

导演：唐·希格尔

编剧：赫曼·米勒、迪安·雷斯纳、霍华德·罗德曼

制作公司：马尔帕索制片公司 / 环球影片公司

主演：克林特·伊斯特伍德、李·科布、苏珊·克拉克、帕特·亨格尔

《血染雪山堡》

导演：布莱恩·G. 赫顿

编剧：阿里斯泰·麦克林

制作人：埃特奥特·卡斯特纳

制作公司：米高梅电影公司

主演：理查德·伯顿、克林特·伊斯特伍德、玛丽·乌尔、迈克尔·霍尔德恩

1969

《长征万宝山》

导演：乔舒亚·洛根

编剧：艾伦·杰伊·勒纳

制作人：艾伦·杰伊·勒纳

制作公司：派拉蒙影业公司

主演：李·马文、克林特·伊斯特伍德、珍·茜宝、哈威·普雷斯内尔

1970

《战略大作战》

导演：布莱恩 · G. 赫顿
编剧：特洛伊 · 肯尼迪 · 马丁
制作人：西德尼 · 贝克曼
制作公司：米高梅电影公司
主演：克林特 · 伊斯特伍德、特利 · 萨瓦拉斯、唐 · 里克斯、凯勒 · 欧康纳

《烈女镖客》

导演：唐 · 希格尔
编剧：阿尔贝托 · 马尔兹
制作人：马丁 · 赖金
制作公司：环球影片公司 / 马尔帕索制片公司
主演：克林特 · 伊斯特伍德、雪莉 · 麦克雷恩、曼纽尔 · 法布雷加斯、阿尔贝托 · 茂林

1971

《牡丹花下》

导演：唐 · 希格尔
编剧：约翰 · B. 雪莉、格林姆斯 · 格蕾丝
制作公司：环球影片公司 / 马尔帕索制片公司
主演：克林特 · 伊斯特伍德、杰拉丹 · 佩姬、伊丽莎白 · 哈特曼

《迷雾追魂》

导演：克林特 · 伊斯特伍德
编剧：乔 · 赫姆斯、迪安 · 雷纳斯
制作人：罗伯特 · 戴利
制作公司：环球影片公司 / 马尔帕索制片公司
主演：克林特 · 伊斯特伍德、杰西卡 · 沃尔特、唐娜 · 米尔斯、约翰 · 拉奇

《肮脏的哈里》

导演：唐 · 希格尔
编剧：哈里 · 朱利安 · 芬克、
丽塔 · M. 芬克、迪安 · 雷纳斯
制作公司：华纳兄弟影片公司 / 马尔帕索制片公司
主演：克林特·伊斯特伍德、哈里·古蒂诺、西恩 · 圣东尼、安德鲁 · 罗宾逊

1972

《乔·基德》

导演：约翰·斯特奇斯

编剧：埃尔莫·伦纳德

制作人：西德尼·贝克曼

制作公司：环球影片公司 / 马尔帕索制片公司

主演：克林特·伊斯特伍德、罗伯特·杜瓦尔、约翰·萨克松、唐·斯图奥德

1973

《荒野浪子》

导演：克林特·伊斯特伍德

编剧：欧内斯特·泰迪曼

制作人：罗伯特·戴利

制作公司：环球影片公司 / 马尔帕索制片公司

主演：克林特·伊斯特伍德、弗娜·布卢姆、玛利亚娜·希尔、米奇·莱恩

《春花秋月未了情》

导演：克林特·伊斯特伍德

编剧：乔·赫姆斯

制作人：罗伯特·戴利

制作公司：环球影片公司 / 马尔帕索制片公司

主演：威廉·霍尔登、凯伊·兰兹、罗杰·C. 卡梅尔、米奇·莱恩

《紧急搜捕令》

导演：泰德·珀斯特

编剧：约翰·米利厄斯、迈克尔·西米诺

制作人：罗伯特·戴利

制作公司：华纳兄弟影片公司 / 马尔帕索制片公司

主演：克林特·伊斯特伍德、哈尔·霍尔布鲁克、米奇·莱恩、大卫·索尔

1974

《霹雳炮与飞毛腿》

导演：迈克尔·西米诺

编剧：迈克尔·西米诺

制作人：罗伯特·戴利

制作公司：联美电影公司 / 马尔帕索制片公司

主演：克林特·伊斯特伍德、杰夫·布里吉斯、乔治·肯尼迪、杰佛里·刘易斯

1975

《勇闯雷霆峰》

导演：克林特·伊斯特伍德

编剧：沃伦·B.墨菲、哈尔·德雷斯纳、罗德·惠克特

制作人：罗伯特·戴利

制作公司：环球影片公司／马尔帕索制片公司

主演：克林特·伊斯特伍德、乔治·肯尼迪、云妮达·麦姬、杰克·卡西迪

1976

《不法之徒迈·韦尔斯》

导演：克林特·伊斯特伍德

编剧：菲利普·考夫曼、索尼亚·哲怒斯

制作人：罗伯特·戴利

制作公司：华纳兄弟影片公司／马尔帕索制片公司

主演：克林特·伊斯特伍德、奇夫·丹·乔治、桑德拉·洛克、比尔·麦克金尼

《辣手神探追魂枪》

导演：詹姆斯·法戈

编剧：斯特林·西利芬特、迪安·雷斯纳

制作人：罗伯特·戴利

制作公司：华纳兄弟影片公司／马尔帕索制片公司

主演：克林特·伊斯特伍德、泰恩·黛莉、哈里·古蒂诺、布拉福德·迪尔曼

1977

《铁手套》

导演：克林特·伊斯特伍德

编剧：迈克尔·巴特勒、丹尼斯·沙耶克

制作人：罗伯特·戴利

制作公司：华纳兄弟影片公司／马尔帕索制片公司

主演：克林特·伊斯特伍德、桑德拉·洛克、帕特·亨格尔、威廉·普林斯

1978

《永不低头》

导演：詹姆斯·法戈

编剧：杰里米·乔·康斯伯格

制作人：罗伯特·戴利

制作公司：华纳兄弟影片公司／马尔帕索制片公司

主演：克林特·伊斯特伍德、桑德拉·洛克、杰佛里·刘易斯、比佛莉·德安姬罗

1979

《逃出亚卡拉》

导演：唐·希格尔

编剧：理查德·特高

制作人：唐·希格尔

制作公司：派拉蒙影业公司 / 马尔帕索制片公司

主演：克林特·伊斯特伍德、帕特里克·麦高汉、杰克·唐蒂博

1980

《不屈不挠》

导演：克林特·伊斯特伍德

编剧：丹尼斯·哈金

制作人：丹尼斯·哈金、尼尔·H. 布罗夫斯基

制作公司：华纳兄弟影片公司

主演：克林特·伊斯特伍德、桑德拉·洛克、杰佛里·刘易斯

《鬼马金刚独臂拳》

导演：布迪·范·霍姆

编剧：史丹佛·谢尔曼

制作人：弗里茨·曼尼

制作公司：华纳兄弟影片公司

主演：克林特·伊斯特伍德、桑德拉·洛克、杰佛里·刘易斯、威廉·史密斯

1982

《火狐》

导演：克林特·伊斯特伍德

编剧：亚历克斯·拉斯克、温戴尔·韦尔曼

制作人：克林特·伊斯特伍德

制作公司：华纳兄弟影片公司

主演：克林特·伊斯特伍德、弗雷迪·琼斯、大卫·哈夫曼、沃伦·克拉克

《天涯父子情》

导演：克林特·伊斯特伍德

编剧：克兰西·卡莉

制作人：克林特·伊斯特伍德

制作公司：华纳兄弟影片公司

主演：克林特·伊斯特伍德、凯尔·伊斯特伍德、约翰·麦克因泰、弗娜·布卢姆

1983

《拨云见日》

导演：克林特·伊斯特伍德

编剧：约瑟夫·C. 史延森

制作人：克林特·伊斯特伍德

制作公司：华纳兄弟影片公司

主演：克林特·伊斯特伍德、桑德拉·洛克、帕特·亨格尔、布拉福德·迪尔曼

后记

尽管出于一些原因，克林特·伊斯特伍德并未按照原计划接受更多的访问。当然，原因总是相同的：他很忙，经常忙着拍摄他的最新电影，同时还要筹备下一部电影。“他希望这本书和保罗·尼尔森都能够安好。”这句话真的非常温暖，也正是这样，他给了保罗偌大的鼓励。

如今，伊斯特伍德和他的妻子狄娜仍然居住在卡梅尔市。二人于 1996 年结婚，并育有一女摩根，他即将要在这个小镇上度过自己的八十一岁生日。去年，他曾经花费两千万美元在卡梅尔市购置了一栋一千四百平米的房子。在三十年前，他曾经告诉过保罗，当一名电影演员到了一定的年纪之后，他就必须要转型成为一名配角演员了。但是如今看来，他的这个说法显然是错误的。即使伊斯特伍德已经七十多岁高龄，他仍然能在一部电影中扮演主角。截止到目前，他主演的最后一个角色是他在七十八岁高龄时自导自演的影片《老爷车》的男主人公。在保罗开始对他进行访谈期间，他一共出演了十八部影片，并亲自执导了二十一部电影。他最近正在拍摄一部名为《胡佛》的影片。

保罗·尼尔森于 2006 年 7 月 4 日逝世，享年七十岁。在他的晚年时期，他一直都依靠低保维持基本的生活，他的记忆力衰退的速度非常快。但是，他仍然坚持不懈地记录下了自己的日常生活。比如，他饿了，他渴了，他需要足够的食物，等等。他死于突发性心脏病，当人们发现他的遗体时，他已经去世一个多星期了，并且人们发现在此前的一个多星期里，他没有吃过任何食物。

在最后一次访问伊斯特伍德之后，保罗就返回了纽约。就在一两个星期之后，当你随手翻开 *Sunday Daily News* 时，你就能看到报纸上刊登了一则诺曼·梅勒登上了《巡逻》杂志封面人物的相关新闻。诺曼·梅勒甚至称伊斯特伍德是一名才华出众的艺术家。他本人曾经与伊斯特伍德见过几次面，同时他也曾经去过影片《拨云见日》的拍摄现场。

就在所有访谈都结束的一年之后——1985 年 2 月（星期四下午三点），保罗接到了一条语音讯息："克林特·伊斯特伍德将会在一个半小时之后到达这里。"随后，他的老朋友威廉·麦克亚当斯给他打了一通电话："如今，我们正在如火如荼地进行这本书的宣传工作。不过现在，我们已经不需要借助克林特·伊斯特伍德的明星效应来宣传这本书了。"

对于保罗而言，他曾经非常信任沃伦·泽方。但他至今仍然无法相信伊斯特伍德曾在纽约的家中给他打电话，两个人只是闲聊着一些事情。在保罗看来，他无法将那些私人谈话全部都编著出来。随着时间的流逝，那只能成为一种美好的回忆，二人之间的友谊已经在保罗的内心深处根深蒂固。

致谢

感谢家人的鼎力支持和朋友的建议，感谢大卫·巴克、凯特·盖勒福和约翰·马克·宝莲对本书连续不断的支持与鼓励。同时也非常感谢杰·考克斯、迈克尔·吉尔莫、威廉·麦克亚当斯、约翰·诺特兰、凯特·罗希斯以及克里斯托·泽文对保罗·尼尔森无微不至的帮助。

感谢总是能够为我带来惊喜的乔纳森·勒瑟姆。

感谢总是伴我左右的杰夫·王，他绝非只是一名优秀的插画家。